子どものこころの発達を支えるもの

「アタッチメントと神経科学、そして精神分析の出会うところ」

Nurturing Natures Attachment and Children's
Emotional, Sociocultural and Brain Development

グレイアム・ミュージック Graham Music

鵜飼奈津子 監訳 Natsuko Ukai

誠信書房

NURTURING NATURES: Attachment and Children's Emotional,
Sociocultural and Brain Development
by Graham Music
Copyright © 2011 by Psychology Press
All Rights Reserved.
Authorised translation from English language edition
published by Routledge, a member of the Taylor & Francis Group.
Japanese translation published by arrangement with Taylor & Francis Group
through The English Agency (Japan) Ltd.

日本語版に寄せて

　今こうして，*Nurturing Natures* の日本語版序文を書いていることに大きな喜びを感じています。アタッチメント，神経科学，そして子どもの発達に関する領域は，近年爆発的な勢いを持ち，これらに関する書籍の人気も査読論文の数も急成長を遂げています。こうしたことから私は，その中でも最も中核的で信頼のおける諸発見について，読みやすいかたちにまとめておく必要があると考えるようになったのです。本書では，一般大衆に受けの良い，極端な見解を持つ心理学については退けつつ，子ども——まさに社会にとっての命と将来——を力づけるために，専門家や親が知っておくべき事柄について明確に記述するよう心がけました。

　調査・研究の世界は動きが迅速です。数十年前に最初にこの領域に関する研究を始めた際，現在私が仕事をしているタビストック・クリニックにおいて，一つのコースを成り立たせるのに十分な数の調査・研究論文はありませんでした。ところが今や，これをテーマに数年にわたって講義を行うことができますし，それでもかなりの量を取りこぼしてしまうほどなのです。こうした現実からも，これらの発見をかみ砕いたかたちで紹介する書物の必要性があると考えたのです。

　本書は，幅広くかつ伝統的な分野に基礎をおいています。私は，精神分析的子どもの心理療法士として，20年以上にわたり，不適切な養育を受けた子どもに関する仕事に携わっています。また，私が出会う子どもたちの親のように，虐待やネグレクトが次の世代に持ち越される影響についても目の当たりにしてきました。アタッチメントと子どもの発達に関する人々の関心は高まっていますが，臨床実践と意思決定の際には，今の私たちが持つ知識を支えに子どもの情緒的健康を担保する必要があります。

　私は，本書を異なる思考形態のマリアージュだと見ています。特に，子どもの情緒の状態をコンテインし，調節する親の役割については精神分析が強調するところですが，本書で紹介する調査・研究は，こうした臨床的骨格

に，より現代的な調査・研究の視点をリンクさせるものです。早期の良い体験がいかに脳を構築し，ホルモンをプログラミングし，そして情緒的世界を形作っていくのか，そうした生涯にわたる違いをもたらすものであるということを示すのが本書の目的です。

私たちは今，劣悪な体験が，深く，長期にわたってその人の人間関係や職業的見通し，精神的健康のみならず，あらゆる身体的健康といった人生の諸側面に影響するということを知っています。しかし，本書は，特に母親に対して評価的にならないことをも目指しています。なぜ不安定なアタッチメントが形成されるのか，また高レベルのストレス，リスクのある行動や衝動性といったことは，たとえば予測不可能，あるいは暴力的な環境に対する適応的な反応であるかもしれないわけです。本書は，誰かを責めるものではなく，母親と乳児，個々の子ども，家族，学校，地域社会，あるいはより広い社会システムといったさまざまな対象に対して，私たちがあらゆる手段によって介入しうるということを総括的に提示しようとするものです。

日本語版の出版は，より多くの視点を開いてくれることになります。本書は一貫して，文化の違いを尊重することの重要性を強調しています。このことは，親が子どもの養育という仕事をどのように行う゛べきかといった，一般的な視点を避ける意味も持ちます。すべての文化と時代には，それぞれが大切にし，また深く信じてきた良い子どもの養育というものについての信念があります。そして多くの場合，皆，自分たちの方法が正しいと考えています。しかし，現在の私たちは，子どもの養育に関する哲学の多くが，互いに矛盾するものであることも知っています。

本書で強調していることの一つは，この世界を理解する際に，より向社会的な傾向を持つ文化と，反対にアメリカやイギリスといった国々のように，より個を志向する文化があるということです。日本や他のアジアの文化では，向社会的価値観が一つの目安になることが多いように見受けられます。本書の後半で概観する古典的な実験では，向社会的な文化を持つ人々と，より自己中心的な文化を持つ人々とでは，いかに世界のとらえ方が異なるのかについて記述しています。

私自身も含めた西洋人の多くは，西洋ではある意味で失われた日本のような社会，地域，そして家族に価値を置くあり方を，大いなる尊敬を持って見

つめています。たとえば，赤ん坊が母親と一緒に寝るのか寝ないのか，そしてこれは何を意味するのかといった文化の違いは，本書における重要なテーマです。私の理解では，赤ん坊がまだ非常に幼い頃から独立し，自立することを学ばねばならない西洋の考え方は，乳児が単に個人になるのではなく，社会的な人になることを望む多くの向社会的な文化にはなじまないものでしょう。「甘え」の概念には適切な英語の訳が見当たらないのですが，人生や人間関係において価値のあるもの，そして，人間が生まれる前から期待していたかもしれないものについての，非常に豊かなニュアンスのある意味が含まれていると思います。

　本書を日本の読者にお届けすることに多少の緊張を覚えながらも，とても楽しみにしています。本書が日本の読者にとって，読む価値があったと感じられ，また興味を持っていただけるに十分な内容であることを望むばかりです。また，文化的バイアスがかかっているかもしれないことや，違和感を持たれるかもしれない可能性があることはお許しいただきたいと思っています。

　最後に，このプロジェクトを確実にまた熱心に進めてくれ，翻訳にあたっては細やかに思慮深く取り組んでくれた鵜飼奈津子氏に感謝いたします。

　　2015年10月

　　　　　　　　　　　　　　　　　　　　　グレイアム・ミュージック

謝　辞

　本書は，当然ながら幅広い分野の人々の貢献に負うところが大きい。それぞれの道を切り開いてきたすべての刺激的な著者，研究者，そして教師たちに負うところが絶大である。本書を通じて，そうした多くの偉大な革新者たちに感謝したい。

　本書の執筆にあたっては，多くの方々の援助を受けた。特に各章に目を通し，意見を述べてくれた次の人々に感謝する。John Cape, Colin Campbell, Geraldine Crehan, Darren Cutinha, Hilary Dawson, Paul Gordon, Sally Hodges, Rob Jones, Britt Krause, Penelope Leach, Tony Lee, Andy Metcalf, Nick Midgely, Asha Phillips, Margaret Rustin, Sara Rance, Danny Sofer, Margot Waddell, Helen Wright。神経科学に関する章に生き生きとした息吹を与えてくれた Teresa Robertson には特に感謝している。

　また，タビストックの子どもの発達コースに在籍するすべての学生に感謝する。彼らは私の考えを明快にし，この領域における仕事に対する情熱を共有することで，常にインスピレーションを与えてくれた。また，長年にわたり出会ってきた多くのクライエントにも感謝する。彼らのおかげで，これらの学術的アイディアに息吹が与えられ，それがまた臨床の仕事において意味のあるものとなった。

　Psychology Press 社の編集チーム，特に Lucy Kennedy と Sharla Plant に感謝する。

　最後になったが，しばしば長時間にわたってコンピューターとサイバースペース，そして重苦しい雰囲気の中に入っていく私のことを見守ってくれた Sue と Rose にも感謝を捧げたい。

本書についての覚書

　本書で使用する用語や概念に親しみのない読者のために，巻末に用語集を

つけた。本文の初出時にはそれらの言葉は**ゴシック**にしてある。また，主にヨーロッパおよびアメリカ社会から派生した文化や経済的影響とともに，心理学のような学術的思考の中で知的伝統が位置づけられてきた事柄について言及する際には，より良い言葉を見つけたいと思いながらも，また，この言葉では十分には表現しきれないと分かりながらも，本書全体を通じて「西洋」という語を用いることにした。

目　次

日本語版に寄せて　*i*
謝辞　*iv*

第1章　序論：群盲象を評す ……………………………… *1*
素質と環境　*1*　　多様な視点　*4*　　育まれない子ども，野生児，そして人としての育みに欠けていること　*8*　　本書の構成　*10*

Part 1　情緒的・社会的発達の始まり

第2章　命の始まり：受精から誕生まで ……………… *16*
まだ生まれていない赤ん坊の観察　*19*　　親の影響はいつ始まるのか：生物学と心理学の出会い　*20*　　持続的影響と社会的影響　*23*　　生まれるということ　*24*　　まとめ　*27*

第3章　関係性の中に生まれてくる ……………………… *28*
未成熟さ　*28*　　絆形成：人間は醜いアヒルの子ではない　*29*　　関係を作っていくことになっている　*32*　　乳児の模倣と偶発性　*34*　　調和，情動調整，そしてマーキング　*36*　　母性本能を問う：遺棄と乳児殺し　*37*　　同調化，文化，そして私たちの一員になっていくこと　*39*　　まとめ　*41*

第4章　共感，自己，そして他者のこころ ……………… *42*
他者のこころを理解する早期の萌芽　*42*　　9ヵ月以降の急速な発達　*46*　　こころの理論　*50*　　例外：自閉症の子どもの場合　*52*　　共感，ミラーニューロン，そしてリゾラッティのサル　*55*　　まとめ：こころを理解すること　*56*

Part 2　さまざまな観点から

第5章　アタッチメント …………………………………… 60
アタッチメント理論の第2段階：メアリー・エインズワースとストレンジ・シチュエーション法　62　　私たちの中のアタッチメント　66　　アタッチメントの伝達　69　　アタッチメント理論と文化　72　　アタッチメントと障害　74　　まとめ　76

第6章　生物学と脳 ……………………………………… 78
私たちの脳と進化　80　　経験依存　83　　さまざまなホルモン　84　　左脳と右脳　88　　トラウマとネグレクト：扁桃，海馬，そしてHPA軸　90　　まとめ：希望か，それとも望みなしか？　92

Part 3　発達の力とその諸段階

第7章　言語，言葉，そして象徴 ………………………… 96
ペアレンティーズと乳児に向けられる発話　98　　文化と言語　100　　間主観性と言語を学ぶこと　102　　言語と脳　105　　言語と情緒プロセス　107　　言語能力と社会的利点　109　　まとめ　110

第8章　記憶：自分が何者で，何を期待するのかについて学ぶ … 113
未来を予測するものとしての脳　113　　出来事と事実の記憶　116　　自伝的記憶　120　　トラウマ，記憶，そして忘れること　122　　まとめ　126

第9章　遊び：楽しみ，象徴化，練習，そしてふざけること …… 128
乳児期の遊び　130　　他の種における遊び　131　　無鉄砲さ　133　　遊びの種類と学びの種類　133　　こころの窓としての遊び　136　　遊び，ふりをすること，象徴，そしてこころが育つこと　139　　まとめ　142

第10章　大人に向かって ………………………………… 144
思春期の脳　147　　アタッチメントの減少　152　　セックスと恋愛　155　　リスク，問題，そしてレジリエンス　157　　まとめ：思春

　　　　期と成人期の始まり　*159*

Part 4　早期の体験の結末

第 11 章　トラウマ，ネグレクト，そしてその影響 ……… *164*
ネグレクト　*165*　　不適切な養育，トラウマ，そして虐待　*170*　　長期に及ぶ影響　*172*　　無秩序・無方向型アタッチメント　*173*　　まとめ　*176*

第 12 章　遺伝子，素質と養育 ……………………………… *178*
遺伝子は自分と他者の行動に影響を及ぼす　*183*　　遺伝子がすべてではない　*186*　　まとめ　*187*

第 13 章　本書のまとめ：早期の体験とその長期的な結末 …… *189*
アタッチメントと早期の体験の影響　*190*　　子ども時代のトラウマと良い体験の欠如　*193*　　どのような変化が可能なのか　*194*　　おわりに　*199*

用語集　*203*
文献　*209*
監訳者あとがき　*249*
人名索引　*253*
事項索引　*255*

第1章 序論：群盲象を評す

Introduction:
the blind men and the elephant

　本書は，生物学的継承を受けたほんの小さな塊にすぎない人間の赤ん坊が，いかにして心理的，情緒的，そして社会的な存在へと発達していくのかについて述べるものである。近年，ますます厳密かつ活気に満ちてきている多くの調査・研究を紹介していくが，これは膨大で複雑なテーマである。いかに人間が乳児から成人へと発達を遂げ，いかに早期の始まりが後の機能に影響を及ぼすのかといったことに関する私たちの理解は，あらゆる意味で拡充してきている。このテーマに関しては，これまでにも広範にわたり非常に多くの学術書，記事および学術論文が散見される。こうした多くの調査・研究について，ここにしっかりとした基礎知識を提供することでさらなる探求への足がかりとなるよう，嚙み砕いたかたちでまとめようと思っている。

素質と環境

　本書の，全体を通じて，素質（Nature）か環境（Nurture）かという比較的重要な問いが流れている。人間は，すでに形作られたパーソナリティを持って生まれてくるのか，あるいは生まれてからの経験によって影響される部分が大きいのかについては，古代ギリシャにさかのぼるほど古くから熱く議論されてきた。第二次大戦後には，人間は「真っ白な石版」であり，親や他者の影響によって形作られるのだという数多くの議論がなされた（Pinker, 2002）。反対に，遺伝的な影響が主であって，親は子どもの発達にほとんど影響を及ぼすことがないという議論も増えた（Harris, 2009）。両者の見解はいず

れも単純すぎるもので，現在の私たちは素質でも環境でもないということをよく分かっている。子どもは皆，異なる**気質**と遺伝的要素を持って生まれてくる。たとえ100人の子どもが同様の影響を受けたとしても，それぞれが異なる反応をする。しかし，それでもそこに一般的なパターンが現れ出てくるのが分かる。たとえば，人間的な接触がほとんどない貧しい環境の施設で育てられた子どもが，良好な言語能力を発達させ，大人に対する安定したアタッチメントを築き，あるいは他者のこころと気持ちについての理解を持つようになる可能性はかなり低い。

　本書は全体を通じて，人間は常に文脈の中で発達するという事実を前提にしている。精神分析家のドナルド・ウィニコット（Winnicott, 1996）は，「赤ん坊というものは存在しない」という有名な言葉を残しているが，これは，赤ん坊について理解しようとするならば，その周りにいる人々のこころや行動との関係の中でのみそれが可能であるということを意味している。同様に，システム論者はすでに長い間，個人はそれぞれが存在する文脈との関係の中でのみ理解されると議論してきた（Bateson, 1972）。私は，人間の発達は常に遺伝的要因に影響されるという生物生態学的観点からの理解（Bronfenbrenner, 2004）をこころにとどめつつも，家族，学校や近隣社会といった子どもを取り巻くミクロなシステム，あるいはよりマクロな社会システムなど，さまざまなシステムといった視点からも理解するべきであると考えている。

　私たちは，こうした文脈の複雑さや，発達プロセスが単線的ではないことに対する気づきを深めている。性交の瞬間から，そして実にその以前から，すでに影響の連鎖は始まっている。受精の瞬間に，すぐさま両者の遺伝的要因が存在することになる。この新しく生まれた胎児は，あらゆる生物学的前提を持ちながらも，その環境と相互作用を行いつつ，そこに影響を与え，また，そこから影響を受けるという常に複線的なあり方をする。発達する胎児は，その文化によって子宮内でさまざまな音を聞き，それを覚える。異なる匂いを吸い込み，異なるリズムにさらされる。双子として子宮を共有する胎児がいるように，ほとんどの胎児の経験はそれぞれに異なる。もし，母親のこころが非常に高い不安状態にあるとすれば，ストレスホルモンが胎盤を超えていまだ生まれぬ赤ん坊に影響を及ぼすであろう。遺伝的要素と親からの影響の組み合わせが赤ん坊を非常に脆弱にし，なだめるのが難しい状態を導

くかもしれない．また，頑強だったり，あるいは穏やかな赤ん坊になるかもしれない．親も，脆弱な人もいれば，ある程度安定した支持的な環境で暮らしている人もいるだろう．それぞれの母親-赤ん坊のペアという出会いは，それぞれに独自の関係性のパターンと可能性を秘めているのである．

　本書では，パーソナリティの発達を理解し，さらにはそれを予測可能にするものとは何なのかについて検証する．非常に多くの事柄が後の結果に影響しうる．乳児の発達に影響を及ぼすような年長のきょうだいがいるのか．狩猟-採集社会のように，常に多くの大人に囲まれた文化の中で育てられる赤ん坊なのか．あるいは孤独で経験がなく，あまり幸せではない母親に育てられるのか．乳児は常に抱かれているべきだと信じられている文化の中に生まれた赤ん坊なのか，あるいはベビーカーの中で庭の片隅に置いておくべきだと信じられている文化の中に生まれたのか．長く待ち望まれて生まれてきた赤ん坊なのか，あるいは不幸な出来事によるものなのか．もし母親にあまり自信がないとすれば，経験のある父親，あるいは友だちや祖父母が近くにいてくれるのか．親が比較的裕福なのか，あるいは貧困状態にあるのか．豊かな地域に暮らしているのか，あるいは街中の暴力的な状況の中に暮らしているのか．

　近年，こうした道筋に関する私たちの理解は大きく進展してきた．しかし，こうした道筋ですら，XはYの原因であるといった単線を導くことはほとんどない．また，最近の調査・研究は，より「ファジィな」論理を用いるようになってきている（Kosko, 1993）．たとえば，養育が幼い子どもにとって良いものかどうかといった直接的な問いは，もはや通用しない．どのような養育が（保育所なのか，子守なのか，チャイルドマインダー^{（訳注†1）}なのか），質が，どのような背景を持つ子どもにとって，何歳の子どもにとって，そしてどのような養育の形式が認知あるいは情緒の発達に影響を及ぼすのかといったことまで問う必要がある．それぞれの要因が加算されることでさらに複雑になるのだが，それは同時により精密な理解をもたらす．

　素質か環境かということに限っては，遺伝子は重要ではあるが，経験がその遺伝的潜在要素をオンにもオフにもするといえる．その一例に，ある特定

訳注†1　イギリスで，1名から複数名の子どもを自らの家庭に預かって保育を行う資格を持った人．

の遺伝的布置の二種のうちの一つが，人々をより新しいものを求める性向と，**注意欠如・多動性障害（ADHD）** を発達させるように仕向けるというものがある（Belsky et al., 2007a）。このように，生物学的遺伝は大きな影響を与えるものではあるが，それがすべてではない。ある遺伝子の変種を持つ人がいて，繊細というよりもむしろ鈍感な養育を受けたとすれば，その人は繊細な養育を受けた人よりも，より ADHD を発達させる可能性が高くなる。遺伝子の遺伝は，ADHD の可能性を高めはするが，養育のかたちがその特定の遺伝的潜在性を現実にするかどうかを決定づける。本書では，経験と遺伝の相互作用が，いかに特殊な結果を生み出すものであるのかを見ていく。

多様な視点

　人間の発達について理解するために求められる現在の多様な視点のためか，私はこのテーマから，「群盲象を評す」という古代インドの寓話を思い出す。盲目の人々がそれぞれに，鼻，あるいは足といった象の身体の異なる部分に触れるのであるが，象とは本当はどんなものなのかということについては合意できない。象の足に触れた人が象とは柱のようなものだと主張する一方で，耳に触れた人は象は掌のようなものだと分かったと言う。子どもの発達について考える際にも，同様のことが起こりうる。現在，私たちは神経科学についてより多くのことを理解しており，異なる経験がいかに脳の発達に影響を及ぼすのかについても分かっている。人類学者や歴史学者は，子育てがいかに文化や時代によって異なるものであるのかを教えてくれ，アタッチメント理論，発達心理学や社会心理学，母-乳児相互作用，精神分析理論やシステム理論，行動学や認知科学，遺伝理論や進化論といった重要な視点が，すべてこの伝説の象のあらゆる側面に光を当ててくれる。

　本書では，ときにネズミやサルなどの動物に関する調査・研究を引用しているが，他の動物にとっての真実が人間にとってもまた真実であるとは限らない。その典型は，ハイイロガンは生まれて初めて見た生きものに絆形成するかもしれないが，人間はそうではないというものである。そこで本書では，人間の発達を例証すると考えられるような動物の調査・研究について引用している。たとえば，**小脳扁桃**と呼ばれる脳の部分がストレスに反応するといっ

たことは，人間と多くの哺乳類において酷似している（LeDoux, 1998 を参照）。

　引用する研究に用いられたさまざまな調査・研究手法について，ここで詳述するスペースはない。ただ，実験を行うためにいかに研究者らが驚異的な創意工夫をこらしたのかということは，明確にしたいと思っている。こうした調査・研究方法の詳細に興味のある読者は，より専門的な著作にあたることをお勧めする（Breakwell et al., 2006; Coolican, 2009 を参照）。たとえば，いくら赤ん坊が話せないとしても，研究者らは，赤ん坊がどの写真を最もよく見るのかということや，赤ん坊の心拍数の測定といった身体的テストによって，乳児は人間の顔が好きであるなど，乳児が何を好むのかを導き出すことができる。また，赤ん坊が予期せず母親の注意を失ったときの身体反応を検証することで，子どもの体験の詳細を吟味しようとする類の調査・研究もある。これらの多くは**質的**なものであり，ここでは観察と解釈の手法を用いて人間の体験を見極めようとする。一方で，より「マクロ」な**量的**調査・研究もあるが，これらには長期にわたる研究を通して，複雑な計算を用いて膨大なデータサンプルを検証するものが多い。たとえば，実験モデルあるいは統計的デザインを用いることによって，早期の体験のうち，ある特別の影響について理解しようとするものである。

　いかに言葉が発達するのかを家庭の中で見ようとする自然主義的な設定の調査・研究もあれば，驚かされるような写真を見せられたときに人間の脳のどの部分が変化するのかを見るために，実験室において人工的な実験を行う調査・研究もある。こうしたそれぞれの知識が全体像に加えられる。私たちは，多くの１歳児が母親に一人で置いていかれたときに泣くといった，ある特定の体験について理解しようと努める。また，なぜすべての１歳児が一人で残されたときに泣かないのかという，より広い理解につなげる必要もある。器質的により多く泣くように生まれた赤ん坊もいるかもしれないが，一人で残されることに慣れ，泣かないことを学んだ赤ん坊もいるかもしれない。そこから，たとえば泣かない赤ん坊のサンプルについて検討し，似たような早期の体験を持っていることが，概して似たような長期的影響を持つものかどうかを見いだすことができるわけである。それぞれの種類の調査・研究には，それぞれの強みと弱みがある。ミクロな研究は，一般化するには小規模すぎると考えることもできれば，異文化間の情緒的ネグレクトの影響な

どといった要因の膨大なメタ分析では，実際には現象を比較することにはならないとも考えられる。私は**査読論文**を信頼している。その中には，間違いなくある方法論を批判的に「脱構築」するようなものもあるが，いずれそれにとって代わるかもしれないようなものや，異なる視点から検討されているものもある。本書に引用する調査・研究が，全体として意味があり，できるかぎり信頼のおけるものであることを願っている。

　研究者の期待や無意識的バイアスもまた，結果に影響を与えうる。その古典的一例に，実験に用いるネズミが迷路に長(た)けるよう育てられた（事実ではない）と伝えられた実験者についてのものがある。これらのネズミは，反対のことを言われていた実験者らのネズミよりも，客観的であるはずのテストにおいてはるかに迷路をうまくこなした（Rosenthal & Fode, 1963）。特に，被観察者が生物で，感覚を持つものである場合には，観察者は被観察者に影響を及ぼすのである。また，別の古い実験（Rosenthal & Jacobson, 1968）もこの点を例証している。担任するクラスの子どもたちのテストの結果，学習能力が急成長するであろう子どもが何人か見つかったと告げられた教師がいた。実際にはこれは真実ではなく，無作為に数人の子どもたちにそうしたレッテルを貼っておいたのである。このレッテルは，教師たちの非意識的（nonconscious）(訳注†2)な期待に大きな影響をもたらした。これらの子どもたちの学習到達レベルがかなり上がったのである。このように，調査・研究の実践には微妙なバイアスが入り込むために，常に細心の注意を払うのが賢明であるといえよう。

　また，間違った仮定を用いて調査・研究を行う可能性もある。その好例が1950年代のアメリカにおける調査・研究である。そこでは，男児の生活に父親の存在があるほうが，より子どもを男性的にすることが「証明された」と考えられていた（Leichty, 1978）。ここにはエビデンスもあったようである。研究者らは男性性の尺度を開発し，父親が共に時間を過ごした男の子が，より男性性の強い傾向を示したという。最近では，父親と共に多くの時間を過ごした男の子は，社会的により良く適応し，性役割意識がそう堅固に固定し

訳注†2　精神分析の用語である無意識（unconscious）とは異なる意味とニュアンスを伝えるために，ここでは非意識（nonconscious）という語を用いている。以下にこの言葉が出てくる際も同様の意図がある（原著者と監訳者の私信より）。

ないとされている（Barker et al., 2004）。子どもはむろん，自分が愛し，尊敬している人のようになりたいと思うものであり，1950年代のアメリカでは，今日ではそれほど獲得しようとはされないタフな男性性のモデルがしばしば存在していたのである。研究者らは，この問いに対して最善の答えを導き出したのであろうが，間違った仮定を用いたのである。エリカ・バーマン（Burman, 2007）は，特に発達調査・研究においては厳密なアプローチをとることを奨励し，そこに規範的で道徳的な仮定が隠されているような調査・研究に対する注意を呼びかけている。何が「普通」なのかという考えには，しばしば文化やその他のバイアスが潜んでいるものである。

　調査・研究の方法を無批判に受け入れるのは決して役立つことではない。私は常に批判的な目を持って読むことを奨励している。何が真実かという信念は，時を経て変化しうるものであると受けとめているし，科学者にはしばしばその時に支配的な見解（Feyerabend, 1993）が見えるにすぎない（Kuhn, 1970）のである。また，私たちは自らの考えを常に検証し続ける「べき」であり，良い科学者は常に間違いが証明されることに対する準備ができているというポッパー（Popper, 2002）の考えにも同意する。私たちが現在用いている真実の定義に従って，より真実らしき何ものかに，より正直に近づこうとすることができるはずだという仮定のもとに私は仕事をしている。私たちの知識は常に暫定的なものである。すなわち，私たちは皆，闇に集う盲目の人のようなものなのである。しかしながら，私の主な興味は，すべての発見を本質的に脱構築することよりも，その調査・研究から何を学ぶことが̇で̇き̇る̇の̇か̇を見ることにある。近年では異なる領域からより多くの情報が得られ，そのことが，私たちが共により安心して現実的な視点を持つことを，いっそう可能にしてくれている。

　本書からは外さざるをえなかった領域もある。子どもの認知発達に関しては，紙幅の関係で若干触れることはあっても詳述はしていない。この領域に関しては，伝統的な発達心理学の文献の中で適切に扱われているものと思われる。同様に本書は，身体発達に関するものではなく，また道徳観の発達などの領域にはほとんど注目していない。主に，情緒的，社会的，そして心理・生物学的な問題を強調するよう努めた。

育まれない子ども，野性児，そして
人としての育みに欠けていること

　受精の瞬間から発達を続ける人間は，環境に影響を受けもすれば，及ぼしもする。愛情にあふれ，調子を合わせてくれるような養育を受ける子どももいれば，暴力や虐待を体験する子どももいる。また，ほとんど人間性のインプットがないままに，自らの持てる力に頼るしかなく，放置される子どもも少なからずいる。人間は，異なる環境に適応する中で異常な能力を発揮して，成功裏に生き抜いてきたといえる。北極の雪の中や高地の酸素不足の状態，そしてサハラ砂漠においても人間が生き残ってきたのと同じく，愛情深く共感的な養育を受けても，あるいは厳しく管理された養育を受けても，また虐待やネグレクトの中でも，人間は生き抜き発達するのである。これらそれぞれの状況によって，発達途上にある脳は異なる成長を遂げる。これは**経験依存**と呼ばれ，脳の発達が人それぞれが持つ経験の種類によって異なることを示唆するものである。

　もう一つ，**環境予測**と呼ばれるものがあるが，これは人間はあらかじめ予測するよう準備されているとする考えで，これなしには人間は生き残ることができない。この明らかな生理学的例は，食べ物，水，そして酸素である。子ネコが視覚を得るためには光が必要であり，その発達の臨界期に目隠しをされていると，決して正常に見ることができなくなる（Hubel & Wiesel, 1970）。人間の乳児も同様に，たとえば言語のような能力が完全に開花するには，ある特定の経験を必要とする。最悪の孤児院で悲劇的な生活を送っていた子どもに関する詳細な研究に，こうした発達が起こらなかった子どもが見られた（Rutter et al., 2007）。他の仲間に「追いついた」子どももいたのに，言語や社会性，そして身体発達が遅れてしまった子どももいたことを示すこの調査・研究については後述する。これらの子どもたちは，しばしば生活のほとんどの時間を一人で放置されており，その映像からは彼らが空（くう）を見つめ，自らの身体を揺らすショッキングな様子が伝わってくる。

　このことは，人を「適切な」人間にするためには，特定の経験が必要であることを示唆するものである。また，文明の影響にさらされずに生き残った

「高貴な野蛮人」（Rousseau, 1985）が存在しうるという信念に対する挑戦でもあろう。期待すべき人間との接点がないことは，悲劇的な結末をもたらす。多くのこうした子どもは，ワイルド，あるいは「野生児」と記述されるが，そのほとんどは「文明の影響を受けていない」，あるいは「動物のような」といったことを意味する。こうした子どもは，命の始まりの瞬間から期待される基本的なケアや，親密な関係性から能動的に学ぶといった体験の多くを欠いている。子どもは文化的規範やあり方を吸収し，その一部になっていくが，これは社会論理学者のブルデュー（Bourdieu, 1977）が習慣行動と呼ぶものである。しかし，それに適応し，そこから学ぶべき人間的生活の体験が少ないか，ほとんどない子どももいる。

　何世紀にもわたって，なかには動物と共に生活していたとされる者も含めて，人間からのインプットなしに育てられたといわれる「野生の」子どもについては，かなり多くの記述がある。こうした話は，科学的であるというよりも逸話的なものではあるが，そこに一貫したテーマを構成するには足る。その典型例は，1725年にハノーヴァー近郊の森で発見された，野性児ピーターである。彼に関する記述は，彼が「人間か，野獣か」に関する発言をもって広まった。木に登り，素手で肉をむさぼり食い，道徳感覚はなく，話すこともなければ他者の視線を真剣に受けとめる力もなかった。同様に，インドのオオカミの住み処で生活しているのが見つかったとされるカマラとアマラや，カスパーハウザー，あるいはアバロンの野生児ビクターも有名な記録である。ビクターは，「不快でだらしない少年である。しばしばけいれん発作のような動きをし……誰に対しても無関心で，何に対しても関心を寄せない」（Itard, 1802, p. 17）と記述されている。これらそれぞれの話の正確さは保証できない。ただ，剥奪状態にある孤児やネグレクトされた子どもに関する最近の注意深く精査された記録やエビデンスと重ね合わせると，子どもが文化的・社会的存在として発達していく際に必要な環境予測のインプットを受けなかった場合に，一貫して見られる影響が示唆される。こうした子どもは，教育者側の甚大な努力にもかかわらず言語を完全に用いることがほとんどなく，自分自身についても他者の感情についても初歩的な感覚しか持ち合わせることがない。多くは盗みをしても悔恨がない。このような話は，人間の発達は多くのかたちをとりうるが，ある特定の経験なしには生き延びるこ

とができないということを明らかにするものである。人間になるために，まさに何が「必要」なのかは議論の的になる事柄であるが，多くの人が主張する「必要」は，文化的信念，あるいは先入観を基礎とするものである。本書の中核をなすのはこうした問いである。

　これらの発見は，本書のもう一つの中核的テーマを導き出す。しばしば自己の感覚と呼ばれるものを持つ「人間」になるには，他者からの膨大なインプットが求められる。また，周囲の人々の目とこころを通して自分を見つめるという体験が求められる。皮肉なもので，人間の自己の感覚は，このように他者のこころの中に存在するという経験から引き出され，それなしには単に発達することはありえないのである。後に記述するように，本書の中核的考えは，多くの調査・研究によって例証されているとおり，自己の感覚は社会的に共同構築されるというものである。フィリップ・ロシャーは，「もし自己といったものがあるとするならば，それはただ単に個人の中身ということではなく，むしろ他者とやり取りをする際の個人の交差度である」（Rochat, 2009, p. 8）という絶妙な記述をしている。以下の章の多くは，この中核的考えをより詳細にひもとくものである。

本書の構成

　はじめの数章は，早期発達に関するキー概念について述べる。本書の旅路は，出生前と誕生のプロセスから始まる。胎児が学び，相互作用をし，そしてすでに性格すら形成しつつある，いかに積極的な存在であるのかについて見る。胎児は，母親のこころの状態に影響を受ける存在でもある。次に，新生児が他の人間と関わるために前もって備えている能力について述べる。特に，愛情にあふれているのか，冷たいのか，幸せなのか，抑うつ的なのかといった，自分の生まれた情緒的環境に適応し，反応する能力についてである。第4章では，どのように共感性と他者のこころを理解する能力が発達するのかについて述べる。これを助け，あるいは妨害するものは何なのか。特に感情や思考に関心を持つ養育者が，いかに子どもが自分や他者の情緒に意味を付与していくことに影響するのかについてである。

　続く二つの章では，本書で紹介する多くの調査・研究を見る視点を与えて

くれるテーマを取り上げる。第5章ではアタッチメント理論について記述するが，特に，どのような親の感受性が，子どもにどういったアタッチメントを引き起こすのかについて見る。第6章では，第三の理論的領域である神経科学について考察する。これは，近年探求されるようになってきた思考体系であり，ここでは特に脳の発達がいかに経験に影響されるのか，そしてトラウマと**ストレス**が，いかに神経構成とホルモンのプログラミングに影響を及ぼすのかに焦点を当てる。

　その次の各章では，さらに基本的な発達の諸側面について述べる。第7章では言葉に焦点を当て，それが感情や社会的発達とどのようにからみ合っているのかを見ていく。母-乳児のコミュニケーションの音楽性における言葉の前兆について，また，言語の獲得と**こころの理論**のスキルがどのように関わり合うのかについて概観する。第8章では，いかに過去が後の経験に影響を及ぼすのかについて見るとともに，特に，意識的に思い出せる記憶と，過去の体験から学び取った習慣的なあり方としての記憶という異なる種類の記憶について検証する。記憶というものがいかに悪名高くも信頼されないものでありうるのか，抑圧された記憶という論争の的になる問題についても注目する。第9章では，子どもの遊びについて，遊べる能力が子どもの発達にどれほど重要であるのかと同時に，遊ぶことがいかに発達に刺激を与えるものなのかについて見る。象徴化の役割とともに，楽しみと「面白さ」が占める位置について考察し，遊びの中身が子どもの心理的状態をどのように明らかにするものなのか検証する。第10章では，人生で一般に親がその中核的存在ではなくなっていく思春期について検討する。思春期が，より早期の子ども時代といかに関わりがあるのかについて見るとともに，この特徴的な時期について検討する。そして，どのように思春期の脳が，性急にそして猛烈に発達を遂げるのかについても目を通す。

　本書の終盤にかけては，早期の体験が，実際に後の人生の軌道にどのようなインパクトをもたらすのかについて問う。第11章では，トラウマを負い，ネグレクトの状態にあった子どもが，そうした経験にいかに影響を受け，それが後の発達にどのような意味をもたらすのかという少し重いテーマを取り上げる。トラウマとネグレクトの違いについて概観し，**無秩序・無方向型アタッチメント**といった変異型についても焦点を当てる。最終章では，早期の

体験の長期的な影響について要約し，再検討するが，その前の第12章で遺伝と環境の相対的役割についての最近の興味深い調査・研究について振り返る。

　調査・研究について報告するというのが中心的課題であるために，本書は正確かつ信頼に足るものである必要がある。とはいえ，私がここで検証する調査・研究は，なかなか中立的には読みづらい。乳児期，早期の子ども時代，養育，あるいは出生のプロセスについて考えることで，強烈な情熱と強い意見を引き起こすような問題が提起されうるし，記憶，願望，後悔，また傷つきが呼び起こされるであろう。そのため，これらのテーマについて純粋に事実として読むことはどうしても困難になる。何が良く，正しい実践であるのかについて，一方的な見方をしないようにこころがけたい。このことは，科学的中立性を信じるというよりも，科学的・道徳的確信がいかに流動的で変化しやすいものでありうるのかという理解からきている。ここで考察する諸発見が，乳児や子どもの心理的・情緒的発達における膨大な潜在的可能性の幅を例証するものであってほしいと願っている。

　本書で提起する諸問題は学術的なものばかりではない。たとえば政治家が，父親はもっと子どもと多くの時間を過ごすべきであり，単親家庭は良くないといったことを議論する際，私たちはデータを検証し，そうした考えに堅固な基盤があるのかどうか見極めようとする。同様に，調査・研究は，子どもの養育の実践的効果について，あるいは子どもと関わりを持つ方法について解明し，それを親や専門家に伝えることができるかもしれない。本書は「ハウツー」本ではないし，直接的なアドバイスも提供しない。しかし，これらの調査・研究が子どもや家族を対象に仕事をする人々にとって，またそうしたサービスをいかに作っていくかについての豊かな情報源になることを願っている。私の職場はロンドンのタビストック・クリニックであるが，ここでは何十年にもわたって調査・研究とともに高度な心理療法サービスの提供，そして何千人もの専門家の訓練を行ってきた。ジョン・ボウルビィ（Bowlby, J.）はここでアタッチメント理論を発見し，展開した。また，イギリスで初めて子どもの心理療法と家族療法の訓練を確立した場所でもある。本書で引用している調査・研究は，基本的に私のような専門家が自らの仕事にいかにアプローチするのかということを示している。

こうした人間の発達の諸側面について学ぶ際に強い感情が伴うのは，ある意味で避け難いことである。私たちは皆，さまざまなやり方で親や養育者から扱われてきており，こころ乱れ，失望するなどといった感情も体験してきている。とんでもない喪失や，恐ろしい体験を経た者もいるだろう。多くの読者は親であろうが，自らの情緒的歴史が自分の子どもや他の人の子どもに対してどう振る舞うのかに影響を及ぼしている場合もあるだろう。こうした学びに出会ったのが「遅すぎた」と感じ，自分が子育てをしているときに，あるいは育てられていたときにこうした知識があったならとこころの底から願い，そうであったらどれほど物事が違っていただろうと恨めしく考えるかもしれない。

　神経科学と心理学の調査・研究は，私たちが過剰にも過小にも興奮していない状態にあるときに，最も物事をよく吸収できると教えてくれている。読者が，感情を喚起されすぎないとか喚起されすぎるといったことなく，情緒的に学ぶことに十分に興味が持てるよう，刺激されることを願っている。本書では，私たちの生活や仕事に役立ちうるような発見をできるだけ明快に描き出そうとしている。こうした理解は，私たちが子どもや家族と関わり，彼らに反応し，彼らについて考えたりする際に変化をもたらす。調査・研究はまた，情熱と強い感情のはけ口となるような領域の実践や，政策を取り入れる際の議論に火をつけることにもなりうる。私の目的は，人間の子どもがいかに文脈の中で発達していくのかに光を当てる最近の調査・研究の理解を伝えることである。つまるところ，私が望むのは，読者が何か大切で役に立つことを学んだと感じてくれることであり，子どもや家族の生活についてこれまでとは少し違った見方ができるよう，触発されることである。

# Part 1

情緒的・社会的発達の始まり

BEGINNINGS OF
EMOTIONAL AND
SOCIAL DEVELOPMENT

第2章 命の始まり：受精から誕生まで

Life begins: from conception to birth

　出生前の生命の多くの様相は，単に生理学的な過程に見えるかもしれないが，心理学的かつ社会的なものとして，あるいは少なくとも精神・生物学的な視点から考えることもできる。胎芽から胎児への成長，そして誕生に至るまでの旅路は，複雑でほとんど奇跡的といってよい過程である。胎芽と呼ばれる段階では，受精が成功した受精卵が卵管を下ってゆっくり移動し，母親の子宮内に着床する。そして絶えず分裂し，成長する。7週目の胎芽は長さわずか10 mmであるが，すでに心臓，肺と脳は形になっており，顔も形成されている。およそ8週目で，文字どおり「若いもの」を意味する胎児と呼ばれ始める。14週目までに，胎児心拍は強くなり，内臓が形成され，髪，まつげ，そしてその他の細部が見え始める。それぞれの胎児は無数の影響を受けながら，それぞれが特定の母親の中で発達し，特定の遺伝子を受け継ぎ，独特の子宮内の環境で生きる。栄養分と酸素が，ドラッグ，アルコール，そしてさまざまなホルモン類とともに，胎盤から臍の緒を通して胎児の血流に移る。本章では，子どもの成長に影響を及ぼし始める出生前の影響の解明を試みる。

　胎児は，独自のリズム，衝動，そして生物学的な期待を持つ固有の存在である。胎児の出現は，母親の身体を事実上の宿主に変換する。胎児はいったん子宮壁に接続されると，宇宙船を乗り換える宇宙飛行士に例えられるように，基本的に母親の制御メカニズムを操る。妊娠中の身体の向き，誕生のタイミング，そして誕生方法は胎児が決める。胎児には感覚があり，苦痛な刺激には背をそむけて反応する（Goodlin & Schmidt, 1972）など，驚くほどはっき

りとした選択の能力を示す。1937年という早期の実験（Bradley & Mistretta, 1975）では，サッカリンを羊水に加えると胎児は多くを飲み込んだが，苦い物質を注入すると胎児の飲む割合が急落することが示された。胎児は，最初に不快な刺激に慣れるのを学ぶのだろう。たとえば，胎児が最初に振動刺激に遭遇した際には動くかもしれないが，それ以降に振動が起こったときには注意をあまり払わない（van Heteren et al., 2001）。8～10週目までに，胎児は手足を動かすようになる。もはや，この上なく穏やかに羊水に浸る不活発な細胞の集合体ではなくなり，むしろ活発で敏感に反応するようになるのである。

それでもなお，胎児はその環境に大きく影響を受ける。音楽的合図に反応してリズムに合わせて動き，音楽が止まった後でさえも動き続ける（Sallenbach, 1993）。妊娠3カ月という初期の頃には，羊水穿刺針で触れると胎児はジャンプし，医者の聴診器の光から遠ざかる（Goodlin & Schmidt, 1972）。また，妊娠中の母親がタバコを吸うと，胎児の心拍数は増加する。近年の超音波ビデオによる調査・研究では，胎児が喫煙と大きな音に対して，まるで泣いているかのように反応することが明らかになっている（Gingras et al., 2005）。ここにすでに，遺伝-環境の相互作用が見られる。すなわち胎児は，独自の存在であるだけではなく社会的な存在でもあるのである。出生後にある音を好むのに見られるように，胎児は音認識も学習する。また，たとえば母親が妊娠中にニンニクを食べると，新生児はニンニクにあまり嫌悪感を示さないなど，文化的な影響を受けた味覚を取り入れる（Mennella et al., 2001）。

母親の精神状態は，ホルモンの放出を通して，出生前の環境に影響を及ぼす。小さな聴音／振動音の刺激を与えた際，抑うつの母親とそうでない母親とでは，胎児が異なった反応をすることを超音波が明らかにしている。うつの母親の胎児の心拍数はいずれも基準より高く，刺激を受けた後，通常の基準値に戻るのに3.5倍も長い時間がかかった。母親がうつではないグループの胎児はより高い反応性を示し，より早く落ち着いた（Dieter et al., 2001）。これは，慢性的な不安にあったりストレス下にある年長の子どもや大人が，警報刺激から回復するのに時間がかかる傾向にあるのと非常によく似ている。フィールドらの調査・研究（Field et al., 2006）は，母親が抑うつ状態にあると，胎動がより活発なだけではなく，胎児が母親のうつのタイプに従って子宮内で異なった動きをすることを提示している。引きこもるタイプのうつの

母親の胎児よりも，うつのためにより侵襲的な行動をしてしまう母親の胎児のほうが，動き回る行動が少ない。

　胎児も子どもも，前もって完全な母親-乳児の調和した世界に住むための準備はできていない。精神分析家と進化心理学者が議論しているように (Trivers, 2002)，人間性についての葛藤は根深い。遺伝子のわずか50％しか共有しない親と子は，相争うだけではなく共通の関心をも持つ。トリバース (Trivers, R.) が示したように，胎盤全体にできるだけ多くの栄養分を移すのは，母親ではなく胎児のためである。胎児はホルモンを母親の血流に送り，それが母親の血圧を上げる。時折それは，ふくらはぎの腫れから子癇前症まで，深刻さの異なる症状を引き起こす。これらのことはすべて，胎児の栄養供給を増す。母親が胎児に供給する血管を収縮させることで胎児が飢えることのないように，胎児は母親の動脈を改造する。その結果，胎児はその領域のコントロールを確立し，成長し始める。母親の身体には，胎児の要求に対する自身の反応を発達させるため，相互にバランスを調節する複合体が生じる。たとえば，しばしば胎盤ホルモンがグルコースを増加させた後に妊婦が糖尿病にかかるなどのように，良いバランスが妨害されない限りこれはうまくいく (Hrdy, 1999)。胎児と母親の身体の関係は，このような素晴らしいバランスのとれた「綱引き」に満ちている。

　胎児そのものが数えきれない葛藤の中心であるが，おそらく男と女のゲノム間のそれがその一番の証左である。ヘイグ (Haig, 2004) は，同じ遺伝子がそれが由来したほうの親に応じて異なった発現をすることによる遺伝的刷り込みについて研究した。父親と母親の命令を交互に与えることで不活発にさせたマウスの驚異的な実験において，研究者らは片方の親のゲノムのみが胎児を「司る」ようにした。母親のゲノムに支配された胎児は，特に知性と複雑な情緒的反応に関する脳の部分が大きく，身体は比較的小さく生まれた。ところが，父親のゲノムの支配を受けて生まれた赤ん坊は，屈強であまり賢くはなかった。妊娠においてさえ，矛盾する利益が，まさに私たちの遺伝子と細胞構造に深くしみ込むのである。

まだ生まれていない赤ん坊の観察

　超音波技術の出現で，以前は人目に触れなかった胎児の生命を覗く窓が得られた。超音波画像は，胎児があくびをしたり動き回ったりすることで快適さを得たり，痛みで顔をしかめたり，急速眼球運動（REM）睡眠をしたりする様子や，男の胎児が勃起することを明らかにした。胎児は12週目までに，掌を撫でられるとしっかりとつかみ，唇が刺激されると吸い，まぶたに触れられると目を細める。

　双子のスキャンとその注意深い観察から，観察者は子宮内で人格形成のようなことが起こっているのを目の当たりにすることができる。たとえば，双子の一人がもう一人を蹴ると，蹴られたほうは尻込みして離れる。あるいは報復して押し返すかもしれない。大きくなったときに，より穏やかで融和な双子の一人と，より攻撃的な双子の一人といったように，彼らは子宮内と同様の行動を示す。このように，出生後の人生でも，胎児期と同様のパーソナリティ特性を示す双子の例は数例ある。このような調査・研究の中でも最もよく知られているのは，もとはエスター・ビック（Bick, E.）が1940年代にロンドンのタビストック・クリニックで開発した詳細な乳児観察の方法を応用した，イタリアの精神分析家アレッサンドラ・ピオンテッリ（Piontelli, 1992）のものである。ピオンテッリは，乳児ではなく超音波装置を通して胎児を観察した。彼女は，双子のそれぞれにとって，子宮内環境がまったく異なることを知った。それは，一方がしばしばより多くのスペースや資源を求め，他方をほとんど犠牲にして成長しているように見えるということである。このことは，双子は出生前に同一の環境にいると示唆する研究に，疑いを投げかけることになろう。彼女は，双子の片方が接触を尻込みする一方で，他方はそれにほとんど気づかず，活発に接触を求めることを発見した。彼女は，薄膜を通して互いの頭を撫で合っていた，愛情深い双子の記録を提示している。誕生後この双子は，薄膜の代わりにカーテンを使って，同様の方法で互いに撫で合っているのが観察された。このような報告は逸話のようなものであり，あらゆる解釈を引き起こすかもしれないが，重要な問いを提起するとともに，少なくともパーソナリティのいくつかの側面が子宮の中で発達して

いることを示唆するものである。もう一つの例は，子宮の中で互いに激しく攻撃し，叩き合うように見えた乱暴な双子が，成長してもなおこうした相互作用のパターンを維持していたというものである。やはり，遺伝と環境，生理学と心理学はもつれを解くのが難しい。こうした例では，ストレスと怒りといった母親の情緒状態が，胎盤を超えたホルモンの付随的放出を通して，発育中の胎児に生理的影響を及ぼすことが可能であるといえよう。

　ピオンテッリの研究は，出生前に発達すると思われる記憶について問いかける。たとえば，出生2週前の双子の片方の死と関連があることを示唆する生後18カ月児の行動が挙げられる。この子どもは，常に失った何かを探しているかのようだった。まるで生き返らせるかのように，部屋のものを振り回す。また，発達指標を超えるときはいつも不安になった。この興味深いが推論的な臨床例は，出生前生活によって影響を受けたパーソナリティ発達の科学的な「エビデンス」とは見なされないかもしれない。しかしながら，ピオンテッリの研究は，出生前生活の明瞭なビデオフィルムによって，胎児のあらゆる相互作用能力の観察的確証を提供し，出生前と出生後の連続性を示唆するものである。

親の影響はいつ始まるのか：生物学と心理学の出会い

　本書の全体にわたる中心テーマは，いかに養育者が子どもの心理的・情緒的発達に影響するのかということである。妊娠中の母親のこころの状態についての情報は，出生後1年かそれ以上の乳児の行動の予測因子となりうる。ハワード・スティール（Steele, H.）とミリアム・スティール（Steele, M.）が行った興味深い実験（Fonagy et al., 1991）に，初めて妊娠した母親に行った**アダルト・アタッチメント・インタビュー（AAI）**がある。これは，親自身の子どもの頃の記憶について尋ねるものである。このインタビューは，驚くべき正確さで，まだ生まれぬ子どもとの将来のアタッチメントの状態を予測した。こうしたインタビューは，母親の実際の子ども時代について明らかにすることは少ないが，情緒的経験を内省する母親の能力をより明らかにする。一般に，首尾一貫した物語と自己内省的な話ができる親の子どもは，1歳時点で安定したアタッチメントに分類される傾向を持つ。話が混沌としていて

首尾一貫しない母親，あるいは情緒性が抜け落ちている母親は，不安定なアタッチメントの子どもを持つ傾向にある。このように，妊娠中の母親の心理的能力は，まだ生まれていない子どもが出生の1年後に分離のようなストレスの高い状況に対して，どう反応するのかを驚くほど予測するのである。こうした影響を導くと思われるのは，母親の，自身や他者に対する情緒的感受性である。

　こうした発見は，情緒に敏感で内省的な人は自分の赤ん坊の心理状態に対しても敏感かもしれず，また，妊娠中とその後の母親のこころの状態に連続性がありそうなことを意味するものである。

　しかしながら，出生前の経験は，出生後の母親のこころの状態とは関係なく永続する影響がある。よく知られたものに，第二次世界大戦中のオランダの例がある。多くの人々は飢えており，母親たちは十分な食物がなくチューリップを食べるしかなかったという（Lumey et al., 2007）。飢えていた母親の胎児は，誕生後には食糧不足ではなくなったにもかかわらず，より多くの脂肪を蓄える「倹約的な」新陳代謝を持つ子どもに，そして大人になった。この調査・研究は，まだ生まれていない赤ん坊が，後の人生に備えるための教訓を学習する「胎児のプログラミング」と呼ばれるものを説明する。この事例では，飢えた赤ん坊の多くが豊かな世界に生きる大人になったが，こうした倹約的な代謝が，高率の精神医学的な病気のみならず，心臓病や糖尿病のような困難を導くことを示している。

　出生時体重のような因子は，数十年後の病気の予測因子である。ヨークシャーで生まれた1万3,000人以上の記録は，出生時体重がより低かった者は，50歳以前に脳卒中，糖尿病，心臓病のような状態に陥る可能性があることを示している（Barker et al., 2001）。たしかに，2.5 kg 未満（5.5 lbs）で生まれた場合，社会・経済的状況を考慮しても，心臓病にかかる確率は50％も高い。

　しかし，出生時体重のような一見して純粋な生理学的事象にさえ，しばしば生理学的要素とともに心理学的要素が存在する。妊娠中の高ストレスレベルが，胎児の記憶と**習慣化**の能力に影響を及ぼすとともに，出生困難と低出生体重（Wadhwa, 2005）の可能性を増加させ，そのような影響が出生後にも持続するという一貫したエビデンスがある。**コルチゾール**はおそらく最も有名

なストレスホルモンであるが，これは胎盤の壁を横切って胎児に影響を及ぼす中心的な役割を演ずる。また，母親と胎児の間のコルチゾール濃度には相関関係がある（Glover & O'Connor, 2002）。母親が恐怖を感じて鼓動が変化すると，それはしばしば胎児への酸素の流れの減少につながり（Monk et al., 2000），胎児の心拍数を上げる。

その他，すでに知られており，それほど驚くことではない胎児にとっての脅威に，母親のアルコールとドラッグの使用が挙げられる。クラックコカインのような薬の中毒状態や，胎児性アルコール症候群で生まれてくる赤ん坊もいる。ヘロイン中毒の新生児に関わる臨床家は，彼らのけいれん様の絶望的な動きがいかに耐え難い光景であるかと述べている（Emanuel, 1996）。社会階級，食生活，または喫煙のような他の要因をふるいにかけたとしても，胎児の発育は母親のストレスの影響にさらされることが示されてきた。最近のある調査・研究で巧みに示されたように，ここで再度，素質-環境の相互作用が思い起こされよう。次の調査・研究は，母親の出生前のストレスの影響を検証している。対象は，自分自身の遺伝子を持つ子どもを妊娠していた母親と，自分の遺伝子を運ばない体外受精（IVF）を行った母親であった（Rice et al., 2010）。ここでは，出生前のストレスは明らかに影響をおよぼすが，子どもが母親の遺伝子上の子どもであった場合に，後の行動上の問題により大きな影響を及ぼした。言い換えると，少なくとも後の行動の一部は子どもの遺伝子の遺産に影響を受けるが，それはわずかだということである。つまりここで再び，遺伝子と環境の双方が役割を担うのだといえるのである。

しかしながら，母親のストレスが出生時体重やその他の問題を導くことを理由に，子どもの身体的・情緒的健康について，ストレスの高い母親を非難することは決してできない。この調査・研究は，個々の母親の責任をはるかに超えたところに私たちを導く。ストレス，不安，抑うつ，そしてその他の心理的問題は，偶然には起こらない。社会的・経済的に疎外された者，特に不平等な社会における貧しい者（Wilkinson, 2005），または社会的地位の低い者（たとえば人種差別の犠牲者），あるいは家庭内暴力や虐待の被害者，そして社会的に孤立している者のストレスはより高くなるだろう。これに対する例外は，9月11日にワールドトレードセンターに居合わせた，さもなければ普通にうまく機能していた妊婦の例である。妊婦らは，後に外傷後ストレス

症状を呈し，その子どもらもまたストレス反応とコルチゾールレベルの変化を示した（Yehuda et al., 2005）。通常は，貧困，または人間関係上のトラウマのような進行中の社会的原因が最も一般的であるが，母親のストレスレベルは，社会的，政治的，経済的，文化的な剥奪の表現であるということができる。もし責任がどこかにあるとすれば，それは個人よりもむしろ社会全体にあるのである。

持続的影響と社会的影響

　母親を非難しないことは重要であるが，軌道修正をしようとするならば，調査・研究の発見を軽視することはできない。母親のストレスと不安は，出生時体重への影響のみならず出生合併症や早産を引き起こす要因でもある。高ストレスレベルは，胎児の脳の構造と機能を変え，後の気分障害と不安障害の一因となりうる（Talge et al., 2007）。まだ生まれていない赤ん坊が，まるでどんな世界に備えるべきかを理解しようとしているかのように，胎児は早期の出生前の経験によってプログラムされる。非常に不安な母親のもとに生まれてきた低出生体重の赤ん坊は，生涯にわたってコルチゾールレベルがより高くなるなど，ストレス反応システムが変わってしまうことすらある（Phillips, 2007）。出生時に低体重であった大人は，貧困や失業といった要因によるストレスの生理学的影響を受けやすい（Barker et al., 2001）。

　出生前の過酷なストレスは，**ドーパミンやセロトニン**のような気分を調節するホルモンのレベルに影響を与える。これらのホルモンは，ADHDのように子ども時代の情緒的かつ行動上の問題との関連性がますます指摘されるようになっている。その影響は，少なくとも早期思春期までは残る。性別，親の教育レベル，妊娠中の喫煙，出生時体重と出産後の母親の不安といった要因をふるいにかけてもなお，このような影響は確かに認められる。母親が妊娠12〜22週目に不安であると，32〜40週目で不安であるよりも後の行動上の問題への影響は大きい（van den Bergh et al., 2007）。このことは，胎児の発育における特定の時期のストレスホルモンのプログラミング効果を示唆する。出生前ストレスは神経細胞の発達に影響を与え，乳児の頭囲を小さくしうる（Obel et al., 2003）。当然のことながら，妊娠中のストレスの影響は，後にも同

じくストレスの高い親と暮らすことによって増加しうるが，妊娠中のストレスはそれ自体が影響力を持つ。このような調査・研究は，妊娠中の母親に対する心理的，かつ社会的支援の提供という議論を支持するものになるだろう。

慢性的なものではなく，一回きりの経験から引き起こされうるストレスもある。たとえば，妊娠中に死別を経験した場合，良い支援が利用できるならば乳児への影響は後の肯定的な諸影響によって減少されるであろう。悲劇的なのは，暴力の犠牲者である。社会的支持がほとんどない貧困家庭に生まれた母親で，それ自体がストレスの過度な要因となっている場合である。こうした母親は，低出生体重の赤ん坊を生み，また出生合併症も引き起こしやすい。その結果として，絆形成の困難に至りうる。そこに，侵襲的な医学的介入の可能性，母乳授乳の機会が少ない可能性，あまり調和のとれていない相互作用，貧しい住まい，ほとんど支援が得られないなどといったことが重なった結果として，赤ん坊の予後は指数関数的に悪化することになる。

ある十代の妊娠の事例では，社会的勢力，生物学そして心理学が驚くほどに相互関連している。人生初期にストレスが多く，不和な夫婦と共に暮らしていた十代の少女は，より早く第二次性徴に達し，実際に妊娠する可能性が高い（Ellis & Essex, 2007）。一方で，父親との親密な関係は第二次性徴を遅らせる（Maestripieri et al., 2004）。進化論に影響を受けたベルスキーら（Belsky et al., 1991）は，条件が厳しく乳児の生き残りが不確かなところでのストレスの多い育ちが，将来のより安定した状況を望んで待つよりも，むしろ女性を早期に多産にすると考えた。アカゲザルのような他の動物においてもまた，早期のストレスが早期の妊娠を導く。私たちがどう行動するのかを導く原動力は，しばしば私たちの視界からは見えないものなのである。

生まれるということ

本章では主に出生前の生活に焦点を当てているが，出産過程の諸相もまた，根源的に心理学的な過程と関連している。人間の出産は，比較的大きな脳と，私たちの先祖が二足歩行になった数百万年前に発達したと思われる小さな骨盤との組み合わせのために，ほとんどの種に比べてより危険で苦痛なものである（LaVelle, 1995）。おそらくそのために，人間の乳児は比較的未成

熟な状態で生まれてくるのであろう。

　出産に関する文化的慣習は異なり，ある時代に「自然」だと考えられていたことが，別の時代には異質に見えることもある。最近まで，西洋の病院では，出産するためのあぶみの使用が礼式上必要とされていた。今日では，多くの女性がしばしば父親の立ち会いのもとでの自然分娩を支持しながらも，西洋社会全体では帝王切開が増加している（最近までは，出産に立ち会う男性の存在はほとんど知られていなかった）。特に人類学が示すように，出生が意味することについての考えには，文化や歴史的時代によって大きく幅がある。たとえば，西アフリカのベン族（Gottlieb, 2004）の間では，赤ん坊はwrugbe と呼ばれる神聖な場所からやってきた先祖の生まれ変わりであると信じられている。ゴットリーブ（Gottlieb, 2004）は，ベン族の女性は出産困難な際には易者を呼び，赤ん坊が wrugbe で持っていた特定の名前を呼ぶことで，ようやく生まれ出てくると記述している。この人類学者は，そうすることで出生が速やかに進行するのを目撃している。これは私たちにとっては不可解なことかもしれないが，こうした考えについて，原始的あるいはエキゾチックであるとして片づけたくはない。私は，ある文化における奇妙な実践が，他の文化では通常のことでありうると指摘したいのである。本書では，子どもの発達について理解するための最新の調査・研究と見なされるものを参照しているが，文化的相違と偏見に開かれることをも目指している。私たちが今日最先端の知識だと見なしているものは，明日には風変わりで面白い迷信だと見なされうる。文化的相違は，特にこうした点で私たちにとっての課題なのである。

　ストレスのような心理学的要因は，妊娠に関してだけではなく，出産の質にも影響を及ぼす。支持的な共感および経験豊かな人の存在は，誕生を容易にし，困難な状況へのリスクを減らしうる（Hodnett et al., 2005）。1970 年代という早い時期に，グアテマラの産科病院のクラウス（Klaus, M. H.）とケネル（Kennell, J. H.）が，出産中を通して支持的な女性が母親と共に滞在する計画を試験的に行った結果，出産はより迅速で困難な状況になることが少なかったという（Klaus et al., 1993）。後の研究において，初めて母親になる 240 人の女性を，「標準の」出産グループを対照群として，「ドゥーラ」と呼ばれる継続的に支えとなる仲間を持つもう一つのグループに無作為に割り当てた

(Klaus et al., 1993)。支持された母親は帝王切開を要する場合が少なく，胎便染色や苦痛が少なく，さらに赤ん坊らが生後6カ月以内に入院する可能性が低かった。母親ごとに個別の看護師を保証することで，出産所要時間に影響をもたらすとする研究もある。そこでは，出産所要時間が大きく減少したため，スタッフ数の増加が必要ではなくなった（O'Driscoll et al., 1984）。膨大なサンプルによるある調査・研究も，出産所要時間における支持の影響を立証している（Hodnett et al., 2005）。継続して集中的なサポートを受けた女性は，帝王切開，吸引分娩や鉗子での出産がより少なく，また薬物の必要も少ない傾向にあり，出産経験にまつわる不満もかなり低い。心理的サポートの重要性は，非常に早い時期から始まるのである。

　出生過程では莫大な化学化合物が放出される。**オキシトシン**はそのなかでもおそらく最もよく知られているもので，気分が良いと感じたり愛し合ったりするときに，また分娩のピーク時には母親と赤ん坊の両方に放出されるホルモンである。オキシトシンは免疫反応を強化し，身体的な痛みから私たちを保護してくれる。また，支えられケアされていると感じるときに，より多く放出される。オキシトシンは，妊娠中に人工的に投与されることもあり，それによって出産所要時間の速度を上げることができる。しかし，人工的に与えられたオキシトシンは血液脳関門を横切らないため，苦痛や幸福感への効果は乏しい。アドレナリンやノルアドレナリン，そしてベータエンドルフィンのような他の多くの化学物質も自然に放出される。これらはすべて，痛みから保護することで出産過程をより対処可能なものにする。

　出産に続いて起こる外傷後ストレス症状の調査・研究が証明するように，出産経験の質は，母-子関係に波及的効果を与えうる（Olde et al., 2006）。外傷を受けた母親は，しばしば赤ん坊を拒否し，母-乳児の関係を回復するために苦闘することになる（Ayers et al., 2006）。思春期の薬物使用といった成人期の精神保健上の問題が，難産であったことの影響であるかもしれないことを示唆する調査・研究がある（Jacobson & Bygdeman, 1998）。交遊関係や母親のための支援は，母親の産後うつの危険性を軽減するだけではなく，出産過程をスムーズにすることができるというのは明白であり，それは母親が乳児と親密に感じられることにもつながる（Wolman et al., 1993）。もちろん，ときには不運が忍び寄ったり身体的に困難な状況が起こったりすることはある。しか

しながら，調査・研究は概して，心理的，社会的，そして生物学的要因が相互作用することを示唆している。すなわち，情緒的なサポートを通してストレスレベルが減少し，そのことが少なくとも平均的には分娩を軽くし，出生合併症を減らす。そしてそれゆえに，全体としてより良い結果につながるのである。本書の他の多くの章が示すように，本章で紹介した調査・研究は，心理的，情緒的サポートの重要性を実証し，母親と赤ん坊にとって，妊娠とより良い出産経験のためにできることは多くあることを示唆するものである。

まとめ

　本章では，いかに心理学的誕生が身体的出生の前に始まるのかについて示した。一連の影響は，胎児の身体的，心理・生物学的そして精神的な存在に作用し，胎児が遭遇するであろうこの世界への準備のためのプログラミングの役割を担っている。胎児はまた，その始まりから活発な存在であり，刺激に反応するだけではなく，積極的にことを始める。胎児の経験は，母親の心理的な状態に直接の影響を受ける。アルコールのような化学物質やストレスホルモンは，胎盤を超えて発育中の胎児に影響を及ぼす。また，情緒的経験を処理する母親の能力は，まだ生まれぬ赤ん坊の1年後のアタッチメントの状態について予測する。母親に対する情緒的支援は，妊娠期をより容易にするだけではなく，出産過程を非常に円滑にもする。そしてここでも再び，ライフサイクルのまさに始まりから，心理的健康が重要であることが示されるのである。

第3章 関係性の中に生まれてくる

Born to relate

未成熟さ

　人間の赤ん坊は非常に未成熟な状態で生まれ，最初の数カ月は独力ではほとんど何もすることができない。赤ん坊が生き抜くには，ほどよく安定した身体的，情緒的なケアを必要とする。本章では，それにもかかわらず，赤ん坊がいかに社会的相互作用に関して幅広い力を備えているのかを見ていく。赤ん坊は，自分が必要とする人間の反応を誘発し，自分のいる社会環境に反応する驚くべき能力を持っている。赤ん坊はさまざまな気質と遺伝的潜在力を持って誕生してくるが，大人が赤ん坊に応じる方法もまた，それぞれに大きく異なる。人間の生命は，素質と養育，乳児の生活の中に継承される潜在能力，そして文化的，社会的，個人的影響の集合体の微妙な相互作用により展開していく。

　このような双方向の出会いは，潜在的には出生後すぐに起こりうる。マーシャル・クラウス (Klaus, 1998, p. 1244) は，生まれた瞬間の新生児の驚くべき能力について述べている。母親の乳房に向かって這い，乳首を見つけてゆっくりと足を前進させ，母親の腹を押したりしながらついに「乳首に近づくと，広く口を開いて，数度の試みの後に乳輪の最適な位置を選ぶ」。出生後，洗われなかったりあまりに多くの医療的介入を受けたりすることがなければ，ほとんどの赤ん坊はこれができる。ここでは匂いが中核で，右の乳房を洗うと乳児は左の乳房へ這っていく。逆もまた同様である。いずれの乳房を

洗おうとも，乳児は母親の羊水がついたほうを選ぼうとするのである。

　赤ん坊は，母親の匂いを認識するように生まれてくる。ある実験で，新生児をベビーベッドに入れ，胸パッドに母乳の匂いを左側から吹きつけ，他の母親の母乳の匂いを右側から吹きつけた。すると赤ん坊は，自分の母親の香りがするほうへと向き直り，パッドを左右交換するとそちらの方向へと向き直った（Macfarlane, 1975）。

　このような本能的な動きは単なる反射ではなく，幼い乳児の適応能力と，母親の近くにいようとする積極的な願望を描き出すものである。皮膚と皮膚の接触は，母親の身体が裸の赤ん坊をちょうど良い体温に保ち，二者間の恒常性システムを形成する。母親が授乳すると，オキシトシンが放出される。このホルモンは，意気揚々とした気持ちや愛情を誘発するための絆を形成するのを助け，疼痛閾値を高める。また，母親と赤ん坊の接触を増やすことで，育児放棄のリスクが低減される。子育ての問題のリスクが高い母親には，1日に数時間赤ん坊と過ごす時間を増やすだけで，放棄，虐待やネグレクトの軽減につながる（O'Connor et al., 1980）。絆形成がそう簡単にはできない親もいる。母-乳児の絆形成を積極的に支援する世界中の病院で見られるように，援助的な介入はかなりの差を生む（Buranasin, 1991）。スウェーデンの研究者らは，乳児の唇が生まれて最初の1時間に母親の乳首に触れた場合，母親が赤ん坊のそばにいる時間が毎日100分増加したと指摘している（Widström et al., 1990）。身体的な親密さと母乳による授乳が，**バソプレシン**やオキシトシンのようなホルモンの放出を誘発する。そして，それが赤ん坊のためのより良い感情を引き起こし，赤ん坊の中にも良い感情をもたらすのである。

絆形成：人間は醜いアヒルの子ではない

　母親と赤ん坊は出生時は密着している･べ･きであり，さもなければ深刻な結末に至るという動物習性学者の動物研究において広められた考えを信じている人がいる。たとえば，ガチョウはどんな種であっても最初に見た生き物につき従い，ヒツジは自分の子ヒツジの匂いを刷り込み，その匂いではない子ヒツジの求愛は拒絶する。しかし，人間はこれとは異なり，絆形成が起きるのは出産時のみといった臨界期を持たない。人間は，自分の赤ん坊のみなら

ず，ほとんどの赤ん坊と絆形成できる可能性を有するが，このような絆形成はすぐに起こるものではない。アタッチメント理論の創始者であるジョン・ボウルビィ（Bowlby, J.）は，彼が「情緒的絆」と名づけたものを生じさせるには，時間をかけた一貫した養育，および親密性が必要であることを発見した（Bowlby, 1969）。しかし，絆形成はすぐに起こらなければ取り返しのつかない損害が与えられるという誤解がある。

母性的な関わりは決して確かなものではない。絆形成は双方向のものであり，緩やかに進展する。他の種とは違って，早急になされる必要はなく，援助を受けることもできる。妊娠中に超音波子宮検査で自分の赤ん坊を見た後（Ji et al., 2005），特に赤ん坊が健康で生き延びる可能性が高いことが示された検査の後に，赤ん坊との関係をより多く持とうとする母親は多い。赤ん坊は，養育者からの注目を得る方法を生得的に備えていることで，生存のチャンスを高める。新生児は多くの場合，魅力的であるようにデザインされた驚くべき特徴を持って生まれてくる。たとえば，クロカンムリリーフモンキーの赤ん坊は，頭からつま先まで黒い縞と目もくらむほどの白さで生まれてくる。私たちの多くは，人間の赤ん坊はとてもかわいらしいと思うが，こうした感情は大きくつぶらな瞳のアザラシのように，赤ん坊に似た他の生き物に対しても及ぶ。

母乳で育てることは絆形成を促し，女性の心理的ストレッサーへの反応を軽減するが，これはおそらく部分的にはオキシトシンの放出によるものである（Carter & Keverne, 2002）。母乳はまた，赤ん坊に多くの免疫学的利点を与える。特に初乳は，通常のミルクが届く前の豊かな液体である。もちろん，出産した母親だけが母乳で育てるのではない。中世ヨーロッパの貴族階級では，**乳母**によって育てられた乳児の生存率は母親による養育と同様に良好で，繁殖力と乳児生存増加率をともに促進した。また，特にフランスでは，乳母は18世紀半ばまでにはすべての階級に広がった（Fildes, 1988）。現在でも世界中で一般的な方法として残っている。

母乳育児は，保護的感情や注意力を増大させる**プロラクチン**のような，他の有用なホルモンの放出も生じさせる。プロラクチン濃度は，母親だけではなく，出生の前後には父親にも増加する（Storey et al., 2000）。オキシトシンは哺乳動物にのみ存在し，授乳やマッサージを受けるとき，恋に落ちるとき，

セックスをするときなどの快適な瞬間に放出される。これは，一夫一婦制の哺乳類により多く見られることが分かっている。相手の欠点を見えなくし，信用しすぎてしまうほどの肯定的な感情を誘発することで，アタッチメントの形成を助けるのである。オキシトシン濃度がより高い妊娠中の女性は，自分の赤ん坊とより良くつながり（Leng et al., 2008），より肯定的なまなざしを見せ，愛情のこもった接触をする。母親は，しばしば自分の赤ん坊に対して，ほとんど強迫的とでもいえるような愛情を示すものだとジェームズ・レックマン（Leckman et al., 1994）のような科学者は示している。これは恋に落ちた人だけではなく，強迫症状においても同様の特徴を持つ。強迫症の患者と赤ん坊の母親には，類似する高レベルのオキシトシンの存在が認められている。レックマンは，絶えず警戒し続ける母親が，赤ん坊が呼吸しているかどうかをベビーベッドの横で常に綿密に調べるのが，オーブンを消したかどうかを確認する強迫性障害の患者と類似していることを示唆している。高い不安とオキシトシン，そしてしばしば「恋わずらい」と呼ばれるものの間には，関連があるのである（Marazziti et al., 1999）。一般にオキシトシンは，不安ではなく良い感情を促進する。乳児期にそのレベルが高いと，多くのオキシトシンの受容体を導き，それが人生の後半により多く生じるようにプログラムされる。

　出産後に赤ん坊と費やす時間は，親密さと相互の強い愛情を刺激する。極度の貧困生活のような社会的要因のためであれ，抑うつ，あるいは暴力の被害者であるといった心理的要因のためであれ，愛情豊かな絆形成に苦労する母親ももちろんいる。19世紀半ばのフランスで行われた実験では，赤ん坊を置いていくことができるホスピスの近くで出産した母親は，多くの乳児を遺棄したという。宗教指導者らが，8日間は母親が自分の赤ん坊と過ごすようにというほとんど強制的な計画を思いついた結果，遺棄率は24％から10％に減少した（Hrdy, 1999）。情緒的つながりが発達したのだが，それは数日間にわたるものであり，出産直後ではなかった。人間には絆のようなものは生じるが，それは即席ではなく時間がかかるものなのである。また，それが発生しない危険性があるときには支援されうるものなのである。

関係を作っていくことになっている

　赤ん坊は積極的に大人の「絆形成」の反応を誘発し，人間やその顔に関わるようになっている。つい最近まで，乳児は盲目で生まれてくると信じられていたが，赤ん坊は視覚的に色などのあらゆる種類のものを区別する。また，乳児の最早期の知覚能力の多くは，社会的な存在になるように準備されている。数十年前，トロニックとブラゼルトン（Tronick & Brazelton, 1980）は，赤ん坊が人間と無生物に対して，いかに異なった関わり方をするのかを示した。おもちゃのサルをワイヤーで上から吊り下げ，乳児の手の届きそうなところに近づけたり遠ざけたりした様子を撮影した。赤ん坊は，興奮したようにそのおもちゃに反応したが，探索し，触れ，そしてつかむのにはややぎこちない動作をした。しかし，母親にはこれとはまったく異なる反応を示した。母親の反応を見て微笑み，見つめたり，違う方向に向き直ったりするなど，相互作用をする人間としての反応を示すのである。乳児は一般に，無生物よりも顔を見ることを好む。生まれて最初の数分で，彼らの注意は白黒の顔の絵に引き寄せられ，ぼやけた顔には引き寄せられない。出生後，母親と赤ん坊は互いの視線を求め合う。新生児は，見知らぬ人より自分の母親の顔の写真を好む。また，目が閉じられているものよりも，目が開かれた顔の写真を好み（Field et al., 1984），目，口，鼻に似た線など，顔のような形状を区別する。顔の認識はポジティブな反応を引き出し，絆を強めうる。

　顔認識のこのような能力は生得的なものであり，実際に赤ん坊は大人が魅力を感じるのと同じ顔を長く見るなど，従来の魅力的な顔を好むが，これは文化的に学習されうるものではない（Slater et al., 2000）。しかし，このような生まれつきの能力が，初期の社会的学習を可能にする。赤ん坊に多くの顔写真を見せた後で，すでに見たことのある顔写真と，見たことはなくとも見たものに最も近い「平均的な」顔を見せると，彼らは，「平均的な」顔に最も興味を示す（Walton & Bower, 1993）。このようなスキルは，知っている人，安全な人，あるいは一緒にいて楽しい人といった理解を進めるために用いられる。

　新生児はまた，明らかに自分の母親の声にも好みを示す。見知らぬ人の声とは対照的に，母親の声のテープを聞くと胎児の心拍数は変化するが，これ

は早期の学習能力を実証するものである（Kisilevsky et al., 2009）。赤ん坊の脳波は，自分の母親の声を聞くときと他の女性の声を聞くときとでは対照的に異なる。赤ん坊は，部外者にはほとんど区別ができないほどであっても，他の女性の声ではなく，自分の母親の声にはるかに興味を示す。フィールドら（Field et al., 1984）は，これらの能力は抑うつ的な母親の胎児と新生児では弱いことを示唆している。顔と声の判別テストにおいて，彼らはより劣っているのである。つまり，経験がこれらの能力をオンまたはオフに変えるということである。

　赤ん坊は異なるスピードで吸い込むのが特徴であるが，デ・キャスパーとスペンス（De Casper & Spence, 1986）は，その正常な吸引速度を測定するとても興味深い実験を行った。乳児が通常よりも遅い速度で吸引しているときに，スピーカーから母親の声を流す。通常の速度で吸引しているときには，別の女性の声を聞かせる。案の定，生まれたばかりの乳児のほとんどは，自分の母親の声を聞かせてもらうために意図的なスピードで乳首を吸った。また，母親の声を聞くと通常より速い速度で吸うことができた。つまり，乳児は母親と親密になるために行動を変えるのである。赤ん坊は，子宮の中で聞いていた母親の読むドクター・スースー（Dr. Seuss）のお話『キャット・イン・ザ・ハット』と，形式やリズムは似ていても言葉が異なる別のドクター・スースーのお話との区別すらできる。赤ん坊は，臍の緒を通じて知ったお話を読んでもらうために，吸い方をうまく調節することを学ぶ。彼らは，お話の違いを認識するだけではなく，自分が望むお話を読んでもらうために行動を変えることができるのである。このようなスキルは，母親を探し，相互作用を引き出すのを助けることで，乳児の生存に一役買うものであろうし，それが今度は母親の触れ合いへの欲求を強化することになるのであろう。

　生後ほんの数週間で，乳児は学ぶ能力をかなり発達させる。彼らは，（視覚など）一つの感覚様式で受け取った経験を，別のもの（触覚など）に変換することができる。たとえば，目隠しした赤ん坊に，それぞれ異なる形状のおしゃぶりを与える。丸い形のものや突き出したこぶ状のものである。赤ん坊は，それに触れたり口で感じたりした後で目隠しを外される。信じられないことに赤ん坊は，今しがた吸っていたおしゃぶりのほうをより長く見つめ

る。これは，彼らが触ることと吸うことという異なった感覚を通して，つい先ほど経験したことを視覚を用いて認識できることを意味している（Meltzoff & Borton, 1979）。似たようなことは，音や光のような他の感覚様式にも見られる。これは，視聴覚のクロスモーダルマッチングを可能にするものである。このような能力は，乳児が異なった経験を統合するのを助ける。新しいものと古いものとをつなげることが可能になることで，予測可能で理解可能な生活がもたらされる。初期の心理学者たちによる報告とは異なり，乳児は，見るものと感じるものとが違うこと，そして「吸う乳房」と「見る乳房」が異なるものではないことを知っているのである。

乳児の模倣と偶発性

乳児は潜在的に多くの社会的スキルを持って生まれてくるが，それを発達させるためには他者との相互作用が必要である。これを促進するスキルの一つは模倣であるが，乳児は生後20分で大人を模倣することができる（Meltzoff, 2007）。ある実験では，親が舌を突き出すと，赤ん坊はそれを慎重に見つめ努力の末に自分の舌を突き出す。生後20分の赤ん坊は，それが舌と呼ばれるものであることは知らないが，自分の見たものを身体的ジェスチャーに変換するのである。生まれてわずか2日の赤ん坊は，笑顔やしかめ面，あるいは驚きを見せるような表情を模倣することができる（Field, 2007）。

乳児は明らかに，模倣することでコミュニケーションをとっている。彼らはくしゃみなどの不随意運動は模倣しない。また，大人のジェスチャーを模倣すると心拍数が増す。興味深いことに，大人に自分の模倣をしてもらおうとするときの心拍数は緩やかになる。つまり，ここには異なった意図があることが示唆される（Trevarthen & Aitken, 2001）。赤ん坊は，すぐに音やジェスチャーをも模倣することができるようになる。赤ん坊のスローモーションの映像からは，大人の単調な赤ちゃん語に合わせて，赤ん坊が手足を動かすのが分かる。そして，赤ん坊と母親が互いのリズムに慣れることにより，同調化と呼ばれるものが発達していく。赤ん坊と母親の双方が互いに相手の反響板になったり次のコミュニケーションを先導したりすることで，ある種の相互共鳴になっていく。このようにして赤ん坊は，生理的，感情的な調整だけ

ではなく，自分が住む対人関係の世界についても学んでいくのである。もちろん，調和してくれない親を持つ赤ん坊もいるが，彼らは皆，生活の中で何を大人に期待でき，あるいはできないのかを早急に学んでいく。

　このような模倣スキルは，反射反応や表面的なコピー以上のものである。赤ん坊は，数週間のうちに会話のような優しい応答に対して，相手のリズムに合わせながら参加するようになる。赤ん坊は，相手のジェスチャーとまなざしを通して，自分が何者であるかを学んでいるといえるかもしれない。母親は1/6秒ほどの速さで赤ん坊のジェスチャーに反応し，赤ん坊も同様に1/3秒のうちに反応する（Beebe et al., 1997）。これはまるで，独立した二つの個体というよりも，相互作用をする一つのシステムのようである。母親が笑っているとき，乳児は話し言葉のような音を発する。特に，**デュシェンヌ・スマイル**と呼ばれるこころからの笑顔を見せられたときにはそうである（Hsu et al., 2001）。このような能力は最初の数カ月のうちに見られるが，多くの初期エネルギーは，たとえばたくさん眠るなどの生理的調節に向けられる。そして2〜6カ月で，乳児の社交性はより多くの発声と関わりを求めるまなざしによって急速に増加する。

　模倣と，自分の発する信号に反応してもらうことを通して，乳児は自分が他者に影響を与えることができることを知る。そして，自らが行為の主体であるという感覚を発達させ始める。何かを引き起こすのは楽しい。たとえば2カ月児は，おもちゃの自動車を自分が蹴ったことで動かせるとすればどんどん蹴るだろうが，自分が蹴ったことで動くのでなければそれを蹴るようなことはしない（Ramey & Watson, 1972）。同様に，自分の行為が偶発的に応答されたのみですぐに終わってしまうと，それに抵抗する。乳児は，自分の行為とその効果の間の偶発的な関係性という知覚を発達させていくのである。

　早期の赤ん坊は，ほぼ完璧な**不測の事態**を好む（Fonagy, 2002）。つまり，自分の舌を突き出したときに，もう一人も同様のことをすると満足する。両者の音程，音色，表現は常に微妙に異なるので，ここでは模倣というのはおそらく最適な言葉ではない。約3カ月までに，赤ん坊はより完璧ではない不測の事態を好むようになる。そして，より完璧ではない共時性を与えてくれる新奇な相互作用に惹かれるようになる。父親が赤ん坊の反応に音をつける。その後，父親が少しピッチを変えることでこれがゲームになる。人は相互作

用をするパートナーとして喜ばれ，これが相互の「ダンス」の始まりになる。そして6カ月時には，これがからかったりふざけたりする能力につながる。バスベディ・レディ（Reddy, 1991）は，6カ月の乳児のからかいについて記述している。たとえば，何かを与えてからそれを取り上げ，大笑いする。あるいは，他者の期待に沿わないことに楽しみを見いだす。赤ん坊がこれらの複雑な対人関係能力を十分に発達させるためには，調和的に相互作用のできる相手が必要なのである。

調和，情動調整，そしてマーキング

オムツを替えること，お乳をあげること，あるいは眠る準備として落ち着かせるためにお風呂に入れることなどの多くの早期の経験の中で，親は子どもの情緒や身体的状態を理解し，その理解を子どもに伝えようとする。親は乳児の合図を読み取り，それに対してしばしば言葉で応じる（たとえば，「あら，少しヒリヒリしているみたいね，どうしたのかしら」）。親の不安が高すぎず，素早く反応してもらえる赤ん坊は，世界は安全で頼りになる場所だと信頼するようになる。赤ん坊は，大人にあやしてもらい，調整してもらう必要がある。そして，これを受け取る赤ん坊は，すぐにそのような外的な調整を期待するようになる。

赤ん坊が動揺していると，養育者はしばしばその乳児と同じような声を出すことで共感的に理解を示す。ジャージリーとワトソン（Gergely & Watson, 1999）は，これを**マーキング**と名づけた。これは，乳児の感情についていささか誇張して反映することで，赤ん坊に寄り添って情緒的に調和するこころの感覚を伝えるものである。必ずしも大袈裟ではないが現実とも異なったかたちで，赤ん坊の感情をこころにとどめて，彼らの元に返すのである。このことは，子どもとの治療的作業においてもまた中核となる（Music, 2005）。マーキングは，怒りや悲しみといった情緒状態に圧倒されてしまうことがないということを伝えるものであり，精神分析家のビオン（Bion, 1977）が情緒の**コンテインメント**と呼んだものである。共感あるいはマーキングにおいて，私たちは赤ん坊がふくれっ面をするように口を尖らせたり，同じ声を出したり，彼らのジェスチャーに合わせて動いたりするだろう。これは，単な

るミラーリングではない。相手の苦しみを単に反射して返すことは，心地良さをもたらすよりもむしろより気分を悪くさせるだろう。しかしながら，自分の不快感が他者に理解され，扱ってもらえると，その恐怖は軽減されるのである。

　0歳時に，不快な体験をしたときに抱き上げられなだめられた赤ん坊は，1年後にはそうされなかった赤ん坊よりも泣く頻度が低い（Ainsworth & Bell, 1977）。彼らは，情緒を扱ってもらい，コンテインされ，調節されるといった経験をしており，経験に圧倒されないことを学ぶのである。まるで親の能力が内在化されたかのように，彼らは自分自身の感情を扱うことも学んでいる。このような，他者によって理解されるという早期の経験は，自己理解の発達を促進する。主観性と自己認識は，まずそれに気づいてくれる他者を必要とする。深刻なネグレクトを受けるという悲劇的な例のように，こうした体験を一度も受けない子どもたちもいる。そうした子どもたちは，自己内省能力や対人関係能力を発達させられないことが多い。専門家の要注意リストに上がってくる子どもの多くは，ここで述べたような対人関係の経験を欠いている。

母性本能を問う：遺棄と乳児殺し

　母性本能と呼ばれるものに対して，感傷的にならないことが大切である。ほとんどの霊長類の親，特に母親は，子どもを養育するのに必要な膨大な時間，エネルギーと献身を注ぐかどうかについて厳しい決断をしなければならない。ハーディ（Hrdy, 1999）は，霊長類と人間の女性の多くが，自分の子どもを犠牲にする例を報告している。19世紀のイギリスの検死官は，5年間で3,900人の死亡者のほとんどが新生児であり，審問では1,100を超える数が殺人と見なされたと報告している。このような行為を不道徳だと定義する私たちの価値観からは，これは難しい領域である。しかしハーディは，乳児殺しは，一般的で適応した振る舞いですらあると確信している。3，4年ごとに一度の出産のみをサポートするように調整された狩猟採集社会においては，双子の一人や，あまりにも早く生まれた赤ん坊は，多くの場合殺された。クンサン族のある母親は，どこへ行くにも常に子どもを連れて行くため

に，子どもは一人しか持たない。ハーディは，「100万を超える乳児の死は，直接的あるいは間接的であるにしても母親の策略であるが，これは，赤ん坊を養育するためのさまざまなリスクを軽減するためであると考えることができる」(Hrdy, 1999, p. 297) と記している。これには，乳児を施設の前に放置するなどいろいろな方法がとられる。

15世紀のフィレンツェのある孤児養育院では，平均して年間およそ90人の赤ん坊が遺棄されていたが，飢饉の年には961人の赤ん坊が遺棄された。このような施設での生存率には，ほとんど希望がない。ロシアでは1767年に1,000人以上が収容されたが，そのうちの91％が生き残れなかった。シェッパー・ヒューズ (Scheper-Hughes, 1992) は，高い乳児死亡率，疾病，そして悲惨な経済状況下にあるブラジルのスラム街を調査し，生き延びられそうにない赤ん坊とは距離を置く母親を観察している。「強い」と表現される赤ん坊もいれば，生きようとする意思が欠けていると表現される赤ん坊もいた。後者は，西洋人の目には残酷に映るかもしれない方法で死なされた。

多くの場合，タイミングが命運を左右する。つまり，ヒトおよび他の霊長類の母親は，状況が好ましくないときに子どもを遺棄しうる。一方で，より状況の良いときに生まれた子どものためには，愛情を込め，献身的に世話をする。貧しい状況下にある若い母親は，また子どもを持てる自信があるためか子孫を遺棄する可能性が高いが，年長の母親には遺棄が少ない傾向にある (Wilson et al., 2008)。

ハーディの主張は，人類史上，多くの母親が生まれてきたすべての子どもに愛情を注ぐ快適な状態にはなかったというものである。進化論者ら (Hagen, 1999) は，特定のホルモンの放出のために産後うつの傾向に陥る母親は，特定の期間に，自分の赤ん坊とつながることから距離を置くことを可能にする自然界の法則であるとさえ主張してきた。資源や支援システムがより良い場合や危険が少ない場合にのみ，子どもに投資する十分な理由があるのかもしれない。こうした考えは，親と子どもに関わる仕事をする者にとっては非常に受け入れ難いものである。

同調化，文化，そして私たちの一員になっていくこと

　生物学的可能性が文化や家族の期待と相互作用することで，異なる相互作用のパターンが生じる。乳児が泣くことに関しては，生物学的領域と社会的領域が密接につながる典型的な領域である。泣くことはもって生まれた合図をする能力だが，泣いている赤ん坊は敏感に聴いてくれる人に依存する。赤ん坊は，自分が何について苦しんでいるのかは分かっていないかもしれない。そして養育者は，たとえば歯が生えるのでかゆいのか，お腹が空いているのか，あるいはリンゴを取りたいのかなど，その泣き声について理解する必要がある。親は自分の赤ん坊について知ろうと努め，赤ん坊もまた自分の親に慣れようとする。安定したアタッチメントを持つ赤ん坊は，苦悩していたり助けを求めたりするときに泣き，何がしかの反応を予期することを学ぶ。泣くことが心地良い親の反応をもたらさないため，泣かないことを学ぶ赤ん坊もいる。

　泣くことは一般的な霊長類の合図かもしれないが，それはまた耐えがたく親を苦悩に陥らせることもある。西洋の赤ん坊は，しばしば夜泣きという診断を受ける。夜泣きのあった赤ん坊となかった赤ん坊についてバーら（Barr et al., 2000）が検討したところ，泣く量そのものにはほとんど差がなく，親にとっての泣かれることに対する衝撃と，赤ん坊をなだめる能力に幅があることが分かった。夜泣きに対する保護要因は，協力的なパートナーがいること，妊娠期間中の低ストレス，そして社会的孤立を少なくすることが挙げられる。同じだけ泣く赤ん坊の統制群との比較においては，授乳後，赤ん坊を抱く時間を長くすると赤ん坊の泣く量に減少が見られた。夜泣きは，非西洋社会ではまれである（Lee, 2000）。異文化研究では，オランダであろうとアメリカであろうとクンサン族であろうと，赤ん坊は似た割合で泣くことが示唆されている。しかしどのくらいの時間泣くか，そしてどれくらいすぐに反応してもらえるのかは異なる。アタッチメント研究の先駆者であるメアリー・エインズワース（Ainsworth, M.）は，アメリカの養育者は生まれてからの3ヵ月に，泣いている乳児のおよそ46％を無視する傾向がある一方で，赤ん坊が泣き始めると15秒以内に抱き上げる文化もあることを発見した（Ainsworth

& Bell, 1977)。これは，文化が生物学とどのように相互作用するのかの典型例である。

　泣くことは赤ん坊が苦悩を伝えるために行われるが，泣くことで親を遠ざけてしまう場合にはこの限りではない。ほとんどの場合，赤ん坊は生物学的に適応的であるが，ここでは気質も一役買う。神経質でなだめにくい赤ん坊もいる。泣くことは，文化的期待と親のこころの状態によって異なった反応を呼び起こす。多くの大人は「良い」穏やかな赤ん坊を好むが，必ずしもそうはならない。1970年代のひどい干ばつの期間，マサイ族の赤ん坊は，いかに順応でき，穏やかで扱いやすいかを基準に，「困難」もしくは「容易」と分類された（Wermke & Friederici, 2005）。ある研究者が，容易な赤ん坊と最も困難な赤ん坊を10人ずつ同定した。彼が3カ月後に戻ると干ばつは悪化していた。13人の赤ん坊を再調査してみると，翌月にはすでに栄養失調の状態にあった7人の赤ん坊は亡くなっていたが，興味深いことにこれは「困難」グループに含まれていた7人のうちでは1人だけであった。気難しく泣く赤ん坊は，おそらくより多くの注目あるいはより多くのミルクを得たのだろう。そうして戦う姿勢を見せたのではないか。乳児死亡率の高いブラジルのスラム街でのシェッパー・ヒューズ（Scheper-Hughes, 1992）の研究では，「戦士」として分類された赤ん坊が注意を引き，生き延びたのであった。ハーディ（Hrdy, 1999）は同様に，人口の下降を保つ手段として乳児殺しを行う文化を持つ，ニューギニアのエイポの人々の文化人類学的報告について述べている。ある母親は，女児をもう一人受け入れるつもりはなく，生まれたばかりの赤ん坊を遺棄する準備ができていると語り，赤ん坊がぎゃあぎゃあと泣いているのを紐で結び，シダの葉に包んだ。母親はその場を立ち去ったが，通常行われるように包みを茂みの中には投げなかった。2時間後，彼女は戻ってきて臍の緒を切って赤ん坊を抱き上げ，この娘は「強すぎる」と説明した。泣くのがもっともなことだと思われることもある。このように合図をすることは，乳児が生まれて以降，いかに積極的にコミュニケーションをとる存在で，社会的な存在であるのかを典型的に示すものである。

まとめ

　本章では，乳児がいかに環境に適応していくのかについての例を示した。乳児は，環境から何を期待することができ，またいかに積極的にそこに影響を及ぼすことができるのかの両方を学ぶ。絆形成は緩やかで，保証はされない。新生児は，生き延びるために最大限に人目を引こうとする。大きな頭，大きな目，丸い顔，突き出たおでこのような「赤ん坊らしさ」の多くの特徴は，肯定的で保護的な感情を引き起こし，攻撃をとどまらせる。

　調和された注意や偶発的な反応を受ける乳児もいるが，それがすべてではない。最早期の数週間から数カ月で，赤ん坊は自分がいる世界に順応し，適応していく。彼らは即座に親の昼夜のサイクルに適応し，心拍数と呼吸を自分の周りの大人に同調させることを学ぶ。2，3日の間母親から引き離されて再び戻されても，乳児は素早く母親の寝起きのサイクルに同調する。しかし実際には，男の子はこれがより長くかかる (Sander, 2007)。赤ん坊は，顔，匂い，そして音を認識することができ，自分自身の文化に慣れていく。異なる民族的背景の人々の顔の違いを理解する点では，大人より優れている。赤ん坊は，アフリカの狩猟採集部族であろうと西洋の中産階級家庭であろうと，それぞれに同化する。赤ん坊は，情緒的，心理的，あるいは文化的環境に対するスポンジになりうる。母親が楽しみや喜びの表現をすると，乳児もしばしば同じようにする。そしてより悲しい表情を示すと，乳児は抑制状態となり，自己鎮静を始める (Haviland & Lelwica, 1987)。

　乳児は，関わること，認識すること，そして母親の匂い，声，顔に積極的に反応するように生まれてくる。自分の環境のリズムに「同調」し，マイクロ秒の出会いの中で，予想される行動パターンを学ぶ。環境が高度に相互作用し合うものであろうとなかろうと，より社会的に引きこもったものであろうとなかろうと，また情緒的なサインに反応する養育者であるかどうかにかかわらず，すべての乳児は授けられた進化とともに非常に変化に富んだ反応の蓄積を用いて，自分が生きる特定の世界で生き残り，成長することを学ぶのである。

第4章 共感，自己，そして他者のこころ

Empathy, self, and other minds

　本章では，他者のこころに共感し，それを理解する能力に焦点を当てる。ここまでは，人間の乳児が，生まれてすぐに模倣したり母親の声を聞き分けたりすることができ，また人間の顔を好むといった能力を持つなど，いかに社会的相互作用の準備ができた状態で生まれてくるのかについて言及してきた。これ以降は，より高度に洗練された対人関係のスキルがどのように発達するのか，そして幼児が徐々に自分自身と他者のこころに気づくようになるためには，いかにこうした早期の体験が基礎になるのかについて説明していく。これらの問題については，発達心理学者がこれまでに多くの理論を立ててきている。しかし近年，精神状態を理解する際に，単に認知のみならず，情緒の役割がより強調されるという著しい変化がある。こころの理論という専門用語で示される力が適正に働いているならば，生後数カ月から4，5歳までの間に発達する，他者の感情や思考に共感したりそれを理解したりする能力という視点から，このプロセスについて解説していく。

他者のこころを理解する早期の萌芽

　子どもは出生時から，自分を取り巻く人々の意図や感情，期待について学ぶ。模倣のような双方向のジェスチャーは，単に行動のコピーではなく，未発達なものではあるが別の誰かの感情状態や意図といったものに対する確かな気づきを示すものである。乳児は周りの人に共鳴し，応じる。笑いに対してにっこりと微笑んだり，また誰かが動揺しているときには悲しそうにした

りする。

　乳児は，社会的な世界とその微妙なニュアンスを絶えず見定めている。たとえば，親が乳児の驚きや悲しい泣き声といったジェスチャーに「マーキング」で応じて，「わー，びっくりしたね。扉がバタンと閉まったのね」と言ったなら，乳児にとっては恐怖が統制されるだけではなく，自分とは別の人間によって意味のある世界へといざなわれる。メインズら（Meins et al., 2003）はこれを**こころへの関心**と呼び，子どもの精神状態についての親の認識として記述した。こころに関心を寄せる親の子どもは，1歳で安定したアタッチメントを持つ乳児と同じく，他児より早く共感のスキルと他者のこころを理解する力を発達させる。きょうだいがいることもまた違いを生む。おそらく一人っ子や長子は，こころの理論のスキルの発達が年長のきょうだいを持つ子どもより平均的にゆっくりであるが，これは，こころについて日常的に相互作用を受け合うことが少ないと考えられるためである（McAlister & Peterson, 2006）。

　こうしたマーキングは，子どもの情緒的，生理的な状態がそこに調和してくれる大人によっていかに調整されるのかという，感情調整と呼ばれるものと関連がある。トレバーセン（Trevarthen, C.）とエイトケン（Aitken, K. J.）は，調整の概念は，困難な情緒を優先し，ポジティブで社会的な相互作用を過小評価するものだと警告している。親は，興奮の度合いをていねいに追うことで乳児の感情を左右するのみならず，トレバーセンとエイトケン（Trevarthen & Aitken, 2001）が意味づけをする仲間と呼んだ事象をも生じさせる。情動調律は，ポジティブとネガティブの両方の精神状態に現れ，それによって感情や思考が受け入れられ理解されるという信頼を導く。感情のミラーリングは，生物・社会的フィードバックの一形態として考えることができよう（Gergely & Watson, 1996）。泣いている赤ん坊のこころの状態が理解され，なだめられて落ち着いたとすれば，その感情の状態は調整されたのだと推測できるだろう。さらに，乳児は他者の目を通して自分の感じていることを理解し，自分の不快な状態がこのようにして他者によって意味づけられるという体験もする。これが，他者の目を通して見る自分の内的表象の発達を徐々に導き，それがまた自分自身の情緒的な状態の調整と**実行機能**の能力の発達を促すのである（Carlson, 2009）。

ある種，ゆがんだ鏡の置かれた場を見つめているような体験をする赤ん坊や子どももいる。彼らは，自分の困難な感情が増大するような反応を見聞きし，そうした恐怖を消化する余地などないままに放っておかれる。子どもが大きな音に恐怖した際に，父親から「そんな意気地なしじゃだめだ，ちゃんと自分で何とかしなさい」と一喝されるといった状況では，ゆがめられた自己認識が引き起こされうる。このような状況にある子どもが，そういった自分自身の感情を理解したり，あるいは他の誰かのそのように怯えた感情に共感的になることはおそらく難しいだろう。

しかし，共感は感情を相手に映し返す以上のものである。乳児が泣いていることに対して，大人が赤ん坊と同じような声を出して泣いたふりをしたとすれば，乳児は自分の動機には出口がないかあるいは二人の人間が同じことを感じているだけだと思うかもしれない。このことについて，ピーター・フォナギー（Fonagy, 2002）が好例を挙げている。赤ん坊が母親に連れられて最初の注射を受けたとする。最もよく回復したのは，共感的に接しながらもいつ赤ん坊の気をそらすべきかについても知っていた母親の赤ん坊であった。あまりに早く気をそらせようとした母親は赤ん坊をなだめることができなかったし，共感的すぎる母親もまた然りであった。なぜなら，赤ん坊がそのときに感じていた恐怖や動揺といった情緒を，絵を見るように生き生きと赤ん坊に映し返していたからである。これこそ，繰り返しになるが，ビオン（Bion, 1977）が情緒のコンテインメントと記述したものである。もう一人の人間は（しばしば母親であるが）赤ん坊の情緒的経験を取り入れ，自分の中で調節して「消化された」形でその情緒の理解を赤ん坊に伝える。コンテインされた，あるいは認識された情緒はもはや危険なものではなくなり，「解毒された」とでもいえるほど，圧倒的なものではなくなるのである。

2カ月までには，乳児と親が互いに積極的なパートナーとして「思慮深く」相手を見て，どう応答すればうまくいくのかを考えるリズミカルな**原-会話**を見ることができる。これは，乳児がわずか6カ月で他の乳児と交流するのに役立つ高度なスキルである。ポジティブな相互作用がここでの要である。自分が愛し気にかけている人と一緒にいると，オキシトシン・ホルモンの分泌が促進される。また，より高いレベルのオキシトシンが他者のこころを理解する能力を向上させるということが最近分かってきた（Domes et al.,

2007)。たしかに，成人に人工的にオキシトシンを投与することで，周囲の人の目により注意を払うよう導くことができる（Guastella et al., 2008）。

　赤ん坊はこのように，早期の月齢のうちに自分が相手の注意の対象なのだとすでに気づいている（Reddy, 2008）。それは間もなく，世話をされるというより高度な認識に変換される。このような認識は，認知的感覚において知るというよりも「経験される」ことであり，情緒的にはっきりと「分かる」ことである。2カ月児は，大人が自分を見ていることが分かると喜んで微笑むこともできれば，不快になったり背を向けたりすることもできる。しかし，ともかくも幼児には，注意を払ってくれる大人とそうではない大人の違いがはっきりと分かっているのである。3カ月までに，自分が不快に感じているときだけではなく，楽しい気分を共有するためにも大人を「呼ぶ」ことができるようになる。乳児は，自分が関心を向けられていること，そしてわざと変な顔をするなど，自分の何に関心を向けてもらえるのかということの両方を理解している。他者に関わる自分についての心理的・情緒的な理解の発達は，このようなプロセスによって促されるのである。

　多くの乳児は，3カ月までに対象を見ることだけではなく，対象と遊び，触れ，模索することにも関心を抱くようになる。そして，自分の興味の分野に「意味づける仲間」を「誘う」ことができる。6カ月までに，多くの乳児は，レディ（Reddy, 1991）がからかいとふざけることと記述したものを含む複雑な遊びができるようになる。乳児は何かを差し出し，遊び相手がそれをサッと取り上げるとしよう。すると，乳児は再びそれを取り戻すという遊びの面白さににっこりと微笑む。こういったエピソードは，他者の願望や意図に対する高度な理解を示すものである。6カ月までに乳児は，あちらこちちにおどけて見せびらかすことができる。「おどける」ためには，他者にいかに見られているのかを理解している必要がある。また，このくらいの月齢になると，自分が注目の的であることを認識すると，自意識が過剰になったり恥ずかしがったりするようになる。実際，レディは2カ月という早い時期にこれを見ている。0歳代後半には，赤ん坊は鏡で自分を見ることに興味を持ち始め，鏡に映った他者の姿の真似をして遊んだりするのが見られるようになる。賞賛を求めたり，どのようにして自分が望むような反応を引き起こしたりすればよいのかを理解し始めるが，こうしたことはすべて，他者のここ

ろについての理解を必要とするものである。
　このような調査・研究は，これまで自己と呼べるような何かはあると考えてはいるが，早期には自意識などありえないと主張していた人々への挑戦である。自己認識は，かなり早期から活発に活用されるものであり，認知のスキルではなく情緒として見られるものである。それは，他者の目を通して見られるように，自分自身の気づきと関連する情緒である。乳児は一般に，ミュージカルのように強調された表現による相互理解や，他者のタイミングと行動を見計らう必要のある「巧妙な」遊びを好む。これには，後にこころの理論が「花開く」ための前兆のスキルと能力を必要とする。

9カ月以降の急速な発達

　8カ月から9カ月頃になると，一般に乳児は新しいことがたくさんできるようになる。動き回り，探索し，危険に気づくようになる。そして，知らない人が接近してくると，アタッチメント対象に近づこうとする。この月齢までに乳児は，養育者の表情を読むことで，養育者が状況を安全だと考えているかどうかを確認できるほど十分に洗練されていく。このことを示す有名なテストに，「視覚的断崖」実験がある（Sorce et al., 1985）。
　乳児には落下するかもしれないように見える断崖を形成するために，織物の上に透明なガラス板を置く。あるバージョンでは，母親が「橋」の向こう側に立ち，悲しみ，怒り，喜び，興味といった表情を示す。乳児がガラス板の上をハイハイして断崖のように見える位置までくると，母親はいずれかの表情をするよう教示される。乳児は母親を見上げて「参照」する。母親が喜びや興味を示すと乳児はそのまま通過する傾向にあるが，恐怖や怒りを示すなら通常はその位置にとどまる。これは，乳児がいかに敏感に他者の情緒や思いを汲み取り，慎重にそうした合図を解釈しているのかを示すものである。世界は母親の目を通して解釈され，乳児の世界は母親からのコミュニケーションに応じて変化するのだといえるかもしれない。乳児は特に，ネガティブな情緒（たとえば怒り）に対して敏感で，不確実な瞬間にはより多くの注意を払う。状況とそこに付随する情緒の間のこうしたネガティブな関連性は，後の参考のためにすぐさま脳の経路に刻まれる（Carver & Vaccaro,

2007）。たとえば，重篤な社会恐怖を持つ母親は，他者と交流したいという赤ん坊の願望をかなり妨げるシグナルを発信するであろう。

　このようなシグナルを読むために，乳児はすでに幸福や不安といったこころの状態を見分け，さらにこころの状態とは何なのかについても理解しているはずである。たとえば相手の怯えた表情は，近くにヘビがいるとか危険な崖があることを意味するかもしれない。乳児は通常，およそ9カ月までにこの種の注意の共有ができるようになる。子どもがおもちゃを指さすことで大人がそれを持ってきてくれるとすれば，乳児は指さしが第三の対象物に大人の注意を向けることができるのだということを学ぶ。これは**原-要求の指さし**と呼ばれるものである。この時期には，**原-叙述の指さし**と呼ばれるさらに高度な能力も発達する。これは指さし以上のものであり，トレバーセンとエイトケン（Trevarthen & Aitken, 2001）が**二次的間主観性**と呼ぶものを必要とする。これは乳児が，たとえばきれいな花のように何か興味を持つものを見て，他者も自分の見ているものを認めてくれるであろうという期待を持って

図 4-1　視覚的断崖実験（Gibson & Walk, 1960）

指をさす状況について述べたものである。このような**共同注意**においては，互いに相手が同時に同じ対象について考えていることを理解している。この場合の共同注意は，多くは恐怖や危険によって引き起こされる視覚的断崖やその他の**社会的参照**実験とは異なり，より互いの喜びを伴うものである。双方ともに，相手のこころの中で何が起こっているのかについての多少の理解が必要である。これは，ほとんどの子どもが 0 歳代後半に達成する中核的な発達の指標である。

　共同注意ができないか，あるいは原-叙述の指さしをしない幼児は，他者を理解し共感することが難しい。自閉症の子どもは特に，早い年齢のうちから共同注意のスキルに困難を示しやすい。この年齢での理解の飛躍は非常に大きい。8 ヵ月の乳児は，他者の情緒を理解できても，視線の方向や情緒表現をもとにその人の次の行動を予測することはできない。しかし，ほとんどが 1 歳までの間に，こうしたこともできるようになる (Phillips et al., 2002)。発達はこの後の数年で急速に伸び続ける。通常，2 歳後半に入るとこころの状態への気づきが増すのが分かる。多くの乳児は，およそ 10〜14 ヵ月までに，他者の苦痛に対して多少の共感を示すことができるようになる。しかし 18 ヵ月頃までは，苦痛を感じている人に近づき，同情を示すような愛他的な振る舞いを示すことはできない。すべての子どもがこうした振る舞いをするわけではない。また，自分自身に共感してきた者ほど，より他者への共感を示すものである (Radke-Yarrow & Zahn-Waxler, 1984)。

　18 ヵ月の乳児は，誰かが課題に失敗したのを見るだけでも，そこにある意図を推測することができる (Meltzoff, 1988)。その人が失敗した同じ課題を，その人の意図についての推測と模倣をつなぎ合わせることで，後に成功させることができる。興味深いことに，同じ行動についてロボットで試みたとしても，乳児はそのような意図を推測しない。つまり，人間は生きた他者のこころから学ぶ傾向を持っているのだといえよう。たとえ実際には意図を実行しなかったとしても，およそ 2 歳までに，その人が何をするつもりだったのかが理解できる。同様に，この年齢くらいの子どもは，よりこころの状態に言及する言葉を用い始めるようになり，望みや願いを持つ者として自分自身や他者について話し始める。18 ヵ月児に対して，実験者に何らかの食べ物を与えさせるという古典的な例がある。彼らは実験者が何を好んでいるのかを

理解する。舌なめずりなどのジェスチャーのように，分かりやすいシグナルから推測するのである。ところが，より自己中心的で未熟な14カ月児は，お菓子のように自分が好む食べ物を実験者に与えるのである（Repacholi & Gopnik, 1997）。

　こころを読むスキルは自動的に発達するのではなく，自分のこころに調和してくれる他者のこころを経験してきたかどうかにかかっている。ネグレクトされ，ほとんど調和的な関心を受けていない子どもたちは，他者のこころの状態を理解することができない。ネグレクト的な養育を受けた人よりも虐待的な体験をした人のほうが，他者に対するゆがんだ理解を発達させる。彼らは敏感に調和されてこなかったのかもしれない。また，他者の見解を真に受け止めることははるかに少ないが，それでも自己防衛のために他者の意図に気づく必要はあるのである。こういったこころの状態の理解の仕方には，他者に対して純粋に共感的に理解するというより，むしろ行動上のサインや結末などを注視するという表面的な傾向がある。

　こころを読むスキルはまた，こころの状態を表す言葉を含む複雑な言語を使えるようになることによって強化される。たとえば，聴覚障害のニカラグア人の研究において，手話の基本を教えられた人と（「知る」あるいは「考える」といった）より多くのこころの状態を含む手話の形を教えられた人がいた。こころの理論のスキルをより発達させたのは，後者のグループであったという（Pyers & Senghas, 2009）。

　2歳の後半までに，言語は急速に発達する。これは，子どもが鏡で自分の姿を適切に認識し始める時期でもあり，この頃までには鏡に映った鼻に口紅がついているのを見ると，それを取ろうとする。この段階は，しばしば自伝的記憶の始まりの時期だと見なされている。このような発達から子どもは，自分が独自の特徴や生い立ちを持つ存在だという自分自身の感覚を発達させ始めるようになる。3歳児は，まだビデオ録画で自分を認識するのは難しい。頭の上にステッカーを貼られてその数分後にそのビデオを見せられても，子どもは「ステッカーはあの子の頭の上にあるよ」と言う（Povinelli et al., 1996）。こうしたことは4，5歳頃までにはより容易にできるようになる。その頃には，ビデオの中の人（自分自身）の頭上のステッカーが，実際には今，自分の頭上にあるかもしれないと考えることができ，こころに内在する自分

自身と他者の多種多様な状態や状況を抱えておくことができるようになるのである。

こころの理論

　これまでに述べてきた，最早期から他者の情緒やこころの状態を理解し始める能力は，しばしばこころの理論と呼ばれる能力の前兆である。これは，一部の心理学者が他者の視点を把握する能力を記述するために用いる専門用語である。子どもがこころについての「理論」を持つという考えは，出生から数年間の日々の相互作用における情緒的なやり取りから直観的に発達する能力についての説明としては厄介なものであり，おそらくあまり役に立たないものであろう。こうした力を持つということは，自分自身の外に踏み出し，他者の意図や信念，そして感情を理解して，自分のそれと区別することを意味する。これは重要な能力であるが，人によって発達の度合いはさまざまである。たとえば，**境界性パーソナリティ障害**の母親は，乳児の情緒状態に寄り添いにくい傾向があり，乳児よりも自分自身のことを表すようなあらゆる思考や感情を子どもに対して抱くかもしれない（Hobson, 2002）。ピアジェ（Piaget, 1976）は，幼児は「**自己中心的**」であり，誰でも自分と同じように世界を見るものだととらえていると仮定した。箱にお菓子がいっぱい入っていると考え，それをつかもうとしている子どもがいるとしよう。しかし，実際にはその箱が空であることを私は知っている。その子どもは，私とは異なる信念と期待を抱いており，箱が空っぽだと分かったときにはがっかりするかもしれないと，私は仮定する。このような考えには，こころの理論と呼ばれるものを必要とする。子どもがこのような能力を発達させたかどうかを調べる古典的な実験がある。これは一般に，誤信念課題と呼ばれるものである。その中でも最も有名なのはサリーとアンの課題で，次のような段階をふむ。

- 子どもは，サリーがかごにビー玉を入れた後，遊びに行くと聞かされる。
- サリーが遊んでいる間に，アンがかごからビー玉を取り出し，それを箱に隠す。

- 子どもは「サリーが戻ってきたとき,どこにビー玉を探すかな?」と質問される。

　4,5歳頃までの子どもは,この問いにまだ正答できない傾向にある。他者の視点が理解できず,サリーはビー玉が箱の中に入っていると思うと言うだろう (Astington & Gopnik, 1991)。

　一部の理論家は,こころの理論とは特定の時期に「オンライン」で自動的にもたらされるものであり,これを成し遂げない者には何らかの神経学的欠損があると述べている。しかし,最近の知見ではそうではないことが示唆されている。家族背景が,こころの理論のスキルの獲得に影響を及ぼす。年齢の近いきょうだいが多い子ども (Dunn & Brophy, 2005),あるいはこころに関心がある (Meins et al., 2003) 親の子どもは,これがより早く発達する。このようなスキルを改善する訓練を行うことは可能である。そうすることで,この能力が獲得できるかどうかギリギリのところにいる子ども,あるいは正しいインプットを与えられてこなかったが潜在能力のある子どものこころの理論の獲得の援助ができる (Cutting & Dunn, 1999)。こころの理論は,ただ必然的に起きるわけではなく,特定の経験がその獲得を早めることがある。また,他者の考えを理解することとその情緒を理解することとの違いもある。たとえば赤ずきんの物語を引用すると,子どもたちは(「ベッドの中にオオカミがいる」)と考えるよりもむしろ,他者が感じる(「赤ずきんはおばあさんの家に入るときに怖がっていない」)ことを理解する (Bradmetz & Schneider, 1999)。このようなテストは,子どもたちが認知以前に,(「赤ずきんは怖がっていたか?」という)こころの理論の情緒的側面を理解することを示してきた。より最近の調査・研究は,自分や他者のこころの状態を理解するかどうかという,情緒的欠損に焦点を当てている。たとえば,境界性パーソナリティ障害の研究成果の一つに,彼らは**メンタライゼーション**の能力,言い換えると,自分と他者のこころの状態を反映する能力に障害をきたしているというものがある (Bateman & Fonagy, 2004)。アタッチメントとこころへの関心は,文化的背景によって年齢も価値観も異なる中で発達する能力だが,こころの状態を反映できるという点ではこれは極めて重要なものであり,その欠如は心理学的機能に影響を及ぼすということを調査・研究は示唆している。

さらに，経験のプロセスに言葉と概念を用いる能力は，本来は自己調整，あるいはしばしば実行機能と呼ばれるものと関連があることが示されてきた（Winsler et al., 2009）。

例外：自閉症の子どもの場合

　おそらく自閉的な子どもや大人は，私たちが当然のこととしてできるいくつかの課題を遂行することが難しい。彼らは特に，他者の視点から世界を理解するのが困難なことがあり，サリーとアンの課題のような誤信念課題には失敗しがちである。彼らは，ほとんどの子どもが1歳程度で上達することになる，共同注意や社会的参照の課題を達成するのが難しい傾向にある。同様に，自閉的な子どもは，他者の情緒あるいは自分自身のそれさえ容易には理解できない。一般に人が他者の感情について語る場合，共感の脳回路が用いられる。しかし，自閉的な子どもが赤ずきんのような物語を読んでも，必ずしもこうした同じ回路を使うわけではない（Castelli et al., 2002）。しばしば自閉症の典型として同定される三つの症状については馴染みのある読者もいるだろうが，それらは以下のとおりである。

- 他者の感情や社会的ルールを理解できず，ストレス時に慰めを求めず，単独で遊ぶことを好むといった重篤な社会性の障害。
- 言語的，非言語的コミュニケーションの困難さ。意味について共通する前提の理解がほとんどなく，言葉は非常に具体的な意味を持つ。
- 想像的遊びの欠如と，頻繁な反復的儀式を行う傾向。高機能ではない場合，手をパタパタと振ったり身体を揺らしたりする行為が見られる。あるいはより高機能の子どもでは，数学のように活動性の幅の狭い強迫的な興味が見られる。

　自閉症のような定型発達の例外について検証することは，より典型的な発達の理解の助けになる。1歳で共同注意のスキルが欠如していることを認知的欠損（Meltzoff et al., 1993）として理解する立場もあれば，近年では欠損の情緒的性質をより強調する立場もある。共同注意は通常，ポジティブな感情と

相互作用の楽しみを伴うが，共同活動の相互性を伴うような喜びは自閉的な子どもにはしばしば欠如している（Kasari et al., 1990）。共同注意のできる12カ月児は，すでに他者が自分のありようと感情を持っていることを認識している。そして，何とかしてそれと同一化することができる。自閉的な子どもには，このようなことが困難なのである。

ロンドンのタビストック・クリニックのピーター・ホブソン（Hobson, P.）とトニー・リー（Lee, T.）は，いくつかの興味深い実験からこれらの問題について例示している（Hobson, 2002）。自閉的な子どもがどの程度，絵とそれに伴う音をマッチングできるかについて統制群と比較した。絵には，園芸用品や数種類の鳥，車両のような中立的な課題だけではなく，恐れや悲しみ，あるいは困惑を示す情緒的に表情豊かな顔も含まれている。予測どおり，非情緒的なものに関する絵と音のマッチングは，自閉的な子どもたちも統制群と同じようにこなすことができた。しかし，彼らは，表情から情緒を認識したり，それを名づけたりするのは困難であった。

また別のテストでは，自閉的な子どもにも行動を区別し認識することができるよう，暗闇の中で光を当てた人物の影絵が映ったビデオを見せた。その動きは，ボールを蹴ったり何かを掘ったりするような感情的に中立的なものもあれば，恐怖のためにあわてふためいたり激怒のために地団駄を踏んだりするような情緒を表現しているものもある。ここでもやはり自閉的な子どもは，何かを掘るような情緒的に中立的な動きは他児と同様に認識できたが，激怒のために地団駄を踏むような情緒的なジェスチャーについては説明できなかった。たいていの人は，人間以外の物と人間の顔を見る際に脳の異なる領域を用いるのに対し，自閉症の子どもは顔も物も同じ脳の領域を用いるという，神経科学者による際立った発見がある（Schultz, 2005）。

さらに別の実験は，しばしば自閉症に見られる情緒面の共鳴の欠如を例示している（Hobson, 2002）。そこでは，ホブソンの同僚であるトニー・リーが，まるで楽器を演奏するかのようにパイプを肩から下げ，スティックを楽しそうに3回前後に引く動きをするという演技を見せる。それから，自閉的な子どもと統制群の子どもの両方に，その行動を繰り返すよう指示した。自閉的な子どもは適切に（スティックでパイプクリーナーを撫でる）行動を繰り返し，およそ同じ姿勢を維持することもできた。しかし，彼らの行動には最初

のパフォーマンスの「陽気さ」が完全に欠如していた。彼らは情緒的な感じを理解しておらず，とても無表情に見えた。自閉的な子どもは，模倣や識別，他の人と「共に感じる」こと，あるいは他の人の立場に立つことが困難なのである。他者のこころや情緒を理解できないとすれば人生は非常に異なったものになる。

　自閉的な子どもの親が，情緒的に冷たく「冷蔵庫のような母親」だと非難された日々は遠い昔に過ぎ去った。自閉症は，現在では一般に神経生物学的障害であると認識されている。一部の専門家は，彼らが関わる自閉的な子どもには，自閉的な側面と自閉的ではない側面の両方があり，細やかな治療的作業によって，そのパーソナリティのうちの「非自閉的」でより社会的かつ相互的な部分の確立を促すことが可能になると考えている（Alvarez, 1992）。「真の」自閉症ではないが，自閉症のような症状はさまざまな原因によって発現しうる。興味深いことに，自閉的な症状と，社会参加に関連のあるオキシトシンとバソプレシンというホルモンレベルが低いこととの関連性が指摘されている（Carter, 2007）。

　研究者は，自閉症には生理学的・神経学的な基礎があるとする傾向があるが，一部の非自閉的な子どもが，最早期の重篤な剝奪の結果として自閉症と非常に類似した症状を示すことも分かっている。たとえば，劣悪な東ヨーロッパの孤児院から養子に出された子どもは，かなり高い割合で著しく自閉的な症状を示していた（Rutter et al., 1999）。その症状とは，限られた言語能力しかないこと，他者に慰めてもらおうとする接近願望がほとんどなく，自分自身と他者の情緒を理解しようという願望もほとんどないことといったものである。また，自己刺激的な振る舞いや身体揺らし，変化に対応できないなどといったことも含まれる。子どもが特に2歳，あるいはそれ以下の年齢で愛情深い家族に養子に出された場合，器質的な自閉症とは異なり，こうした症状のいくらかは改善された。

　非常に悲劇的な例ではあるが，この種の調査・研究は，人生早期の情緒的ネグレクトとこころへの関心の欠如の影響についての明確なエビデンスを与えてくれる。これは，他者のこころを理解するための能力は，繊細で調和的なこころとの相互作用を通して発達すると主張する他の調査・研究とも合わせて検討することができるかもしれない。先天的な障害がない限り，共感す

る能力は，共感されることに依存する。ある人は他の人よりも共感的である。また，他者に対してあまり共感的ではない人は，適切な脳回路が十分な活動をしていないことが示されている。多くの子どもにとって，共感能力は変えられないものではなく，増しもすれば減りもするものである。たとえば，患者に針が刺さっているのを見たとき，経験豊富な医師は経験の浅い医師よりその共感的回路の働きが少ない（Cheng et al., 2007）。大人，特に親からの思慮深い共感的注意により，ほとんどの子どもは情緒的に共鳴しつつ育ち，それが脳回路の統制に影響を及ぼす。しかし，自閉症のような一部の子どもの場合，神経学的理由からこれと同じようにはいかないのである。

共感，ミラーニューロン，そしてリゾラッティのサル

近年，科学者らが「ミラーニューロン」を発見したが，これについて神経科学者のラマチャンドランは「DNA が生物学のためになしえたことを，ミラーニューロンが心理学のためになしうると予測する」（Ramachandran, 2000, p. 1）と述べている。この発見は，つかむことで反応するマカクザルの脳内の単細胞群について見ていたイタリアの神経科学者ら（Rizzolatti, 2005）によってなされた。サルは，何かをつかむことで脳につなげられた**ニューロン**が反応するように固定されていた。科学者たちはこれを思いがけない瞬間に偶然発見したのである。彼らのうちの一人が食べ物に手を伸ばしてお昼の軽食をつかんだときに，サルに取りつけられていた装置の目盛りが同じニューロンの反応を記録したことに気づいて，驚いたのだった。つまり，科学者が食べ物をつかんだとき，サルのニューロンもまた反応したのである。研究者たちは間もなく，人間における複雑なニューロン・システムも発見した。誰かがうっかりガラスのドアに踏み込むのを見れば，私は同情して顔をしかめるもしれない。このとき対応するニューロンもまた，私の脳内で反応しているのである。人間の模倣および言語と共感を司る脳内の回路は，密接につながっている（Iacoboni, 2005）。ミラーニューロンは，誰かが物を積極的につかむときに反応するようであるが，これは対象物を見たり，つかむふりをしたりするだけでは反応しない。行動は，見た後に模倣することで学習される。つまり，ミラーニューロンは意図に対応するのである。これは，私たちがいかに

情緒について学ぶのかという説明の一部となる。また，脳内の情緒機能の中心である大脳辺縁系に類似した領域は，情緒の模倣と観察の両方において活性化される。ミラーニューロンは，他者の経験を内側から理解することを可能にするが，これは共有できる相互理解がいかに発達するのかを説明してくれるものであり，人間同士が強力なつながりを形成するという，人間の能力のエビデンスを提供してくれるものである。脳の左半球の言語発達の中心領域であるブローカ野で発見されたこのニューロンは，人間の言語発達の基礎となるものである。

　科学者ら（Oberman et al., 2005）は，自閉的な人たちにはミラーニューロン機能に欠損があるというエビデンスを発見した。これは，ミラーニューロンの促進するものの多くが自閉症の人に欠けているということであれば，理解できる。情緒的剥奪状況から養子になった子どもの多くに，自分自身と他者のこころや情緒に触れる能力が欠けているとすれば，過酷な施設化によるネグレクトや社会的接触の欠如が，発達途上のミラーニューロン・システムに影響したためだと推測することができるだろう。

まとめ：こころを理解すること

　本章では以下の事柄を示唆した。生後数週間という最早期からの対人関係の理解に始まり，原-叙述の指さし，共同注意，そして社会的参照のようなスキルは0歳後半にかけて発達する。そして，次の数年で，言葉と身振りを通じたコミュニケーション能力が発達し，最終的には4，5歳で，サリーとアンのような古典的な誤信念課題に見られる他者のこころを理解する能力の獲得に向かうという，明確な発達のラインがある。また，「こころへの関心」という注意を払ってもらえる子どもは，自分自身と他者の情緒についてより考えられるようになる。つまり，子どものこころは文字どおり，考えてもらうことを通して成長し，発達するのである。

　自分の感情を他者から理解され，考えてもらえるということを学んだ子どもは，情緒的に理解されることを期待し，自分のこころの重荷を他者に率直に伝えることができる。自分のこころの状態が他者の興味の対象になることを知っているこうした乳児は，自分自身の情緒を認識でき，さらには他者の

情緒についてもより良く認識できるようになる。たとえば，保育園で他児が泣いているとき，安定型のアタッチメントを持つ子どもは共感を示す傾向にあるが，不安定型のアタッチメントを持つ子どもは共感を示さない（Lieberman et al., 2005）。また，調和的な経験が少ない子どもは，自分自身や他者のこころの状態に触れることができない。

いずれにせよ，共感や情緒を内省する能力は「当然」のものだとは仮定できない。むしろ，人間関係の経験を通して獲得されるものなのである。この能力をより評価する文化もあれば，なかにはより高くそこに価値を置く家族もあろう。自閉症の場合のように器質的な理由があるにせよ，過酷なネグレクトに影響されるといったことにせよ，これらの能力がほとんど発達しない状況もありうる。予測することが難しい親を注意深く見守らなければならないために，他者のこころに対して油断のない気づきを発達させる子どももいる。これは，安定型の子どもに見られる，良性で喜びに満ちた共同注意の形に由来するものとは，非常に異なる理解の形態である。不安のため，または絶望的に知る必要性にかられて他者にチャンネルを合わせることは，誰かに純粋に興味を持つこととは大きく異なる。

他者のこころを理解することが困難な子どもたちについても述べた。それは，親が境界性パーソナリティ障害，うつ病，摂食障害，あるいは不安障害を持つ場合のみならず，トラウマや虐待，あるいはネグレクトを受けてきたような子どもたちである。なかには，感情調整やメンタライゼーション，こころへの関心，あるいは情動調律など，さまざまに記述されていることをより多く経験した者もいる。共感と情動調律が発達し，情緒を調整し自分自身と他者の心理状態を理解できるようになるためには，このような能力を促進する経験が必要なのである。こうした思考や感情の理解は，ホメロス（Homer）が「……時をかけて，私のこころは他の人のために輝き，他の人の悲しみに揺らされるということを学んだ」（Pope, 1867, Book XVIII, line 269）と記述しているものである。他者のこころを正確に理解するだけではなく，それを感じるという能力は，私たちの多くが評価するものである。しかしながら，誰しもがこの能力が育つ機会を与えられるほど十分に恵まれているわけではないのである。

Part 2

さまざまな観点から

OVERARCHING BODIES
OF IDEAS

第5章 アタッチメント

Attachment

　アタッチメントは，たとえば誰かに対する強い，あるいは弱いアタッチメントといったように，日常会話で多く用いられるようになってきている用語である。「アタッチメント理論」とは，そもそもジョン・ボウルビィ（Bowlby, 1969）が創始したもので，科学的調査・研究領域について記述するものである。その後，多くの後継者によって，この領域で最も有力な考えの一つに拡大されてきた。本章では，こうした調査・研究の主要部に焦点を当て，後の章で詳しく述べる事柄についての基本的な概観とする。

　ボウルビィは1940年代に，ロンドンのタビストック・クリニックで子どもの心理療法の訓練を創設した精神分析家であり，精神科医である。彼は，そこで出会うある種の子どもたちを理解するためには，新しい理論的なレンズが必要だと考えた。精神分析と精神医学の他にアタッチメント理論に影響を及ぼす主なものは，進化論と，どのように動物が文脈の中で行動するのかを研究する動物行動学である。ボウルビィは，母性的養育がなく育てられた多くの種の赤ん坊が，ひどい傷跡を残すということを学んだ。ボウルビィは，母親によって育てられたアカゲザルと，母親から隔離して育てられたアカゲザルとを比較した，ハリー・ハーロー（Harlow, H.）の調査・研究に影響を受けた（Blum, 2002）。後者は，他のサルへの恐れや奇異な行動，そして交流のできなさや遊べなさという衝撃的な徴候を見せた。ハーローは，アカゲザルの乳児を隔離して育て，二つの「針金」で作ったサルを選ばせた。すると，ミルクボトルの付いた硬い金属のサルには，お腹が空いたときにボトルのところへ行くのみで，それ以外のときにはそれを無視して，柔らかいタオ

ル地の布に覆われたサルのほうにくっつくという有名な発見をした。母性であれ，手に入れられるそれに近いものであれ，心地良さは食べ物よりも重要なものなのであった。また別の研究者のヒンデ（Hinde, 1970）は，霊長類を母親から離すと，最初は抵抗するが後に絶望を示すようになり，最終的には感情を示さなくなったとしている。これらの発見は，人間の乳児もまた保護的なアタッチメント対象を生物学的に必要とし，そのような人の不在が続くことは，子どもが成長するうえで心理学的な困難を引き起こすことになるという，ボウルビィが論じた考えを反映するものである。

　ボウルビィは非行少年に関する研究も行ったが，その多くが一貫しない養育や暴力，ネグレクトの他に，親との分離体験があったことを発見している。ボウルビィは，子どもにとっては母親が中核的に重要なものであるとしたが，これを母親は働きに出るよりも家にいることを推奨するものだととらえた人には不人気であった。にもかかわらず，彼の考えの多くは，時代を超えて吟味されながら今日まで生き延びてきている。

　ボウルビィは進化の重要性を強調した最初の心理学者の一人で，過去には他の霊長類と共有されていた，人間の乳児が母親にくっつきたいという感情要求が，進化の分岐点を越えてもほとんど変化していないことに気がついた。ボウルビィは，分離させられたサルが母親ザルと再会したときにぴったりとくっつき，その1年後にも依存心の強さと怯えが続いたこと，そしてほとんど探索行動と好奇心を示さないことに衝撃を受けた。ボウルビィと同僚らは，人間にも同様のパターンがあることを発見した。1960年代に，ロンドンのアンナ・フロイト・センターで仕事をしていたジェームス・ロバートソン（Robertson, J.）とジョイス・ロバートソン（Robertson, J.）は，入院時の子どもの分離体験など，親と分離させられる幼い子どもの様子を撮影した（Robertson, 1971）。その映像は，アタッチメント対象から離されたときの幼い子どもの並外れたストレス体験を生々しく描き出しており，視聴者はショックを受けた。そのショックは今日もなお続いている。事実，これらの映像の結果，病院の実践は変化し，母親は入院する子どもと一晩中一緒に滞在することを許可されるようになった。ここで検討された子どもたちは，霊長類と同じパターンを示した。彼らは，初めはアタッチメント欲求が満たされることを期待して比較的落ち着いているが，すぐに泣いたり叫び声をあげたりして不満

を表明し，その後はゆっくりと，しかし苦痛な絶望的状態に沈み込み，最終的には周囲から自らを閉ざしてしまう状態になったのである。

　この段階のアタッチメント理論は，乳児はアタッチメント対象と親密であるほど安心感を持つという「空間」論の一種であった。アタッチメント対象が不安なときに戻っていくことのできる安全基地になると，この安全基地の存在が探索することへの自信をもたらし，より外の世界に出ていくことを助ける。これらの早期の調査・研究は，生後のとてつもない脆弱性と早期の経験の重大な性質とともに，身体的な接近の大切さとアタッチメント対象と離れることの衝撃を強調している。ボウルビィは，親と子どもの間の，強い情緒的絆を発達させるこの結びつきについて述べた。これは時間を越えて築き上げられ，その後も長く続く，強い情緒的関与を伴う社会的絆である。当時はこのような考えは急進的なものであり，それまでに普及していた赤ん坊の要求についての見解とは合致しなかった。しかしボウルビィは，乳児-母親の一対一の関係の重要性を過大評価し，他のアタッチメント対象の重要性は過小評価していた。核家族で専業主婦である孤独な母親に見られるような現代の家族のあり方は，ボウルビィが進化に適合した環境と呼んだ人間の歴史の大半において，乳児や子どもが育てられていた状況とは非常に異なるものである。

アタッチメント理論の第2段階
：メアリー・エインズワースとストレンジ・シチュエーション法

　アタッチメント理論の次の段階においては，その範囲と深さが拡充された。すべての親が同じような安全基地の経験を提供するわけではなく，子育ての形態が異なれば，子どもが持つ関係のパターンに影響を及ぼすという考えが，空間理論に加わった。非常に簡単な実証的テストが，アタッチメント理論に新たな科学的厳密さを与える転換の核となった。**ストレンジ・シチュエーション法**は，ボウルビィの早期の弟子で，ウガンダの田舎を含むさまざまな環境で仕事をしていたメアリー・エインズワース（Ainsworth, 1978）によって考案された。彼女は，約8カ月の乳児が馴染みのない人を見ていかに怖がるのかということ，そして馴染みのない人が近くにいると即座にアタッ

チメント対象を求めるということに印象づけられた。人見知りはボウルビィの考えである，本来備わっている捕食動物への恐怖もしくは，馴染みのない人に対する恐れから引き出されるものであろう。また，人見知りは，アタッチメント理論を改める実験に大きな基盤を与えた。1963年に考案された20分間にわたるこのテストの手順は簡単なものだが，そこで目にするものは情緒的に単純なものではない。

- 最初に，いくつかのおもちゃの用意された部屋に母親と1歳前後の子どもが入り，子どもは自由に探索することを許される。
- 次に，見知らぬ人が部屋に入ってきて，母親と会話をする。その際，子どもとも交流を試みる。
- 親は目立たないように部屋を出ていき，見知らぬ人は子どもに合わせて行動する。
- 次に母親が戻ってきて乳児を慰めるが，再び部屋を出ていく。このとき，見知らぬ人も部屋を出ていき，乳児は一人で置き去りにされる。
- 母親が再び戻ってきて乳児を慰めようとする。

　この実験がとりわけ興味深いのは，赤ん坊がとる反応が異なっていることである。赤ん坊によっては，泣いたり叫んだり，四つん這いになってドアのほうへ行ったりするが，母親が戻ってくるとすぐに落ち着き，周囲の環境に興味を持ち始める。あるいは，母親が部屋を出たことにはほとんど気づかない様子で，それまでどおりに遊び続ける。さらに分離の前後ともに母親にこころを奪われ，落ち着くことができない赤ん坊もいる。エインズワースは，これらの明らかに異なる反応の結果であるこうした行動を，三つのタイプに分類した。そしてそれらを安定型アタッチメントと，二つの不安定型アタッチメント，今日では主に**回避型**と**アンビヴァレント型**と呼ばれるアタッチメントとして記述した。「安定」や「不安定」といった言葉は，このようなアタッチメントの形態が良いか悪いかの評価を暗に示すものである。私はそのような評価は避けたいのだが，ここでは混乱を避けるため，調査・研究の文献で使用されているこれらの言葉を踏襲する。安定型のアタッチメントに分類された赤ん坊は，母親が部屋を去ったときには泣いていたが，母親が戻っ

てくると，ときには大喜びで安心して母親を迎え，素早くリラックスした状態に戻って気持ちを落ち着かせる。回避型の乳児は，母親が部屋を去ったとき，まるでそのことに気がついていないかのようであった。「かのよう」というのは，母親が部屋を去ったことを気にかけていないように見えるにもかかわらず，安定型のアタッチメントの子どもと同じように，心拍数と身体的ストレスの徴候が増加したことが，調査・研究から明らかになっているためである（Sroufe & Waters, 1977）。興味深いことに，当初，多くの人は，泣かない回避型の子どもが最もうまくいっていると考えていたのだが，今日ではそのように考える人はほとんどいない。一方，アンビヴァレント型アタッチメントの乳児は，母親が部屋を去る前から母親にこころを奪われたようにしがみつき，母親が戻ってくると母親から離れ難くなり，再び落ち着いて遊ぶこともできなかった。

　エインズワースはストレンジ・シチュエーション法において，親の交流スタイルと乳児の反応との間に注目に値する一貫性があることを発見したが，この関連性については世界中で繰り返し実験されてきた。安定型の乳児の親は，乳児に対して敏感で，乳児の苦痛に応じ，一貫して乳児の手が届くところにいる。不安定型の子どもの親は，一般に子どもの情緒的な要求に対してほとんど反応しない。回避型アタッチメントの子どもの親は，泣くなどのサインに反応しない傾向にあり，子どもの苦痛にほとんど気がつかない。回避型の子どもたちにとっては，誰も気がついてくれないので，泣くことにはほとんど意味がない。もしくはさらに悪いことに，感情の混乱を示すことで，アタッチメント対象が引きこもってしまったり怒ってしまったりする場合がある。一方，アンビヴァレント型アタッチメントの子どもの親は，より一貫性のない傾向にある。ある瞬間は非常に子どもの役に立つこともあれば，そこから引きこもったり他のことにこころを奪われたりするため，子どもは養育者の様子を常に注意深く見守っておかなければならない。アンビヴァレント型アタッチメントの子どもは，まるで戻っていくための一貫した安全基地があるとは信じていないかのように，探索することがほとんどない。より依存的で巻き込まれやすく，くつろげない。これら三つのグループすべての子どもたちは，養育者との間にそれぞれアタッチメントを獲得している。彼らのアタッチメントのスタイルはすべて，養育者の近くにとどまるための成功

した方略なのである。

　数年後，研究者らは，これら元々のエインズワースの分類には当てはまらない子どもがいることを発見した。それは，予測できないトラウマ的な子育てを受け，そうした恐ろしい体験に対処するためにまとまりのある一貫した方略を発達させることに失敗した子どもである。たとえば，親のほうにウロウロと行ったかと思えば，少し離れるように動いては壁に自分の頭をぶつけたり，固まったり，奇怪な行動にふけったりする。苦痛を受けたときに慰めや安心を与えるべき親は，しばしば子どもに対して暴力をふるうなどして苦痛の原因になる人であるために，子どもはアタッチメント欲求を満たす方法を見つけることができないのである。このグループは，無秩序・無方向型 (Hesse & Main, 2000) に分類され，成長するにつれて専門家に大きな心配をもたらすことになる一群である。当初，アンビヴァレント型として分類されていた子どもの多くは，後に無秩序・無方向型として再分類された。この二つの分類はかなり重なり合う。いずれも一貫性がなく，予測できない親の子どもである。概して，子どもが無秩序・無方向型だと分類される親は，そのような傾向がより強い。

　ストレンジ・シチュエーション法は1歳時のアタッチメントのみを評価するものであり，言うまでもなくパーソナリティ傾向の土台はそれよりも早期に起こる。ベアトリス・ビービーと同僚ら (Beebe et al., 1997) は，生後早期の乳児の行動に合わせて反応する母親の子どもは，1歳のときに安定したアタッチメントを獲得する傾向にあり，2歳の幼児になると，母親のことをよく見て，より肯定的な情緒を示すことを明らかにした。また，生後4カ月の乳児の相互作用のビデオを用いて，母親と赤ん坊の間の相互調整の度合いを検証することによって，1歳時のアタッチメントの分類を予測した。興味深いことに，4カ月の乳児が見知らぬ人にどのように対応するかによっても，1歳時のアタッチメントの状態が予測できた。これは，乳児が他者との関係に，自分がそれまでに獲得してきた交流のスタイルを期待すること，さらに，見知らぬ人に対して同様の反応を引き起こしさえすることを意味する。1歳時に回避型アタッチメントと分類された乳児は，すでに4カ月のときには母親を見ることが少なく，たとえば自分で自分を撫でたりなだめたりしながらであれば，かろうじて母親のことを見るのであった。まるでこれら回避

型の乳児は，母親を見ることで圧倒されるかのようであり，ビービーが述べるように，「逃避のために頭をそらせる」のである。これは，母親を見つめ微笑むような，後に安定型になる子どもとは異なる。乳児は生き延びるために，非常に異なる調整的方略を発達させるのである。回避型の乳児は，外からの情動調整の機会がほとんどないことを学んでおり，自分で自分をなだめることや自己調整を必要とする。アンビヴァレント型アタッチメントの乳児は，次に何が起こるのかが分からないため，大人を注意深く観察し，自分自身よりも外の世界に集中する。安定型の乳児は，必要なときに母親が調整してくれることを期待し，それに頼ることができる。

　これらのアタッチメントの型は，環境に適応する子どもの能力の証左である。子どもの生き残りの最善の機会は，アタッチメント対象の近くに居続けるためにはいかに行動するかを理解することにかかっている。回避型の子どもは情緒表現の限度を学び，アンビヴァレント型の子どもは予測できない親をしっかりと観察することを学ぶ。そして安定型の子どもは，必要なときにアタッチメント対象に頼ることができると知ったうえで，探索することができる。これらは非意識的な行動の枠組みとなる。子どもは関係性がどのようなものになるのかを内在化し，それがこころの中の非意識的モデルとなる。つまり，他者との関係における自分自身の内的表象である。ボウルビィはこれを，**内的作業モデル**の概念を用いて説明した。次に，この考えについて検討してみる。異なる形態の二つ以上のアタッチメント関係を持つことは可能である。母親に対しては安定型のアタッチメントの方法で行動し，父親に対しては回避型の方法をとるかもしれない。いずれも，異なる養育者との接近を維持するための適切な方法である。つまり子どもは，さまざまに異なるアタッチメントの形態を学ぶことができるのである。

私たちの中のアタッチメント

　アタッチメント理論は，当初は行動に多くの注意を向けており，心理学の世界の精神分析の関心からは離れていったようであった。しかし，ボウルビィの内的作業モデルの概念は，精神的構成要素を活かし続けた。内的作業モデルは認知地図の一種であり，他者の反応を予測することを学び，関係が

どうなりそうなのかというイメージを発達させる方法である。これらのモデルは変化しないものではなく，新たな経験に影響され続けるものである。とはいえ，新たな経験もまた，以前の予測の光の下で「予期される read」のであるが。

次のアタッチメント理論における飛躍は，アダルト・アタッチメント・インタビュー（AAI）と呼ばれるツールの開発であった。これは，理論の中心をこころや考えと表現の世界に戻し，多くの新たな調査・研究の始まりのきっかけとなった。大人の思考過程を測定するためのこのツールは，メアリー・メインによって開発された（Main et al., 1985）。この調査・研究は，AAIによって測定された大人のこころの状態と，ストレンジ・シチュエーション法において測定された子どものアタッチメントの間の関連性を明らかにするものである。これは革命的な発見である。親が自身の人生についてどのように考えているかが，子どもの発達にいかに影響を与えるのかを示すのである。

AAIは1時間ほどで終わる半構造化面接である。この目的は，アタッチメントに関する表象世界の重要な像を明らかにすることで，「無意識を驚かせる」ことである。たとえば，両親との関係を表す五つの形容詞を尋ね，その後，それを説明する記憶について語ってもらう。他にも次のような問いがある。子どものときにこころを乱したことの例やそのときに実際に起こったこと，もしくは最初の分離の記憶や重要な対象の喪失について，また，トラウマ的な体験などである。このような質問は，強い情緒的反応を引き起こしやすい。面接は入念に文章に起こす。興味深いことに，ここでは幼少期に実際に起こったと説明されたことではなく，質問に答えていたときの様子，特に内的凝集性や一貫性，語りの熟考性を尺度に従って分析する。

「安定-自律型」に分類される成人は，一貫した，混乱や矛盾のない語りを示す傾向にある。彼らには自分の人生を内省する能力があり，情緒的体験を含めて自分の生活について凝集された物語を展開することができる。また，重要な他者がどのように重要な出来事を経験したのかについても，そこに反映することができる。こうした成人は，安定型アタッチメントの子どもを持ちうる。

「とらわれ型」と評価される成人は，あらゆる場面について非常に腹を立

ていていたり混乱したりしており，一つの出来事について説明を求められると，親との口論などの出来事を突然それが起こった瞬間に戻ったかのように話すことがある。彼らの語りは長く，文章がより乱雑で詳細な記述に満ちた答え方をするが，内省は不足している。彼らの大部分は，アンビヴァレント型アタッチメントの子どもの親になるようである。

回避型の子どもを持ちやすい傾向のある成人の分類は，「軽視型」と呼ばれるものである。これらの人々は，自らの幼少期について非常に短い肯定的な説明をするが，その肯定的な考えを支える実際の例を挙げることはできない。彼らの記憶は，概してかなり限定されており，物語をひもといていくとしばしば元の素晴らしいイメージとは矛盾してしまう。たとえば，両親はとても面倒見が良いと語りつつ，知らない森で道に迷い，何時間も誰にも気づかれなかったという話をするかもしれない。情緒，特に否定的な情緒に通ずることは，このグループでは容易には現れてこない。

「未解決－無秩序型」は第四のグループである。彼らの語りは一貫性を欠き，虐待やトラウマについて尋ねられると理由づけの乏しさが見られ，奇妙な考えを示す。彼らの物語は，多くの場合，未解決のトラウマや喪失が際立つ。これらの親には「怯える－怯えさせる」という両方の傾向があり，無秩序・無方向型に分類される子どもを持つ可能性が高い。

これらの発見は常時改定されているが，いかに大人の内省能力がその子どものアタッチメント状態を予測するのかを示すものであり，その正確さのレベルは相当信頼できるものである。これは，単に安定型と不安定型との間の尺度で見る場合には，75％ほどの高さになる。ここで重要なのは，その大人がどのような幼少期を送ったのかではなく，内省する能力が予測因子であるということである。肯定的な幼少期の体験があったとすると，より安定－自律型になるように思われるが，それは必然的なものではない。違いを作るのは，たとえ否定的な体験があったとしても，それをメンタライズし，体験を内省し，ある程度過去と和解することができる**内省的自己機能**と呼ばれる能力である。メインは，困難な幼少期だったにもかかわらず安定型と評価された成人について，「獲得した安全感」という用語を作り出した。これは，後に他の大人との間で良い経験をするなど，どうにかして他の保護的要因によって得たものという考えである（Roisman et al., 2002）。これらの発見は，子ども

と親のいずれに対しても，後に自己内省能力の発達を援助することができるという希望を，研究者や専門家にもたらしてくれるものである。

アタッチメントの伝達

　私たちは今や，異なるアタッチメントの型を持つ子どもの心的世界について，より明確な感覚を持つに至っている。安定型の子どもは，他者との肯定的相互作用を期待し，探索することに自信があり，より柔軟性と遊ぶ力を持つ傾向にある。また，他の子どもに対して共感的で，円滑な関係を持つ力がある。こうした子どもは，自身の情緒をより良く調整することができ，自身と他者の情緒的要求に通ずることができる。また，他者との関係において希望に満ちた内的表象を発達させる。このような子どもは概して，より自信を持ち，困ったときには援助を期待できることを知っている。

　このように，私たちの社会において安定型であることは，さまざまな利点をもたらしてくれるようである。しかしながら，安定型の行動を示すことは，親が虐待的であったり，親と情緒的な距離があるような場合にはそれが裏目に出てしまうため，そのような親の子どもは他の方略を発達させる必要がある。たとえば回避型の子どもは，養育者のお気に入りのままでいるために，自らの要求や気持ちを抑制する。また，自身のつらい情動を遮断し，他者の中のそれにも気がつかない。安定型の子どもと比べて豊かな表象世界が少なく，安定型の子どもと同様の情緒的複雑性の幅を処理するのが難しい。また，自身のことを強く独立したものとして描写する。対照的に，アンビヴァレント型の子どもは不安が高すぎるため，見捨てられるのを避けるために際限なく要求し続けるが，自身の情緒的欲求を調整することはほとんど学べていない。

　無秩序・無方向型の子どもは，最も危険な状態にある。彼らはアタッチメント欲求を満たす方略をほとんど持たない。通常は子どもに安心を与えるはずの親が，しばしば予測できず苦痛や混乱を与える人になりうる。そうなると，子どもにとって戻っていく安全な場所はどこにもない。これらの子どもには，数秒後の危険を回避する以外には一貫した方略が欠如しており，予測不能になりえる。逆説的に，この秩序の欠如は，歳を重ねるにつれて非常に

支配的特徴を示すパーソナリティを導く。彼らは，関係性の中で予測できず，柔軟性を欠く傾向にある。この世界は概して，自分がコントロールしていなければ安全だと感じられず，攻撃的な行動や強制的な養育，もしくは相当深刻な水準の自己依存など，さまざまな形で重要な他者を支配しようと試みる。

　子どものアタッチメントの状態に，このような影響を与える親のこころの状態のメカニズムの何たるかは，研究者も正確には明らかにできていない。最も一般的な理論は，安定-自律型と評価される成人は，より敏感な親であるということである。親の内省的機能の尺度と同様に，親の敏感性を測定するさまざまな尺度も開発されてきた（Slade, 2006）。親のこころの状態が，いかに乳児のアタッチメントに影響を及ぼすのかという正確な説明には，いまだ「伝達の隙間」のようなものがある。エリザベス・メインズら（Meins et al., 2001）が考案したこころへの関心の概念は，親がどれくらい子どもに対してこころに関連したコメントをするのかを測定したうえで，子どもが安定型アタッチメントを獲得するかどうかを予測するものである。こころへの関心の能力を示す親は，子どもの主観的な状態や，何を感じ，考え，体験しているのかに関心を向ける傾向にある。このような親は，身体的な要求や表面的な行動に関心を向けるよりも，子どもをこころと感情を持つものとして扱う。前言語段階の乳児が苦痛を示した場合，こころへの関心を持つ親はおそらく，「ああ，ママがいなくてさびしかったのね」「まぁ大きな怖い音だったわね」というように，なぜこころが乱されたのかについて声に出して考えるだろう。メインズは，自身のこころの状態を反映してもらうという体験は，子どもが自分自身や他者のこころの状態やプロセスに気づくようになるのを助けるということを繰り返し明らかにしている。回避型アタッチメントの子どもの母親は，比較的こころへの関心を持ったコメントが少ない傾向があるのに対し，安定型アタッチメントの子どもの親はそれがずっと多い。また，アンビヴァレント型の子どもの母親は，こころの状態について言及はしても，それは子どもの内的状態の読み違いであったりすることが少なくない。

　このように，子どものこころの状態を理解する能力は非常に重要なものである。子どもが6カ月のときのこころへの関心を持つ母親のコメントの数は，5歳時の言語や語りの機能とともに1歳時のアタッチメントの安全性

(Bernier & Dozier, 2003) や, 48カ月時のメンタライズ能力 (Meins et al., 2003) を予測する。何がアタッチメントを「伝達する」のかを知ることはもとより,親のこころへの関心,もしくは自己内省能力の発達を援助するような介入の可能性を考えても,親のこころの状態の重要性についての発見は刺激的なものである。

こころへの関心と非常に共通した概念であるメンタライゼーションは,アンナ・フロイト・センターのピーター・フォナギー (Fonagy, P.) とメアリー・ターゲット (Target, M.) によって開発されたものである。これは,自身や他者のこころの状態を理解し,それについて考え,人の行動が心理的,情緒的要因によって動機づけられることを理解する能力である。ここでも再び,異なる伝統を持つものが非常に類似した事柄について説明する概念の幅が見える。メンタライゼーションは,メンタライゼーションを基盤とする新たな治療においてますます用いられるようになっている (Fonagy & Target, 1998)。フォナギーと同僚らは,情動調整,こころへの関心,内省機能,そしてメンタライゼーションは,アタッチメントの中核として論じられている概念と関連があるという理解を持っている (Fonagy, 2002)。実行機能やこころの理論などの他の概念は,異なる事象を説明してはいるものの,明らかにメンタライゼーションといった能力とも関連する心理的能力とつながっているのである (Sabbagh et al., 2006)。

ここで,より明確化しておきたい軽い皮肉がある。それは,安定型アタッチメントはメンタライゼーションの能力と関連するものであるが,誰かに安定したアタッチメントを持っていると,メンタライゼーションの能力のいくらかは,その人物に関しては一時停止されてしまう (Bartels & Zeki, 2004) というものである。アタッチメント対象であるということは,その人を信頼することであるからこそだというのがその理由の一部である。つまり,誰かを愛すると,私たちの判断の識別的側面は閉じられ,愛する人にとってより有益な解釈をする傾向にあるということである。

アタッチメント理論は,子どもの特定の体験の影響を説明するものである。妊娠中の女性のアダルト・アタッチメント・インタビューが,まだ生まれていない子どもの1歳時点でのアタッチメントの状態を予測することについては,先述したとおりである (Fonagy et al., 1991)。これは驚くべき結果と

なった。この調査・研究はすべて第一子で行われたが，第二子以後の子どもが，必ずしも同じアタッチメントの型を発達させるというわけではないだろう。最近の重要な研究は，このことに光を投じている（van IJzendoorn et al., 2000）。兄弟姉妹の組み合わせの大規模な国際的サンプルを見ると，母性的感受性とアタッチメント状態の間に関連があることが発見されている。つまり，感受性は，子どもが安定，もしくは不安定なアタッチメントを持つことになるかどうかを予測するが，回避型であれアンビヴァレント型であれ，不安定型アタッチメントのタイプの子どもについては，これはそれほど明らかにはならなかった。アタッチメントの世代間伝達の正確なメカニズムを理解する道は，まだ多少残っているようである。

　ここまでは，子どものアタッチメントの状態と関連する要因がほとんど発見されていない，生物学的な気質については言及してこなかった。一般に，敏感で自己調整ができにくく生まれてきた乳児に，不安定型アタッチメントの危険性がより高いということはないように思われる（Nachmias et al., 1996）。生物学的遺伝とアタッチメントとの関連もまた，治療的介入と家族の状況の変化のいずれもが，子どものアタッチメントの状態を変えうるというエビデンスによって弱められる。双子研究も同様に，受け継いだ気質とアタッチメントの状態との間にはほとんど関連がないことを明らかにしており，親の感受性が，遺伝した気質以上に重要であることが明らかになっている（Fearon et al., 2006）。しかしながら，遺伝的性質と非常に好ましくない養育の組み合わせが，無秩序・無方向型アタッチメントの見込みを強めるというエビデンスはある（Lakatos et al., 2002）。アタッチメントの伝達については，総合的にみて，遺伝子と生物学的性質は大きな役割を持たないようである。しかし，親の内省機能は大きな役割を持ち，これは結果として生じる子どものアタッチメントの状態についての最善の予測因子なのである。

アタッチメント理論と文化

　アタッチメント理論は普遍的な生物学的システムであるが，すべての他の理論と同じく，ある特定の時代にある一定の文化的枠組みの中で発達してきたものだと論じられている。アタッチメント理論が他の文化でも有用に適用

されうるのか，もしくは調査・研究に西洋の養育スタイルを重んじた先入観がないのかどうかを問うのは重要なことである。

　たしかに，文化を越えてアタッチメント理論の概念を適用することは可能であろう。安定型アタッチメントが，アタッチメントの形態のうち最もよく見られるものであることが明らかであるにもかかわらず，ここには明白な文化的相違がある。たとえばグロスマンら（Grossmann et al., 2005）は，ドイツのサンプルにおいて，北ドイツではそうではないが南ドイツで最も見られるのは回避型アタッチメントであることを見いだした。イスラエルのキブツの共同体で母親と一緒に寝ていない子どもには，アンビヴァレント型のパターンが優勢であった（Sagi et al., 1995）。また，文化によっては単に一定の分類に当てはまる子どもはいないようである。たとえば，マリのドゴン族では（True et al., 2001），母親が主なアタッチメント対象であり，母親は乳児と共に眠る。そこでは87％の子どもが安定型アタッチメントに分類され，回避型とアンビヴァレント型の子どもはおらず，その一方で無秩序・無方向型の子どもが約13％いた。これは，母親が常に存在し，反応してくれることで回避性は発達させないが，母親が怯えるあるいは怯えさせる行動をとると，無秩序・無方向反応が見られることを意味するものである。アタッチメントの分類自体は比較的幅広い。これは，適用の幅を広げる強みになりうるが，よりとらえにくいニュアンスを理解するうえでは弱さとなる。また，すべての安定型の子どもが同じだというわけでもない。たとえば，日本の安定型の子どもは，母親の腕から離れたとき，ドイツの子どもたちと比べて泣くことが少ない。しかし，どちらの子どものグループも同じ安定型の分類に入る。

　アタッチメントの概念が文化を越えて適用されるかどうかだけではなく，文化的偏見を含むかどうかを問うこともできる。「タイミングの良い応答性」や「母性的感受性」といった概念は，文化によっては異なる意味を持つだろう。ロスバウムら（Rothbaum & Morelli, 2005）は，アタッチメント理論には，西洋でより価値の置かれる能力である自主性や探索，自律性を評価するという文化的バイアスがあると論じている。たとえば，プエルトリコの母親はおしなべて，自律性よりも落ち着いて相手を尊重するような気遣いに関心を持つ。アメリカの家庭では，子どもの身体的なコントロールは不安定型と関連づけられるが，プエルトリコの家庭では安定型と関連づけられる（Carlson &

Harwood, 2003)。同様に，アメリカでは母親の干渉は不安定型アタッチメントを予測するものであるが，コロンビアではこれと反対のことが真実であるとされる (Posada & Jacobs, 2001)。多くの文化で，乳児のニーズを予測する能力が重んじられている。アタッチメントの調査・研究はこのことを測定しないが，予測されることよりも，すでに生じている不安を引き起こす状況への子どもの反応は測定する。

とはいえ，人間の乳児や他の霊長類においても説得力のある普遍的なアタッチメント・システムのエビデンスは存在する。また今日では，異なる文化の評定者が検証する得点によって，母性的感受性がアタッチメントの安定性と関連することを示すエビデンスが，コロンビアやマリ，チリ，その他の互いに関連性のない文化から示されている。トロニックら (Tronick et al., 1992) によるエフェ (Efe) の研究などが示すように，子どもが共同体的な集団の中で養育され，複数の養育者の間を行き来するような社会においてさえ，子どもは母親と主要なアタッチメントを持つ傾向にある。同様に，北ナイジェリアのハウサ族の乳児は，父親も含めて数人とアタッチメント関係を形成するが，そこにおいてすら一人の人物との主要なアタッチメント関係を形成する傾向にある (Marvin et al., 1977)。文化によってアタッチメント関係のニュアンスは異なり，アタッチメントの概念には文化的先入観がありうるかもしれない。しかし，全体としては，アタッチメント理論は文化を越えた重要な汎用性があるように思われる。

アタッチメントと障害

すべての不安定型アタッチメントの子どもの予後が悪いわけではないが，1歳時で最も心配されるタイプの無秩序・無方向型アタッチメントは，17歳時の精神病理の有用な予測因子である (Sroufe, 2005)。無秩序・無方向型アタッチメントは，貧困やひとり親，暴力，ドラッグやアルコールの乱用，そして問題を抱えた地域など，他の危険因子が並行して生じていることが多い。無秩序・無方向型アタッチメントの子どもは，高ストレス水準や過覚醒状態を経験しており，「無力さ」および「敵意ある」行動を示す。彼らが受ける養育はしばしば一貫しておらず，混乱し，怯えさせられ，調整不全を感じ

たままに放置される。このような子どもは，対処するための方略を得ることに失敗している。なぜなら，接近と回避のいずれもが恐怖を引き起こすことになるからである。このような行動を示すトラウマを受けた子どもの多くは，実行機能の能力の未発達を示し，過度に活動的で，ADHDと診断される子どもと非常に類似したあり方すら示す。彼らは手がつけられないとされるが，歳を重ねるにつれて徐々に周囲をコントロールするようになる。彼らにとって，この世界は恐ろしく信じられないものであり，予期せぬことはたいていは楽しみなことではない。できるかぎり変化を避け，出来事をコントロールしようとする。虐待的背景を持つ養子になった子どもの多くはこのような様相を呈するため，最も細やかで調和的な養育者でさえ，これらの子どもの養育には多大な困難を極める。

　このような子どもたちは，生き残るためにしばしばアタッチメント行動を不活発にしたり，自分の中で起きていることから距離を置いたり，逃走や闘争，あるいは**解離**などの極端な**防衛**を働かせなければならなくなる。何か恐ろしいことが起こっても，そのような体験を理解してくれる人が誰もいないのである。このような子どもは，突然，思考プロセスから切り離されることも多い。彼らのこころはあちらこちらへ飛び回り，安定してこころの単線思考にとどまることができない。これはしばしば，アダルト・アタッチメント・インタビューにおける報告の混乱としても見られる。彼らは，最終的に認知能力や関係を維持する能力，自身の情緒を調整する能力，そして一貫した対人関係の方略を発達させるうえで欠陥を持つことになる。多くは学校でつまずき，刑事司法制度や精神科，もしくは他の行政機関からの介入など憂慮すべき道筋に沿って人生を歩んでいくことになる。

　最近では，**アタッチメント障害**について多くが語られているが，無秩序・無方向型アタッチメントは，調査・研究上の分類であることを明確にしておくことが重要である。無秩序・無方向型アタッチメントとは異なり，**反応性アタッチメント障害**は，公式の精神科分類である。ここでは，慢性的なネグレクトを受けた子ども（ほとんどケアをされない孤児院で育てられた子どもなど），もしくは重度の虐待を体験した子ども，また養育の欠如や特定の養育者と一度もアタッチメントを発達させられなかった子どもについて記述されている。公式の分類体系によれば，反応性アタッチメント障害には抑制型

と脱抑制型の二つのタイプがあるとされているが，実践においてはこれらの違いは常に明確にできるものではない。反応性アタッチメント障害についての科学的，精神医学的な論文はあるが，プライアーとグレイサー（Prior & Glaser, 2006）が記述しているように，アタッチメント療法の普及を目指し，公式の精神科診断とはほとんど類似点を持たずにこの診断を用いる大規模な産業集団があるということには注意が必要である。おそらくここで最も論争の的となるのは，いわゆる抱っこ療法である。これは，大人と子どもの接触を強制することで交流を高めることを試みるもので，多くの人々から批判されている（Simmonds, 2007）。実際に危険であることが明らかになっており，不慮の死を導くことすらある（Lilienfeld, 2007）。無秩序・無方向型アタッチメントを持つ子どもが反応性アタッチメント障害だと診断されることもあるが，これらの分類は隣接するものではない。にもかかわらずはっきりしていることは，無秩序・無方向型アタッチメントと反応性アタッチメント障害の子どもの長期的予後が良くないということである。

まとめ

　本章ではアタッチメント理論についての概観を行ったが，これらの考えの多くはさらに本書の至るところに出てくる。アタッチメントの調査・研究は，ボウルビィ以来の長い道のりを経て，実証的妥当性を増す多くのツールを発展させてきた。この理論は，空間的，行動的な理論として始まり，当初は子どもが安全基地に接近することの重要性が強調されていた。後にこの理論は，親がすぐ近くにいるかどうかということよりも，親の存在の質や子どもに対する親の行動の違いに，より注目するようになった。後の調査・研究では，養育者のこころの状態と子どものアタッチメントの状態との関連性がより強調されるようになることで，アタッチメントの心理学的，表象的な側面が前面に戻ってきた。
　研究された大半の文化において，1歳時に安定型アタッチメントである子どもは，友だちと争うことが少なく，より創造的な遊びができる。また，自身や他者のこころを理解するスキルを持ち，より良い行為の主体の感覚を発達させている。さらには，自身の情緒をより良く調整することができるなど

の利点があるとされている。対照的に，回避型アタッチメントの子どもは，養育者への親密さを犠牲にして，情緒生活，特に欲求感情や依存心もしくは傷つきを否認，あるいは切り離すことを学習している。そのような感情を示すことは，親からの拒否というリスクにつながるからである。彼らは，自分自身についての豊かな物語を生成することが少なく，柔軟性に乏しく，他の子どものこころを読みとることができないために，他の子どもと仲良くすることが難しい。アンビヴァレント型の子どもは，自分のことで頭がいっぱいの親を常に注意深く観察することを必要とし，そのプロセスでしばしば自身の欲求には触れなくなってしまう。安全を維持するために，常に非常に変わりやすい親のこころの状態を理解し，行動を先取りする必要がある。このような子どもは，自分が行為の主体であるという感覚を持つことがほとんどなくなり，調整不全に陥りやすい。安定型の子どもは，柔軟に感情と認知の両方に頼る傾向がある一方で，回避型の子どもはより認知に頼る傾向にあり，アンビヴァレント型の子どもはより情緒に頼る傾向にある。

　アタッチメント理論は，たとえその概念のいくらかにヨーロッパ的な先入観があったとしても，文化間の関連性はあるように思われる。アタッチメント理論と関連して，たとえば精神科分類の反応性アタッチメント障害，もしくはさまざまな治療的介入とアタッチメント理解とのつながりを主張する論説があるが，それらにはつながりはあっても別のものである。早期のアタッチメントがいかに生涯にわたって影響を及ぼすのかということと同様に，どのようにアタッチメントが親から子どもに伝達するのかという議論は，いまだに残っている。しかしながら，こころへの関心や，感情や希望，意図に意味づけをしてくれる人が近くにいることが，大きな違いを生むことは分かっている。こころへの関心のある家族の中に生まれてくる乳児ばかりではない。しかし，幸運にも人間の乳児は，あらゆる情緒的環境の中で生きるのに十分な適応力がある。乳児が発達させるアタッチメントの型は，概して自分が生きる特定の環境への適切な反応であり，子どもはさまざまな情緒的文化の中で生存を保障してくれる，内的作業モデルを発達させる。アタッチメントの型は変えられないものではなく，後述するとおり，新たな体験と新たな関係性によって変化する可能性がある。このことは，専門家と親に希望を与えてくれるであろう。

第6章 生物学と脳

Biology and the brain

　ここ20年で，精神・生物学的プロセス，特に人間の脳についての調査・研究は爆発的に増加した。私たちは現在，情緒的プロセスに関与する脳の領域について，また早期の経験に応じて脳がいかに異なった発達をするのかについて，より多くのことを知っている。本章ではこれらの調査・研究のうち，本書のテーマと関連性があり，かつ理解しやすい事柄について基本的な概観を行う。神経科学的考えの中でも，オキシトシンやコルチゾール，ミラーニューロンのようなホルモンについてはすでに前の章で触れているが，これらについては後の章でも，たとえば思春期の脳の変化の説明の中で触れることになる。

　神経科学は，多くの精神プロセスは非意識的に起こるというフロイト（Freud, S.）の見解を確証している。参加者が行動を起こす意思決定をしたときに検査者に知らせるというリベ（Libet, 1985）の古典的研究がある。そこでは，参加者が意思決定をしたと考える数秒前に，彼らの脳のどこかがすでに行動することを非意識的に決定しているのをスキャン画像が示した。このような知見は，私たちが自分で考えているほど意識的に意思決定をしているのだろうかという疑問を呈する（Soon et al., 2008）。このような調査・研究，ならびに催眠のような領域の知見（Fromm & Shor, 2009）は，私たちを行動に駆り立てるものは意識から離れたところで起こっていることを示すものである。

　同様に，人が他者と関わる習慣やパターンは，非常に幼い頃のほとんど生物学的もしくは生理学的な枠組みだと見なされており，私たちは自分自身ではそのようなパターンを意識することはめったにない。自分の動揺には決し

て応じてもらえないために，どんな動揺も決して表さないと（非意識的に）学んだ子どもに見られるように，私たちのアタッチメントの枠組みはこの種のものである。このような学習および身体に基づいた記憶は，**手続き記憶**あるいは潜在記憶と呼ばれる。これらは，自転車に乗ったりバイオリンを弾いたりするようなスキルや，関係がどのように進むのかという期待，そして新しい社会的状況に入るときの期待をも含む。これらは先行学習の結果なのである。

　人生の最初の1年頃の最早期における情緒的な学習は，こうした手続き的種類のものである。これは海馬のような，より事実上のまたは顕在的な記憶をコード化したり取得したりする脳の部分が，完全に「オンライン」である以前に生じる。人間にも，爬虫類の先祖と同じような扁桃体と呼ばれる小さなアーモンド型をした脳の部分がある（図6-1）。扁桃体は，生まれたときに

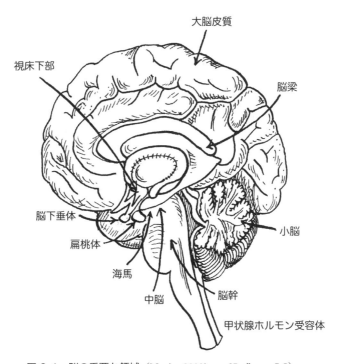

図6-1　脳の重要な領域（Music, 2009b, p. 65, figure 5.3）

すでによく発達している。これは，情緒的な学習，特に恐怖の反応に関する中核である。大きな音のような何らかの恐怖は，意識的な記憶が可能になるずっと以前に扁桃体に「書き込まれ」，成人期に至るまで同じことが怖いままに残ることもありうる。この種の学習はとても役に立ち，人間の生き残りを確実にすることさえある。しかし，このような学習は，たとえそれがもはや適切ではなくなっても，修正することが難しい。

　手続き記憶の発達は，脳のスキャンを通してその活動を見ることができる (Schwartz & Begley, 2002)。キーボード上で謎の文字列を解こうとする男性の脳の活動を測定したところ，さまざまな脳領域にわたって膨大な意識的努力がとてつもなく繰り返されるという活動が示された。ひとたびその作業を習得してそれが自然にできるようになると，脳活動は運動領域の活動のみとなり，静まった。そして，再びその作業に特別の注意を払うように指示すると，スキャン画像にはやはり多くの活動が示された。このことから，乳児が大人の作業を模倣することや，運動場で子どもが学ぶ双方向型のゲームにおける膨大な努力について考えられるかもしれない。より自動的に，半ば意識的に物事ができるようになる以前には膨大な注意を必要とするのである。同じく，人生早期の関係性についての手続き記憶にも膨大な努力を要する。ここで一度学んだことは意識的理解に基づくものではない。大人も子どもも，先行する手続き記憶学習と関係性の内的作業モデルによって，新しい状況に入っていくよう導かれるのである。

私たちの脳と進化

　私たちの脳には，地球上のどんな動物よりもはるかに複雑で並外れた能力がある。脳の基本単位はニューロンであり，これは中心核を伴う長い存在である（図 6-2）。ニューロンは，シナプスを通じて他のニューロンとつながり，電気信号と化学信号が脳と神経系の領域に送られるのを可能にする。脳は非常に複雑で，わずか秒間隔で心理学的事柄についての信じられない複雑な計算をすることが可能である。平均的なニューロンは，1 万もの他のニューロンと直接つながっている。平均的な脳には 100 億のニューロンがある。私たちは，将来持つべきほとんどすべてのニューロンを持って生まれ

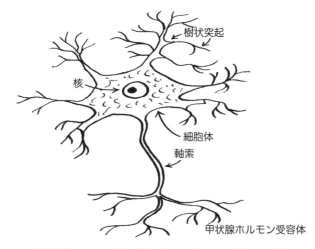

図 6-2　ニューロン（Music, 2009b, p. 53, figure 5.1）

が，妊娠後期から早期幼児期にかけての期間にそれらすべての種類の複雑なつながりが築かれることになる。ニューロンは，シナプスを通じて他のニューロンに情報を送る。私たちは，ニューロンよりもはるかに多い，実際には約 100 兆のシナプスを有する（Pinker, 2002）。それぞれのニューロンは，電気化学的情報を受け取る細胞体と，何万もの小さな枝（樹状突起）を持つ。砂粒ほどの大きさの脳の断片は，10 万のニューロン，20 万の軸索，そして 10 億のシナプスを含む（Siegel, 2007）。

　人間の脳の発達にはムラがある。さまざまな部分が，進化の歴史のそれぞれに異なる段階で進化してきており，それぞれに異なる機能を持つ。やや簡略化されてはいるが，マックレーン（MacLean, 1990）の三位一体の脳概念は役に立つ出発点である。そこでは，人間の脳が系統発生学的歴史の三つの主要な段階に関係することが示唆されている。マックレーンは，爬虫類の脳，大脳辺縁系，そして新皮質を区別した（図 6-3）。多くの「爬虫類の」脳機能は，この 2 億 5,000 万年でほとんど何も変わらなかった。そこには，心拍数，呼吸，体温とバランスといった機能制御だけではなく，闘争，逃走，そして凍結のような重要な生存本能を管理する脳幹のような構造も含まれる。これは，社会的優位システムと「序列」に関する脳領域でもある。これらの脳システムは，素早く物事を学習するには効果的であるが，少々柔軟性に欠

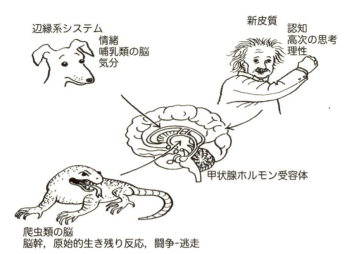

図6-3 三位一体の脳（MacLean, 1990/Music, 2009b, p. 54, figure 5.2）

け，いったん何かを学ぶと簡単には修正されない。

およそ1億5,000万年前までに，哺乳類に大脳辺縁系システムが発達した。その役割は，判断すること，経験が心地良いかどうかを学習すること，そして情緒的記憶の形成を含み，ときにはこれは情緒的生活の中心部分とも見なされる。恐れ，楽しみ，痛み，そして喜びのような情緒は，大脳辺縁系システムなしには存在しない。

最後の「新参者」は，出現してほんの200〜300万年の新皮質である。人間に見られるその最も複雑な形態は二つの大脳半球であり，思考，言語，想像，そして意識を担当する。この脳の三つの部分は決して別々の構成単位ではなく，その複雑な関係性と経路は，千年を越えて現在の私たちのように発達してきたのである。

神経科学者のダニエル・シーゲル（Siegel, 2007）は，心理学的健康は，脳領域間の非常に複雑な相互依存によって示され，心理学的，精神医学的問題を呈する多くの人々は，脳領域間のつながりが少なく，より複雑ではない構造を示すと主張した。私はクライエントとの面接中に，特にどのような瞬間にどの脳領域が活発になっているのかを問うてみることがある。たとえば，闘争，逃走，あるいは憎しみ，欲望，そして攻撃性のような基本的な本能的反

応は，より爬虫類的脳領域から生じる。もし，非常に活動的な脳幹を持ち「闘争」モードになっている人の怒り，あるいは憎悪に直面したなら，冗談を言ったり大脳皮質だけが意味を成すことができるような知的に複雑なコメントをしたりするのは，愚かなことである（Music, 2009b）。とても恐れているときには，発達した認知能力がほとんど活動していない，非常に基本的な機能のモードに戻る傾向があるのである。

経験依存

　近年，人間の脳は鍛えられ，あるいは経験に依存し，またある特定の経験が特定の脳の経路や構造を引き起こすといった理解が進んできた。脳は経験を積む度合いによって，強くなったり成長したり，あるいは衰えたりもする非常に複雑な筋肉システムのようなものだと考えることができる。生まれたときの人間の脳は細胞過剰であるが，それらの間のつながりは極めて少ない。出生後の期間に，しばしば「使うか，失うか」，もしくは「剪定」と言われるようなプロセスが起こる。使わない細胞は，単に死んでいくということである。シュワルツとベグリー（Schwartz & Begley, 2002, p. 117）は，「それはまるで，誰も見ないからケーブルテレビの受信をキャンセルするように，シナプス結合は使われないと弱くなり突然消える」と，児童期と思春期前期の間に毎日20億のシナプスが切り落とされると述べている。いったん接続が形成されたなら，それは配線されたままである。新しい配線が後の人生で形成される可能性はあるが，未使用のニューロンは経験によって必要とされる経路の一部を形成せず，「剪定され」，衰退する。たとえば，子どもが母親から抱かれたりなだめられたりするたびに，子どもの脳の中で接続と連結が形成される。次に，苦悩を経験しているときに母親が近くにいると，なだめてもらうのを期待する。ちょうど水が自然にそこにある水路を流れるように，経験はこのように準備よく形成された経路のようなものを通して濾過され始める。一度期待が形成されると，それは残る。その後，世界はそうした先入観によって経験されるようになる。

　「同時に興奮した細胞は，その後も同時に興奮するように配線される」（そして共に生き残る）というフレーズは，神経科学者ヘッブ（Hebb, 1949）の名

を取って，ヘッブの法則と呼ばれている。これは，経験が特定の神経経路を通って濾過されるため，以前と同じようにXがYに続くことを期待し，そのプロセスに関係する細胞が結合して強くなる過程を説明するものである。脳は強力な将来の予言者である。トラウマを経験した子どもに見られるように，見知らぬ大人に出くわすことが恐怖の引き金になるとすれば，親切な教師や養父母のような善良な大人に対しても，同様の恐怖反応を引き起こすかもしれない。早期の人間の脳は，特に「神経可塑性」として知られているように，決定的な情緒的学びが行われる柔軟なものである。妊娠28週目から生まれて2年目までの期間は重要である。出生前生活期間のピーク時には，脳は毎分25万もの細胞を生み出す。特に最初の5年間と思春期という「感受性の強い期間」があり，ありがたいことに何らかの可塑性は生涯にわたって残る。

多くの人が，大脳辺縁系システムと右脳が早期の情緒発達の中心であると主張する（Schore, 2005）。**顕在記憶**や複雑な認知的スキルのようなより洗練された能力は，かなり後に達成される。また，皮質の諸部分は，20歳代初期にもまだ発達する。親は，発達途上にある乳児の脳の心理・生物学的調整者だと言い表されるかもしれない。乳児の脳の発達は，同調してくれる養育者との相互交流のような経験を通して起こる。これは，ここで表現されているよりも神秘的なプロセスではない。母親が乳児と調和し，その感情を調整しているときには，両者の心拍数や神経系機能は注目すべき類似を示す。同様に，乳児が愛する大人と一緒にいて幸福なときには，楽観的な感情を高めるホルモンの放出を伴う生理学的影響を受け，それが肯定的なアタッチメントを作り出すことになる。この反対もまた然りである。たとえば，抑うつ的な母親と一緒にいる乳児は，母親の低いドーパミンを反映して，生後1ヵ月時のドーパミン濃度が低い。最近では，単一の脳のモデルから，いかに一つの脳が別のことを作動させるのかを理解する方向へと変わってきている。

さまざまなホルモン

経験は，脳の構造だけではなく人体の化学的システムの作用の仕方にも影響を与える。（内分泌腺から血流に放出される）ホルモンや，（神経ターミナ

ルによって放出される）**神経伝達物質**のような化学物質は，ニューロンと他の身体システムの間に信号を送る。そのうちのいくつかは，すでに言及したように，一般によく知られているセロトニン，ドーパミン，アドレナリン，そしてオキシトシンである。妊娠中の高水準のストレスが，いかにストレスホルモンのコルチゾール——それが胎盤を通過して発育中の胎児に影響を与えうる——を生産するかについては先に見てきたとおりである。ネグレクトやトラウマの経験は，意識的には記憶されていなくても行動や態度ばかりかホルモン・システムにも影響を与えうる。**視床下部-下垂体-副腎軸（HPA）**は，ストレスに対する反応を制御する複雑なシステムで，血流へのアドレナリンの放出と関連する。それが，心拍数，血圧，コルチゾール濃度を増加させ，闘争あるいは逃走のために身体を準備する。コルチゾールは少量の唾液で簡単に測ることができ，その開発を行う産業も存在する。子どものコルチゾール濃度は，恐れていたり継続的にトラウマや不安にさらされていたりすると，より高くなる。コルチゾールには多くの有害な影響があり，記憶のための主要な脳領域である海馬の細胞を破壊しうる（McAuley et al., 2009）。皮肉なことに，たとえばホロコーストの生存者の多くのように深刻なトラウマの犠牲者の中には，コルチゾール濃度が高くはなくむしろ極めて低い者もいる（Yehuda, 2004）。コルチゾール濃度は高くても低くても，しばしば深刻なストレスの徴候なのである。

　しかし，愛情深い良い経験は，異なるホルモンの放出をもたらす。すでに述べたようにオキシトシンは，特に温かく親和的な感情を促進する。人間のような「つがい関係」を持つ霊長類は，そうではない種よりも多くのオキシトシン受容体を持つ。愛する人と一緒にいるとき，あるいは授乳やセックスをしているとき，またマッサージを受けているときに，オキシトシン濃度は増加する。チューリッヒでの興味深い実験（Kosfeld et al., 2005）は，いかにオキシトシンが信頼を増すのかを示している。参加者は，オキシトシンか偽薬を与えられ，受託者にお金を与えるゲームに参加するように言われる。お金をいくら渡したかにもよるが，戻る金額を最高4倍までにして受け取ることが「できる」。オキシトシンを投与されたグループは，より関係を信じやすく，多くを渡したことでより多くを受け取った。カリフォルニアのザックら（Zak et al., 2008）によるこれと関連した実験では，未知のパートナーに対する

寛大さを検討したところ,血流中のオキシトシン濃度が自然に高い人がより多くを渡し,その結果としてより多くを取り戻したことが分かっている。

また別の実験では,脅かすような怖い顔の写真を見せられると,偽薬を与えられた群はストレスや怒りに関連する脳領域である扁桃体にかなり高い活動性を示したが,オキシトシンを与えられた群の活動性はより低いことが分かった。このことは,オキシトシンが社会的恐怖を低減することを示唆する(Kirsch et al., 2005)。多くの調査・研究が,免疫システムを高めるストレスの影響に対する緩衝材になるとともに,良い気分に関係がある良好で明確なオキシトシンの効果を提示している。およそ3歳以前に養子になったルーマニアの孤児と,生みの母親に育てられた子どもを比較する最近の研究が興味深い。母親に抱きしめられたとき,養子になった子どもは生みの親に育てられた子どものようにオキシトシンの放出をしなかったことが分かったのである(Fries et al., 2005)。これは,愛情を与えたり受け取ったりする能力とそのニューロンに付随するものが,ネグレクトによって萎縮するかもしれないことを示唆するものである。

多くの医薬品や娯楽薬は,気分が良いときに自然に身体が生み出す化学的効果を模倣する。コカインはドーパミンのシステムに影響を与えるが,ストレスを受けて地位が低いサルは,有力なサルよりも多くのコカインを自己投与することを示す実験がある(Banks et al., 2007)。ストレスと不安は,気分が良いと感じているときにはあまり起きない,コカインのような物質への欲求を高める。同様に,地位が高く自信があるなら,セロトニン濃度は自然と高くなる。多くの抗うつ薬はセロトニン・システムに作用する。低レベルのセロトニンは,イライラしたり不安定だったり,不幸な人に見られる。ある実験では,群れを支配するオスのいない時点で,よく知られた抗うつ薬を群れのオスザルに投与した。フルオキセチン（プロザック）を飲んだサルはセロトニン濃度が高くなり,その後,群れを支配するオスとなった(Raleigh et al., 1991)。実際に,ウィルキンソンとピケット（Wilkinson & Pickett, 2009）や他の研究者が示したように,低い地位はセロトニンを低め,ストレスレベルを高め,免疫システムを低下させる。また,健康上もより望ましくない結果を引き起こすことになる。

このような調査・研究について考察する際には,必然的に素質-環境の問

いが発生する。高いコルチゾール濃度は反応性高く育てられたネズミの種に見られるが，同じネズミが穏やかでストレスの少ない母ネズミの養子にされると，他の仲間よりもコルチゾール濃度がはるかに低くなった（Francis et al., 1999）。同様に，母親から短期間離された子ネズミは，生涯にわたって高いストレスを示した。一方で，撫でられたり舐められたりした子ネズミは，より低いコルチゾール濃度を示した。また，成長後も，ストレスの多い状況にほとんど反応しなかった（Ladd et al., 2000）。

　これは霊長類と人間にとってもまた，真実のようである。ストレスの多い環境で育った乳児ザルは，コルチゾール率が上昇する。スオミ（Suomi, 1997）は，非常に高いストレス下で育てられたサルたちを，穏やかな母親に里子に出すという交換養育の実験を行った。すると，ネズミの実験で見られたように，交換養育されたサルたちはコルチゾール率を下げて穏やかになった。人間におけるこれと最も近い同等の実験は，ストレスの多い，もしくは恵まれない状況下から，養子あるいは里子になった子どもを対象とした調査・研究である。メアリー・ドジエールら（Dozier et al., 2001）は，トラウマ的な乳幼児期を経て里子になった子どもたちについて研究した。予想どおり，里子に行った年齢が低いほど，回復していく可能性が高いことが見いだされた。生後18カ月以内に里子になった場合に，回復ははるかに良かった。不安定なアタッチメントを持つ乳児が，よく訓練された養育者のところに里子になることで，安全感を発達させ，里子ではない子どもたちに見られるのと同様のコルチゾール濃度を示すようになったのである。

　ストレスの高い母親と共に過ごした5歳の子どものコルチゾール濃度は高いが，これは子どもが乳児のときにも母親が高いストレス状態にあった場合のみであったことを見いだした大規模研究がある（Essex et al., 2002）。これは言い換えると，もしストレスのパターンが早期に入り込めば転換するのは難しく，ほとんど生物学的なプログラムに組み込まれることになるということである。しかし，変化は可能である。ルーマニアの孤児の事例は，早くに養子に出された子どもが最低のコルチゾール濃度と最も正常なストレス調節機能を示すメアリー・ドジエールの研究結果とよく似ている（Gunnar et al., 2001）。環境的ストレッサーと情緒調整の欠如は，消すことが難しいストレス反応を引き起こし，生涯にわたっての影響を及ぼしうるのである。

左脳と右脳

　人間の脳は，左右の大脳半球に分かれる。それぞれがあたかも完全に異なる仕事を行う，つまり，右脳もしくは左脳「だけ」が特定のことを「する」といった局在化を定義するような誤解がよくある。しかし明記されうるいくつかの違いはある。左の前頭皮質は一般に陽性感情を支配し，幸せで陽気で希望のある人は，こちらがより活発である。抑うつ的な子どもや大人は，右の前頭皮質がより活動的で，左脳の活動がより少ないことが示される。これは，幼い乳児においても同様である（Davidson, 2008）。左側の前頭葉優位は，回避戦略とは対照的に，接近することに関連がある。ポジティブな人は，一般に外交的で，新奇場面を活動的に求める傾向にある。また，抑うつ的な人よりも抑制が少ない。このような左前頭葉の脳機能は，自律性，自己受容，そして意図を持つといった資質を持つ。これは単に快楽主義的意味における快についてのみではなく，否定的なものも含めた経験に対する受容と許容についてである。最近の調査・研究は，瞑想が免疫機能を改善させるとともに，「左側」への移行を生じさせることを示している（Davidson et al., 2003）。ネガティブな出来事を書き留めることもまた，左脳を活動的にする。これは心理療法においてもいえることであろう。シーゲル（Siegel, 2007）は，重要なのは，良くても悪くても，怖いものでも興奮するようなものでも，すべての経験から後ずさりするよりもむしろ直面する覚悟をしていることであると示唆している。

　よく知られている右脳と左脳の違いは，左脳が言語，手段，そして論理を導く傾向がある一方で，右脳は特に直感，情緒的処理，創造性，そしてより「全体的」なスキルに強いというものである。これは，ポジティブな影響とネガティブな影響に関係する，脳の異なる部分である。経験則として，右脳は身体の左側から信号を受け取りコントロールするが，左脳はその逆である。異なる半球の機能の理解への大きな一歩となったのは，スペリー（Sperry, 2001）が行った，いかに左脳と右脳が**脳梁**と呼ばれる多くの神経の束によってつながっているのかという調査・研究であった。患者の脳梁の一部を臨床的理由で取り除いた際，スペリーは二つの半球が独立して機能していること

を発見した。たとえば，そのような患者の左手と左目（右脳にコントロールされている）に鉛筆を示すと，患者は鉛筆という名前を言うことはできたが，それが何に使われるのか説明することはできなかった。対照的に，右目と右手に示すと，患者は鉛筆を何に使うのかは分かったが，その名前を言うことはできなかった。ショアー（Schore, 1994）や他の研究者らは，情緒的に優勢である右脳は，乳児期最早期に最も重要であり，論理と認知に優勢な左脳と皮質は，不可欠な神経回路とシナプス結合が多く形作られる最初の数年には，大きな役割を果たさないと主張した。

シーゲルのような神経科学者らは，精神的健康は脳の左側と右側の間でより良く機能する脳梁を含む，複雑で豊かな神経回路とその結合によって特徴づけられると確信している。実際，情緒的トラウマの後，脳梁は薄くなり効果的ではなくなるようである。それゆえ，論理的左脳は，情緒的に優位な右脳とうまく協働できなくなる。同様に，物語を語ることや作ることは主に脳の左側の機能であるが，自伝的記憶を開発するためには，右脳で起こる情緒的経験の処理とこれをつなげる必要がある。これは情緒的健康のために必要とされる，脳の部位間のつながりである。眼球運動の脱感作や再処理セラピーのような，トラウマに対するある種の治療には，半球間のより良いつながりを含む，脳のさまざまな変化を促進する可能性を示唆するエビデンスがある（Harper et al., 2009 参照）。

非意識的な信念と，左脳が私たち自身や他者に語る物語との間には，断絶が起こりうる。友人の意識が他人に向くことに嫉妬を感じないふりをすることが，その一つの例かもしれない。また，人種差別主義者ではないと明言しているにもかかわらず，人種差別的な感情を持つこともそうだろう。手をできるだけ長く凍るような水に浸すように求め，その中に長く浸すほど寿命が延びると伝えられた群と，その逆のことを伝えられた群を設定した実験がある（Quattrone & Tversky, 1984）。参加者らは純粋にその結果が長寿を予測するものであるかどうかにより，多かれ少なかれ凍るような水の中で手を保つ力を発揮した。別の実験では，公然とは同性愛者に対する偏見を持たない男性に，異性愛，レズビアン，ゲイの性行為を示すX規格の映画を見せ（Adams et al., 1996），彼らの性的興奮をモニターしたところ，明らかに同性愛者に偏見を持つ群が，他の性行為に対してではなくゲイの性行為の映像に対して性的

興奮を示した。これらの例は，いかに多くのことが意識を超えたところで起こっているのかを示すものである。そして治療的作業のねらいの一部は，私たち自身のこれら二つの局面，つまりの意識と非意識の世界の相互に調和をもたらすことなのである。

トラウマとネグレクト：扁桃，海馬，そして HPA 軸

　出生後の数年間は決定的な時期である。母ネズミに舐めてもらった子ネズミが大きくなってストレスにより良く対処できるように，人間の乳児と親の良好な情緒的，身体的接触はその成長における予防接種的要因となる。これを少し噛み砕いて述べると，愛情ある養育と穏やかなホルモンの放出により，これらのホルモンの多くの受容体が発達し，将来の情緒的経験のためのテンプレートが築かれるということである。早期の経験がトラウマやネグレクトであると，これとは異なる化学物質が放出され，高ストレス水準がその乳児の自然なあり方になりうる。扁桃体はこのようなプロセスに不可欠であるが，特に恐怖反応と，人間がいかに恐れに対してマイクロ秒で反応するのかに関係する。トラウマを持つ乳児や子どもは，常に過剰警告状態の扁桃体を持ちうる。

　私たちは生物学的に，潜在的な危険に対して逃走，闘争，あるいは凍結を経て反応するようになっている。迅速なアドレナリンの波やコルチゾールの放出は必須で，これはライオンのような捕食者が視界に入ったときに，自らの命を救うことになる。通常，そのようなショックの後，リラックスするに伴い，血圧や心拍数が低下することで身体は素早く正常に戻る。たとえば，前の章で述べたストレンジ・シチュエーション法の実施中，安定型のアタッチメントを持つ子どもはストレスや不安を示すが，母親が戻ってくるとその興奮は素早く基準レベルに戻る。不安定型のアタッチメントを持つ子どもは，ストレスがかけられた後，落ち着くまでにかなり長くかかる。継続的にトラウマにさらされると慢性的過剰興奮状態に陥り，どこにでも危険を感じて落ち着かなくなるか，反対に，解離に見られるような過少興奮の自己保護状態に閉鎖してしまうかのいずれかの可能性がある。過剰興奮状態にあり，多重にトラウマを受けた子どもは，実際には終わっている戦争をいまだに戦

おうとしている兵士のようなものである。すなわち，常に警戒上にいるのである。

　精神科医で神経科学者であるブルース・ペリー（Perry, B.）（Adams et al., 1996）は，脳発達におけるトラウマの衝撃についての私たちの知識を広げてくれた。そして，トラウマを受けた子どもの多くは，ほとんどリラックスできず，しばしば「始終動いており」，ひどく不安で過剰に用心深い状態であると記述した。このように高められた生理的反応は，非常に活動的な**交感神経系**の徴候である。ストレスとトラウマに対しては，いわゆる**副交感神経系**と呼ばれる，これとは異なる反応がある。たとえば，捕食者の前で死んだふりをする生き物のように身体が閉じる。心拍数と同じく血圧も低下する。もっぱら論理的思考を扱う脳の部分は，トラウマに直面すると活動停止しうるので，原初的生き残りのメカニズムがこれに取って代わる。これは，解離の現象を引き起こしうる。そうなると，自身の経験から切り離されたかのようになりうる。解離における現実感の消失や離人症のような状態と同様に，不快や恐ろしい情緒刺激に対して情緒的に反応しなくなるばかりか，実際には身体さえも反応しなくなる（Sierra et al., 2006）。これは，非常にストレスが高いか，もしくは虐待の背景を持つ子どもの多くが良い学業成績を得られないことの説明の一部になるかもしれない。彼らは，危険に対して過剰警戒するが，これはふつうにくつろいで集中することを妨げる。または，脳の思考の部分を無活動にするという解離モードに陥ることによって，対処することを学んでいるのである。これらはいずれも，闘争，逃走，そして凍結の生き残り反応と関連する。トラウマの後には，通常の認知機能の部分が弱まる。左脳と右脳と過活動状態の扁桃体の間のつながりは弱く，これに直接関係している可能性のあるコルチゾールとともに，トラウマにさらされた結果として海馬の細胞が次々に失われていくようなのである（Hageman et al., 2001）。

　深刻なネグレクトは，トラウマとは異なり，共感し，感情を調整し，親密性や通常の社会的相互作用を行う能力の深刻な欠損とともに，脳の一部の萎縮や発達遅滞を導きうる。ルーマニアの孤児院から引き取られた，ネグレクトされていた子どものような極端な剝奪の事例研究（Chugani et al., 2001）は，そのような早期剝奪の脳そのものへの影響を示している。スキャン画像は，彼らの脳の一部，特に言語発達に関する部分の活動の減少を明らかにして

いる。しかしさらに大変なことに，これら深刻なネグレクトを体験した孤児の情緒的理解と表現を司どる脳領域は，ほとんど「ブラック・ホール」のようなもので，驚くほど活動性が見られない。ペリー（Perry, 2002）は，深刻なネグレクトを経験した子どもの脳の大きさは標準よりもかなり小さいが，実際の脳周囲は早期に養子になることで回復するという調査・研究を発表している。経験，特に深刻なトラウマやネグレクトのような非常に良くない体験は，このように脳に影響を与えるのである。

まとめ：希望か，それとも望みなしか？

　本章では，トラウマやネグレクトのような経験が，神経経路やホルモン系に影響を与えるということを学んだ。早期の経験は，手続き的知識と，特に意識の外に残る後の期待に影響を及ぼす関係性への期待を形成する基礎となりうる。また，脳の情緒機能に関する重要ないくつかの領域についても触れた。さらに，いかに情緒的健康が，左脳と右脳間を含む脳領域間の多くのつながりによって特徴づけられるのかについても見てきた。確立した行動パターンを変えるのは難しいということも見てきた。

　しかし，読者は暗闇に押しつぶされる必要はない。なぜなら，新しい回路が成長しうること，そして生涯にわたって変化が起こりうることもまた，知ったからである。たとえそれはゆっくりとした骨の折れる作業なくしては起こらないとしても，変化は可能なのである。たとえば，うまくいった養子縁組や里親養育の研究に見られるように，変化は良い育児を通して起こりうる。また，治療的作業も役に立ちうる。実際に，神経科学者のジョゼフ・ル・ドゥー（LeDoux, 1998, p.265）は，治療が「扁桃体を制御する脳経路のシナプスを増強するもう一つの方法」であると主張している。扁桃体の情緒的記憶はその回路で永久に焼きつくが，図6-4で示すように皮質に扁桃体を管理させることによって，それらの表出は調整できる。扁桃体は，原初的恐怖反応の中心部分で，危険を察知するとナノ秒で反応する。経験は，しばしば視床を経由して扁桃体に濾過されるが，脳の認知の部分である皮質へと，視床を経由して濾過されるわずかに長いルートもある。このように良好な新しい経験によって「直接的ルート」が仲介されうるのである。たとえば，帰還

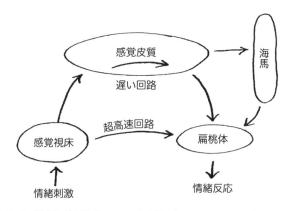

図 6-4　恐れ反応（LeDoux, 1998/ Music, 2009b, p. 69, figure 5.4）

兵は大きな音にびっくりするかもしれないが，それが爆弾が爆発したのではなく，隣の大工の金槌の音だと気づく。そうするとリラックスする。治療的作業は，新しく，さほど恐ろしくはない経験を解釈する能力を増強することで，このようなプロセスを強化することができる。しかしこれは，変化が起こりうるための一つの方法にすぎない。治療的作業の他の副産物は，より良いアタッチメントを形成し，維持する能力とともに，左脳と右脳のより良いつながり，より良く考え，自分について首尾一貫した物語を作り，情緒的経験を調整するといった能力の増大，またコントロールを失うことなく困難な情緒に耐える能力を高めることなどが挙げられる。実際に調査・研究は，治療的作業が脳構造に変化をもたらすということを示し始めている（Ressler & Mayberg, 2007）。

　最近の神経科学的知見の有望な特徴の一つは，脳は生涯にわたって柔軟であり続けるということである。人生の後期に脳が変化しうる典型的な例は，ロンドンのブラック・キャブ（タクシー）の運転手についての調査・研究からの知見である。科学者らは，彼らの脳を詳細に観察し（Maguire et al., 2000），他の同年齢の男性とは異なる何らかの共通点があることを発見した。ブラック・キャブの運転手の海馬は，明らかに後部が大きく，前部が小さかった。また，この調査・研究は，彼らの海馬の形がいかに変わったのかは，運転年数に直接関係があると考えた。同じく刺激的な結果を伴うこれと類似の調査・研究がある（Begley, 2009）。それは，脳卒中患者の機能の回復のために，

すでに死んだ脳の領域に，以前の機能を入植して新たな脳の一部とするというものである。脳や人生の大きな変化，そして人間の脳の可塑性に関するこのような話の多くは，私たちの時代の刺激的な発見の一つである (Doidge, 2008)。新たな学習は，生涯にわたって新たな神経結合と脳組織を生じさせる。古い経験とそれらに関する脳回路は消せないかもしれないが，新しい経験，新しい期待，そして脳経路の構築は可能である。大きな進展が起こるときには，当然何らかの重要な「機会の窓口」がある。脳はより迅速に変化していく。特に重要なのは生後の数年間であるが，後の第10章で見るように，脳が大きく発達し，真の変化が可能な思春期も重要な時期である。学習，新しい経験，そしてそれらに付随する脳の変化は，私たちの人生の終末まである程度は可能なのである。

Part 3

発達の力とその諸段階

DEVELOPMENTAL
CAPACITIES
AND STAGES

第7章 言語，言葉，そして象徴

Language, words, and symbols

　心理学史の大部分において，言語，つまり主として考えるための**足場**を成長させると見なされる言葉は，認知能力の発達と関連があると考えられてきた。このことは，情緒と情動が相対的に認知に劣るものとする価値観によく合う。本章では，言語の社会的，情緒的，および文化的諸相に注目し，いかに言語能力が人生の最初の数カ月で獲得され，早期の情緒と身振りによるコミュニケーションとともに，他者のこころの理解と結びつくものであるのかを示す。

　言̇語̇と̇の̇関̇係̇は子宮内ですでに発達している。乳児は，生後最初の数カ月で音を認識し始める。一般におよそ9カ月までには，いくつかの言葉の意味を理解し始め，多くの場合1歳を迎える前には初語が出る。その後，約12〜20カ月の間で語彙が増え，2歳の終わりまでには多くの乳児が20〜50の語を，そのうちのいくつかを組み合わせて用いることができるようになる。次の1年を通して文法の基礎を学び，ときに「彼は倒れたでした（he fallded over）」あるいは「彼女は勝ったでした（she winned the race）」のように，文章のルールにあまりにも奇妙なほど準拠したりする。物語やコミュニケーションなどのより複雑な能力は，5歳以降に形成され始める。このような発達指標は，常に単なるざっくりとした指針であり，早くに到達する子どももいれば，遅い子どももいる。なかには，ある発達指標に決して到達しない子どももいる。

　言語習得の後には，世界は決してそれまでと同じものではなくなる。言葉は，私たちがいかに世界を見て理解するのかを規定する。これは，エヴァ・

ホフマン（Hoffman, 1990, p. 29）が *Lost in Translation*(訳注†3)という自叙伝の中で，「時々，新しい表現を見つけると，舌の上で転がすの。まるで自分の口で形成すると，新しい形が世界に生み出されていくかのように」と記しているように，私たちの視点を変えることすらある。詩がたいていそうであるように，言語は新しい展望を切り開く。そして，一貫した自己感覚を形成するための中核となる自伝的な物語の発達に，欠くことのできないものである。しかし，ダニエル・スターン（Stern, 2000, p. 176）が示すように，言語は長所だけではなく短所にもなりうる。彼は，壁に映る黄金色の陽射しの斑点を知覚する子どもについて，「強さ，形，明るさ，喜びを感じ取っている」ものの，そこで誰かが「黄金色の陽射しを見てごらん」というようなことを言うと，その全体的な感覚体験は永遠に中断されてしまうと述べている。言語的枠組み（黄金色の陽射しなど）に身を投じることで，その体験の複雑性がそぎ落とされてしまうことは避けられない。言語は，スターンが「無様式の全体的体験の粉砕」（Stern, 2000, p. 176）と述べるように，そこから離れることになる可能性をはらむのである。

　人は言語的制約を超えて考えることができないため，言語の「囚人」であると主張する人もいる。スティーブン・ピンカー（Pinker, 2002）のように，思考や思いつきは言語使用の能力とは無関係に現れてくるものだと論じる専門家もいる。また，神経科学者のアントニオ・ダマシオ（Damasio, 1999）も同様に，考えることは，言語に関係なく大半の時間起こっていると主張する。言語と思考，同じく言語とコミュニケーションは，相互関係はあるものの区別されるべきものである。乳児には，生物学的にコミュニケーションをとるための力が備わっている。また早期のコミュニケーションには，情緒的な理解や意図，そして期待が含まれている。これは，ある人がもう一人へと情報の「小包」を「送る」と，その人がその小包を受け取り，理解することができるというコミュニケーションの伝統的視点とは異なるものである。乳児の活発な発声は，一種の原-コミュニケーションである。母親はそれが意味のあるものであるかのように反応し，その理解を伝え返すが，それによって赤ん坊は自身の感情に意味を持たせていくこと学ぶ。このような対話的な相互作用

訳注†3　木村博江の翻訳で，『アメリカに生きる私――二つの言語，二つの文化の間で』
　　　とのタイトルで，1992年に新宿書房より出版されている。

を通じて，意味が社会構築されていくのである。

　言語の中核は象徴であり，言葉は任意であり，代替ランダム音が容易に同じことを示すために用いられうる。たとえば，私たちは言葉が印刷されていることを示すために「紙」を用いるが，別の象徴がこれと同じ役割を果たすこともまた可能であろう。「バン」や「ウーウー」などのオノマトペ的，あるいは象徴的な言葉は例外として，言語的シンボルの使用においては言葉とそれが表すものとの間には距離がある。これは，シンボルを用いるものと，それによって説明されるものの間の心理的な距離を可能にする。何かについて象徴で表そうとすることで，内省能力が増す。なぜなら，象徴を象徴化することによってそれが反映され，それについて話すことになるからであり，それが認知的柔軟性と思考の制御を増すからである（Jacques & Zelazo, 2005）。

　情緒発達の中核は，感情と思考に名前をつけ，それらを管理するのを学ぶことである。なかには，詩のように豊かな象徴を用いることや，思考や感情を理解するために言葉を用いる能力がまったく発達しない子どももいる。なぜなら，象徴は自身の判断に任され，固定された意味がなく，話し手のこころの状態や意図によって異なることを意味しうるからである。自閉症の人には，意図やこころの状態を把握することが困難な人がいる。象徴を用いる能力というのは，他者のこころを理解する能力に結びついている。人間の言語が，オウムの原始的な言葉の模倣やサルの発する警戒声と識別されるのは，こうした心理学的理解のためである。言語使用は，一つの言葉が一つの物事を「表象する」というような，ただの記号についてのものではない。他者の意図を理解するために，他者のこころに「同調する」能力を必要とする。このことについて探求していくため，再度，早期乳児期について取り上げる。

ペアレンティーズと乳児に向けられる発話

　言語の前兆は早期の親子関係に見られる。メアリー・ベイトソン（Bateson, 1971）は**マザリーズ**という用語を生み出し，世界中のほとんどの文化で見られる，赤ん坊とのコミュニケーションの方法について描写した。最近では，母親だけがこれをするというジェンダー・バイアスされた仮定を避けるため，代わりにペアレンティーズという言葉が用いられている。また，学者

は，**乳児に向けられる発話（IDS）**という用語を用いる。ペアレンティーズには明確な特徴がある。それは，ふだんの発話よりも高い調子で，母音を長くはっきりと発音し，区切りは短く，また繰り返しを多用して，赤ん坊に話しかける傾向である。乳児は言葉の意味を理解するずっと以前に，発話のリズム，韻律，そしてテンポに興味を示す。母親だけではなく，父親，祖父母，および4歳くらいの幼い子どもでさえも，赤ん坊と話すこうした方法を自動的に用いる傾向があり，ペットにさえも同じやり方で話す（Fernald, 1985）。文法的意味を取り除かれた言語を用いて乳児と話す実験では，ペアレンティーズは，意図や期待を伝える方法としては，伝統的な成人に向けられる発話よりもはるかに優れていることが示されている。

乳児に向けられる発話，あるいはペアレンティーズは，これまでに研究の行われたほぼすべての文化において共通である。その中核は，社会的・情緒的な関係の調節を促進する音楽性である（Mithen, 2006）。文化間でいくつかのバリエーションがあり，母-乳児の発話パターンを検証して世界中を旅したアン・ファーナルド（Fernald, A.）によると，日本人の母親は情緒的表現のレベルがわずかに低いといったことはあるが，ほぼ大差がないことが見いだされている。ある興味深い実験では，禁止を表現するペアレンティーズを，四つの言語と英語の無意味な言葉を使用して赤ん坊に聞かせた。さらに，承認と禁止の間の，一般に最も重要な差異である声量を調節していたため，乳児は主に「メロディー」に反応することになった。禁止を表現する発話の場合，乳児は一貫してしかめ面をし，承認を表現するフレーズには微笑んだ。これは，話し手の意図がいかに発話の音楽性を通して伝わるのかを示すものである（Fernald, 1993）。

乳児は極めて微妙な音の差異を理解でき，連続的な「音のシャワー」と言葉とを識別することができる。サフランとティーセン（Saffran & Thiessen, 2003）は，話し言葉における統計的な規則性を見つけ，音の流れから特定の言葉と部分的な言葉とをいかに区別するのかといった，課題の高度性について描写している。書き言葉のように隙間がない話し言葉でこれができるというのはいっそう驚くべきことである。ある実験では，8ヵ月の乳児たちに，あらゆる韻律とメロディーを取り去った音の流れ，および「bo-ti-nim」などの意味を持たない言葉を聞かせた。乳児たちはどういうわけか，どの音が定

期的に現れていたのかを理解した。音楽的な調子を聴いて、そこにあるパターンを抽出することもできた。これもまた、言語的能力と音楽的能力との間の関連性を示唆するものであろう。

音楽性は、早期の言語使用の土台である。サンドラ・トレハブら（Trehub et al., 1993）は、6カ月児が母親の発話よりは母親の歌により大きな生理的反応を示すことをコルチゾール濃度を測定する方法によって見いだした。赤ん坊には、文化を越えて、たいてい同じようなメロディーやリズム、そしてテンポを持つ子守唄が歌われる。興味深いことに、ジェーン・スタンドレー（Standley, 2003）は、未熟児に向かって子守唄を歌う女性の声が吸引能力を高めることを見いだした。それによって、体重増加が助けられ、酸素飽和濃度が安定化され、全般的な身体的発育が改善されるのである。歌は乳児の気分——すなわち眠ることや食べること、そして学ぶこと——が改善されるのを助け、乳児の情緒的生活の側面が調整されていく中核となるものなのである。

ここでの肯定的な情緒の役割は、極めて重要である。乳児に、成人に向けられた発話とペアレンティーズの両方を示すと、一般にペアレンティーズのほうを好む。しかし、情緒が否定的でも肯定的でもなく一定に保たれているときには、乳児は好みを示さない。大人の発話が乳児に向けられた発話よりも肯定的な情緒表現を示す場合には、赤ん坊は明らかに肯定的な大人の発話の形式を好む（Singh et al., 2002）。ペアレンティーズの陽気な話し方とメロディーには、自然に関心を引き起こす肯定的な調子がある。ペアレンティーズの独特な点は、その情緒的表現の豊かさと肯定的な感情の質である（Trainor & Desjardins, 2002）。ペアレンティーズは、情緒的に抑制傾向がある通常の大人の発話よりも、情緒的により豊かである。早期の言語学習の前兆は、ペアレンティーズを通して、情緒について学ぶことと織り合わされていくのである。

文化と言語

マザリーズやペアレンティーズの普遍性には、まれな例外がいくつかある。その一例が、ニューギニアの一部族であるカルリ族に見られる。彼らは言語使用に長けた者を高い地位に置く（Ochs & Schieffelin, 2009）。彼らには、

柔らかく調子の高い陽気なペアレンティーズがなく，乳児や子どもに対して直接的に言葉をかけない。むしろ，正確な発話をする大人をモデル化して，はっきりと話すことを教え，乳児にはその後に続けて発話するよう求める。乳児は，大人や年長の子どもがどのようにお互いに話をするのかを観察することによって学ぶが，それは西洋の私たちには自然であると思われるようなペアレンティーズや二者の相互作用を通してではない。カルリ族は，大人の発話パターンに子どもが適合するのを期待し，子どもが考えていることを理解しようと試みることはほとんどない。彼らは，他者のこころの内にあることは，決して知ることができないと信じているのである。

同様に，ケニアのグシイ族は，子どもに対して話しかけすぎると，子どもが自己中心的になると考えている（LeVine, 1994）。グシイ族の子どもたちは，大人の会話にどっぷりと浸かってはいるものの，話しかけられたり話すのを教えられたりはしない。西洋の中流階級が理想とする，多くの母-乳児の二者コミュニケーションは，ここでもやはりふさわしいものとはされていないのである。つまり，私たちにとって当然のことを普遍的なものだと仮定することはできないということである。

文化と言語の関係性は，このようなバリエーションよりもさらに複雑である。言語なしでは文化の理解はできないし，その逆もまた真である。言語は考えることの基本的なツールを提供してくれる。また，文化的にまとまっていくための方法でもある。バードウィステル（Birdwhistell, 1970）は，クーテナイ族^{（訳注†4）}のバイリンガルの人は，クーテナイ語を話すか英語を話すかによって，常に異なるあり方を行き来することを示した。彼らは，発話のルールだけではなく，言語に組み込まれた感情や文化的慣習を引き受け，文字どおり具象化するのである。言語は，このように「パフォーマンス」として見ることができ（Butler, 1999），第二言語を学ぶ人は多くの場合，そこに新しい社会的役割を持つようになるのである（Burck, 2005）。

これまで見てきたように，乳児は生まれる以前からすでに言語について学んでおり，子宮の中で声や言葉を認識することができる（De Casper & Spence, 1986）。出生後 2 日目の赤ん坊は，母国語を好む傾向を示すが，それはおそら

訳注†4　北アメリカの先住民。

く子宮内でそれにさらされていたからである。また，人は自分自身の文化的慣習に社会化されるように生まれてくる（Moon et al., 1993）。乳児は音に対して非常に敏感な状態で生まれてくるが，音を識別する能力は最初の1年間で大きく減退する。喃語はすべての文化において同じ音であるものの，乳児が1歳になる頃には，自身の周りで使われていない音を区別する能力が低くなっていく。たとえば，この時期のスペイン人の赤ん坊は，「b」と「v」の音をうまく聞き分けなくなる。パトリシア・クールら（Kuhl et al., 2006）は，日本で次のような調査・研究を行った。赤ん坊が，私たちが「l」と識別しているある言葉の音から，「r」の音に変更されたことに気づくかどうかを観察した。赤ん坊が変化に気がつくことができたとき，パトリシアは安心し微笑んだ。だが，周囲を見回しても，日本人の同僚らは誰もそれに気づいていなかったのである。乳児はまだこのスキルを持っていたものの，大人の同僚たちはそのような微妙な差異に気づくことのできる段階をはるか昔に越えていたのである。

興味深いことに，ベン族^(訳注†5)の人々はこのような乳児の能力について，宗教的な説明をする。彼らは，赤ん坊はあらゆる言語を話せる状態で生まれてくると信じている。赤ん坊はwrugbe，もしくは来世からやって来ると信じられており，そこではすべての言語が話されているという。子どもたちは，最初の1年の間にwrugbeでの他の言語の理解をゆっくりと捨て去っていくだけなのだと言われている。進化的あるいは文化的な遺産としてのwrugbeを翻訳するとすれば，これは言語に関するタブラ・ラサ（空白の石版）のような人間の思考よりも，はるかに驚くほど正確な見方なのかもしれない。言語の使用は，最初の1年くらいで文化的な特徴を示すようになるが，それは人がある集団に所属しているかいないかを識別するための一つの方法であり，集団凝集性のプロセスを助けるものである。

間主観性と言語を学ぶこと

西洋の発達心理学は歴史的に，社会性の発達よりも個人の発達に注目する

訳注†5　西アフリカ，コートジボワールの首都ヤムスクロの北東に住む人々。

傾向があったものの，言語の社会的，情緒的な性質の理解も増してきている。ロシアの心理学者，レフ・ヴィゴツキー（Vygotsky, 1962）は，特に個人の発達における社会的要因の影響力を主張し，社会的学習と言語の関連性を強調した。そして，子どもたちがいかにして親や他の大人から，文化，考える能力，そしてそのあり方を内在化させるのかを描写している。最近では，社会構成主義者の理論において，文化的に特有の言語的理解を通じて世界が造られる側面がとりわけ強調されている（Gergen, 2009）。

　子どもは，しばしば指し示されたものを通じて，その事物についての言葉を学ぶと仮定されている。親はひんぱんに「それは何色？」と問いかけたり，「あれは，わんちゃんだね」と言ったりする。他の多くの文化ではこのような形で言語を「教え」ないが，通常の社会的相互作用の流れから言葉が獲得されていく。子どもは特に，周囲の人の意図を理解することを通して学んでいく。ミラーニューロンが，言語使用の中枢でもある脳のブローカ野に位置しているのは偶然ではないといえよう。これらの神経細胞は，効果的に言語を使用するのに必要な，他者の意図の読み取りを可能にする。2歳児を対象にしたマイケル・トマセロ（Tomasello, 2003）の実験では，ある特定の行動に対して，その行動のために考え出された動詞（「plinnock」など）を用いた。後に乳児は，その言葉の使用と並行した意図を読み取ることができたときにのみ，この造語と行為とを関連づけることができた。このように乳児は，大人の意図の理解や社会的参照，および共同注意のようなスキルの構築に求められる，複雑な**間主観性**宇宙へと入っていくのである。これが，他者のこころを理解する力に欠ける自閉症スペクトラムの子どもが，意味の微妙なニュアンスに悪戦苦闘する理由である。「あつい」というような簡素な文章でも，飲料の温度について不満を言っているのか，あるいは夏の太陽に喜びを表しているのか，流行のアイテムについて描写しているのか，それとも誰かがエアコンの温度を下げるべきであると微妙にほのめかしているのかは，まったく話し手次第で意味するところが異なる。

　哲学者のルートヴィヒ・ウィトゲンシュタイン（Wittgenstein, 1974）は，言葉の意味は，単に外界の事物の言及ではなく，社会的言説における言語ゲームでの使用に由来することを教えてくれた。トマセロ（Tomasello, 2003）による別の実験では，大人が「トマ（toma）」を探していると子どもに伝える。

大人はその後，子どもには馴染みのないさまざまな物を取り上げて見せ，それを見つけられたかどうかを示すために，失望や興奮といったジェスチャーをする。案の定，乳児はすぐに「トマ（toma）」の意味をつかんだ。これはある物を指し示し，その名前が言える以上のことである。ここでは乳児は，意味を解読するための願望と意図を理解しなければならない。このような学習は，新しい音と複数の可能性のあるものに直面する幼い子どもにとって，とてつもない偉業である。18カ月前後の子どもは，視線や情緒表現を見ることによって，共同注意の世界に参加する。そして，大人の振る舞いの手がかりを読み解くことを通して，言葉の意味を把握していくのである。

　模倣や早期の原-会話のやりとり，および二者の相互作用の繊細なダンスといった，乳児が最初の数カ月で学ぶスキルはすべて，後の言語使用のための構成要素である。ビービーら（Beebe et al., 1997）は，大人と乳児のコミュニケーションのリズムは，大人同士の会話でのタイミングや休止と類似のものであることと，乳児がいかに会話の相手を見つめたり目をそらしたりするのかということを示した。前言語的相互作用は，どのように会話のやり取りが行われるのかというリズムの理解を与えてくれる。およそ1年の間に，最早期の相互作用から共同注意までの発達曲線がある。ミラーニューロンの発見は，言語使用と他者のこころを理解することとのつながりに重みを与えた。非言語的なジェスチャーは，言葉による会話の中核である。相手の発話と同じリズムに入っていくことは，しばしばその人が会話に参加したいというサインである。会話の切り替えや強調点の変更といったスキルは，顔の表情や手の動きといった非言語的手段によって達成される。これらは，言葉よりずっと以前に学習されるスキルである。

　人がそれぞれ別々のこころを持っていることに気づくのと前後して言葉を獲得するのは，偶然の一致ではない。誰かに見てほしいものを興奮して指さすといった原-宣言的指さしは，経験を共有したいという願望を示すものであり，人と人との間に間主観的な架け橋を築くものである。自閉症の子どものなかには，これができない子どもがいる。見せられたものが欲しいから指をさすといった原-命令的指さしが何とかできるだけである。すなわちこうした子どもにとっては，経験の間主観的な共有ではなく，より道具的なことが動機なのである。

子どもは，相手が何を理解しているかについて理解し，それに基づいてコミュニケーションを調節する。次のような実験がある。2歳前後の子どもたちが，おもちゃが隠されるのを見る。自分の母親がおもちゃを隠したことを知っている子どもと，おもちゃが隠されたのを母親が見なかったと知っている子どもに分けた（Akhtar & Tomasello, 1998）。母親がその所在を知らないと思うと，子どもはおもちゃとそれが隠された場所の両方を知らせようとする傾向が見られた。言い換えると，子どもは，母親のこころを理解し，そのおもちゃをうまく取り戻すために何を伝えねばならないのかを分かっていたのである。より幼い前言語段階の子どもも同様に，母親がおもちゃの所在を知っていると思うかどうかで，異なる種類の身振りをした。このようなスキルには，他者のこころの理解が必要である。1歳児に対して大人がよく分からないという表情をしてみせると，子どもは自分の言ったことを繰り返してみたり，動作を大袈裟にしてみたり，違う動作をしてみせたりするなど，あらゆる方法を試すものであるが，ここにはかなりの間主観的な洗練性が求められる（Golinkoff, 1993）。

　14カ月時点での共同注意が，2歳時点での言語発達を予測する。言い換えれば，子どもが他者のこころや意図を理解するのがうまいほど，言語能力も増す可能性があるということである（Mundy & Burnette, 2005）。相互作用している最中の母親の関心に子どもがどのようについていくのかは，きちんとした言語が出てくるときの単語理解を予測する（Silvèn, 2001）。それゆえ，トマセロなどの研究者は，言語は「仲間との間主観的な相互作用を確立し，調整し，そして維持するために，人類が協力し合って発明した」（Akhtar & Tomasello, 1998, p. 334）のだと述べ，言語の獲得は本質的に間主観的なプロセスであると信じているのである。

言語と脳

　言語は，おおむね論理的，直線的，および合理的思考を司るとされている左脳を介して発生するというのが，一般的な認識である。赤ん坊が喃語を発するために口を開けるのは，右側のほうが多い。これは，すでにこの時点で左脳が言語のために必要なスキルを機能させていることを示唆するものであ

る（Holowka & Petitto, 2002）。核磁気共鳴画像（MRI）検査は，大人が話をするときに使用するのと同じ左脳の領域が，乳児においても非常に活動的であることを明らかにしている（Dehaene-Lambertz, 2000）。しかし，言語を扱えるようになるには，パーソナリティの多くの部分をまとめ，多くの独立した脳機能と領域とを結びつけることができなければならない。

ブローカ野とウェルニッケ野という二つの特定の部位が言語使用の中枢であり，これらは共に脳の左半球に位置する。成人のブローカ野が損傷すると，おおむね言葉の理解はできても，発することができなくなる。また，ウェルニッケ野を損傷すれば，言葉を発することはできるがその理解は限られたものになる。このような発見は，思考と言語の違いや，言語が思考のために用いられうることを示唆する。たとえば，ソルムスとカプラン-ソルムス（Solms & Kaplan-Solms, 2001, p. 104）は，ウェルニッケ失語症という，脳と言語に障害を持つある患者について描写している。この患者は，「自分が何を言いたいかは分かっているが，言葉を見つけることができない。ただここに言葉がないんだ。そして言葉を見つけることができる前に，思考がなくなってしまうんだ」と述べている。これは，いかに言葉と思考が一つになれないのかという，生々しくも痛ましい一例である。

言語使用は，**宣言的記憶**よりも手続き記憶に左右される。たとえば，記憶を失い，意味のある文章を作れない患者でも，他の人と同じ文法構造を用いる（Ferreira et al., 2008）。これは非意識的に学んできたテンプレートに基づいているのである。ほとんどの霊長類の発声は情緒的な脳の領域で行われるが，人間の言語は脳の情緒的中核と密接にリンクし続ける大脳皮質によって制御される。認知的能力も情緒的能力もともに，言語使用の中枢なのである。

言語使用の能力を伸ばす絶好のチャンスがある。生まれて数年後に第二言語を学ぶ際，第一言語を学んだときとは異なる脳の部分を使用する（Perani et al., 1998）。最初の数年間でほとんど会話に触れなかった子どもが，十分に言語を使用するようになることはまれであり，多くの場合，複雑な文法形式に問題を抱える。また，深刻なネグレクトを受けた子どもの多くは，正常に言語を使用する能力がない。野生児に関する報告も類似のことを示唆している（Newton, 2002）。

最近の有名な例では，ジーニー（Genie）が挙げられる。18カ月のときに父

親に監禁され，1970年代に13歳で発見された彼女は，言語を教えようとの試みにもかかわらず，ほぼ構文のない基本的な会話しかできなかった。適切な時期に使われないと，言語を学ぶための脳領域は萎縮する可能性が高いようである。同様に，東ヨーロッパの劣悪な環境にある孤児院で育ち，後に養子になった子どもの多くも，言語能力および社会的能力に欠けていた（Rutter et al., 2007）。社会的相互作用や自分の経験に調子を合わせてくれる人がいることは，言語を浴びることと同様に，文法的能力およびコミュニケーション能力の開花のためにはまったくもって必要不可欠なものなのである。

　自閉症の子どもの場合，言語，ソーシャル・スキル，および他者のこころの理解の間のつながりに光が当てられる。多くの場合，自閉症の人は，意味のある他者の世界にどのように入っていけばよいのかが感じられないのかもしれず，そのために社会的関係性に十分に参加することができない。驚くことではないが，近年の調査・研究では，自閉症の子どもはミラーニューロンの機能に欠損があることが示唆されている（Oberman et al., 2005）。言葉によって意思疎通をするためには，他者のこころの状態の何たるかを理解する必要がある。これは，自閉症などの発達障害のみならず，話し手と聞き手の文化的期待が異なる場合にも妨げられうる。シャーロット・ブルク（Burck, 2005）は，第二言語を話す生徒が，「そういうときは何という言葉を使うの？（what is the magic word?）」と教師に尋ねられたときのことを次のように引用している。教師は生徒がこの際のキーワードは「お願いします（please）」であることを理解しているものと仮定していた。そのような表現を必要としない文化からやって来たその生徒が，「お願いします（please）」を用いなかったことは，イギリスでは失礼にあたると見なされた。この生徒の家庭では，他者がしてくれることに対して感謝を意味する言葉を必要とはしなかったのである。他者についてこうした理解をするとともに，他者の考えや感情について理解することができることが，言語使用の成功への条件なのである。

言語と情緒プロセス

　アダルト・アタッチメント・インタビューで「安定‐自律型」に分類される親は，安定したアタッチメントを示す子どもを持つ可能性が高いというこ

とが，アタッチメントに関する調査・研究から理解された（第5章）。そのような親は，一貫性のある物語を作る情緒的体験の意味づけのために言語を用いることができる。情緒などの内的状態を表すために言葉を用いるのは，感情調整に影響を与える一側面である。ある研究の実験参加者に，脳の皮質下の扁桃体の警報反応を刺激するのに足るほどの恐ろしい不安を生じさせる絵を見せた（Schieffelin & Ochs, 1986）。参加者にその絵を「再評価」，つまり言語を用いて見たものを再解釈してもらうと，参加者の覚醒水準は下がり，情緒を調整するのが助けられた。怒り，あるいは恐ろしい情緒に名前をつけることで，脳の恐怖中枢である扁桃体の血流を下げ，それが情緒調整を助けることにつながるのである（Hariri et al., 2000）。

　内省的自己機能や感情を言葉にすることが，扱うことの難しい情緒的状態を助ける。実際，困難な体験について書くことが，情緒的，身体的健康を助けることは常に確認されている。特に一人称代名詞（「私」）から，三人称（「彼」や「彼女」），および「私たち」に切り替える能力こそが，健康状態の結果を向上させることにつながる（Campbell & Pennebaker, 2003）。体験を処理するために言葉を使用する能力と内省的な方法は，情動調整と実行機能の両方を促進する（Winsler et al., 2009）。

　困難な体験を処理するための心理的装置を向上させれば，もはやそれほど防衛する必要はなくなるといえる。情緒的状態に応じて，内省的でまとまりのある語りの中で言葉を用いることは，安定したアタッチメントと関連がある。メインズ（Meins, E.）と同僚らは，子どものこころの状態を言い表す母親の言葉の使い方という，こころへの関心についての調査・研究を行った。そこでは，早期乳児期にこころに関心を向けた相互交流を持つことが，後にこころの理論の力や言語能力とともに，安定したアタッチメントを予測するものであることが示唆された（Meins et al., 2002）。このような発見には，臨床家にとって有用な結果が含まれている。行動上の問題を呈する子どもは，多くの場合，言語能力が低い（Loney et al., 1997）。不安定なアタッチメントを持つ子どもの親は，自分の情緒についての複雑な語りを展開しない傾向がある。回避型のアタッチメントの子どもとその親は，情緒体験を表すために言葉を用いる能力が限定されていることが多い。思考や感情を言葉にするために言語を使用することは，よくこころの知能指数[訳注†6]（Salovey & Grewal, 2005）と

呼ばれること，あるいは情緒的リテラシーの主要な一方法であるが，これはまた治療的作業の中心的ツールでもある。

言語能力と社会的利点

おそらく，特に西洋では，言語能力は子どもと大人にかなりの利点を与える。家庭や社会集団，および文化全般としてどれくらい言語に価値が置かれているか，そして子どもがどれくらい言語にさらされているのかによって，言語能力は異なる。ハートとリズリー（Hart & Risley, 1999）の非常にきめ細やかな研究では，最初の数年間にわたって家族と子どもの発話を録音している。家族は，生活保護受給中（すなわち失業中）であるか，労働者階級であるか，あるいは親が専門職に就く家庭かどうかによって分けられた。研究者らは，親や養育者とのあらゆる相互作用の中で子どもが聞き取る言葉を数えることを目指した。分析は，階級的差異を厳密に明らかにした。専門職の家庭の子どもが4歳までに5,000万の言葉を耳にしていたのと対照的に，労働者階級の子どもは3,000万，生活保護受給中の家庭の子どもはわずか1,200万の言葉のみであった。別の言い方をすると，生活保護受給中の家庭の子どもが聞いた言葉数は，専門職の家庭の子どもの聞いた言葉数の1/4にも満たないということである。1時間平均では，労働者階級の家庭の子どもは1,200語，生活保護受給中の家庭の子どもはたったの600語の言葉を耳にしている間に，専門職の家庭の子どもは2,100語を耳にしていたことになる。より心配なことは，3歳になるまでに，専門職の家庭の子どもは約80万回の励ましの言葉とたったの約8万回の落胆させられる言葉を受け取っていたのに対し，生活保護受給中の家庭の子どもは，そのときまでに6万回の励ましの言葉しか受け取らず，その2倍もの落胆させられる言葉を受け取っていたということである。このことは，心理学的な結果がいかに密接に貧困や社会的地位などの要因に関連づけられるのかを示すものだといえる。

子どもは一般に，語彙や言語的相互作用のスタイルにおいて，自身の親と類似することが分かっている。3歳時点での評定は，後の学校での成績を予

訳注†6　人間関係をうまく維持する能力，相手の感情を理解する能力などとも呼ばれる，自己や他者の感情を知覚し，また自分の感情をコントロールする能力のこと。

測するものとなる。専門職の家庭の子どものIQの平均は117であり，労働者階級の家庭の子どものIQの平均は79しかないというように，IQが語彙数と一致するという結果もまた気がかりなことである。肯定的な声かけを受けてきた3〜4歳の子どもは，他の子どもに対してもより肯定的になれる。このサンプルについては10歳になるまで追跡調査が行われたが，早期の結果はその年齢まで維持されていた。サンプルサイズは確かに比較的小さいものではあるが，これらの結果は他の調査・研究とも合致する。豊富な語彙を浴びること，落胆させられることが少なくより励まされること，精神状態に対してより関心を向けてもらえること，ストレスが少なくより肯定的な感情を持つことのすべてが，話すことやその他の能力を刺激する傾向を持つ。あまりに狭く考えないようにしなければならないが，これらの結果は，単に子どもに話しかける言葉，あるいは実際に子どもに「向かって」話される言葉に関することではない。他の調査・研究も一貫して，どのくらい親が子どもの身振りやコミュニケーション，あるいは他のコミュニケーションに言葉で応答するのかが重要であることを示している（Tamis-LeMonda et al., 2001）。ここでもやはり，双方向の相互作用こそが，最も強調されるべき点なのである。

　ハートとリズリー（Hart & Risley, 1999）の研究結果は，いかに社会的側面が言語理解を支えるものなのかを示す一例にすぎない。この他には，とてつもなく大きく有利にも不利にもなるイングランドのパブリックスクール[訳注†7]のアクセントや労働者階級のなまりといった，特定の方言や語彙が挙げられるかもしれない。言葉と発話の形式は，バフチンが「それぞれの言葉には，社会的に満たされた生活を送った文脈と状況の味わいがある」（Bakhtin, 1982, p.293）と記述しているように，個人にとっての特定の味を帯びた意味を有するものなのである。

まとめ

　洗練された言語の使用は人間特有のものである。他の霊長類や動物は，音

訳注†7　イングランドとウェールズの私立中等学校のうち，トップのおよそ10%を指す。学費が高く入学基準が厳格なため，在籍しているのは富裕層の子どもが中心である。

声パターンを生成する。サルは捕食動物を警告することができ，トリは複雑な歌い方をする。しかし，どれもが人間の言語と一致するものではない。チンパンジーに話すことを教える試みは，限定的には成功を収めた。最大100個のサインを教え，冗談や嘘すらも教えたが，実際に構文や文章にまで発達することはなかった（Savage-Rumbaugh & Lewin, 1994）。

およそ600万年前に類人猿から分岐した人間という文脈で考えてみると，言語を獲得したのは約7万年前，つまり比較的最近になってからである。人間は新たな生息域へと拡がっていき，洞窟絵画に見られるような文化的な能力を発達させ，ネアンデルタール人の絶滅後には唯一生き残って，ヒト科の動物となった。進化論のほとんどが，人間は少なくともある面では社会連帯とコミュニケーションスキルによって成功を遂げたことを示唆している。ロビン・ダンバー（Dunbar, 1998）は，進化の観点から，人間の集団が大きくなったとき，つまり身づくろいのような他の霊長類に見られる集団の結束を確立する方法がもはや機能しなくなったとき，言語が集団の一体感の保証を促進させたと述べている。進化心理学者は，言語は社会的慣習を可能にし，情報を集団意識に組み入れたと主張するが，それはおそらく詠唱や歌，あるいは物語を通じてである。そして，人間は世代を超えて，植物の種類，狩猟技術，季節変動とともに，文化的，宗教的慣習といった情報を伝承することができたのである。

合理主義に支配された西洋思想の大半が，言葉の論理的，認知的な側面を強調してきた。言語は，人から人へと考えを伝達する一方法だと見なされている。それは，電報モデルというよりもむしろ，別個の実体として概念化された考えを，こころからこころへと伝えるための方法である。これは，そのルーツが最早期の乳児に見られる，発話の情緒的，身体的，そして感覚的プロセスであり，また感情豊かな表現活動であるということを考慮に入れないものである。伝えるということは，ただの言葉以上に関することであり，形式言語に達するずっと以前から，人間はジェスチャーによってコミュニケーションを行っていたのである。携帯電話利用者の複雑な手つきを目の当たりにすると，発話とジェスチャーの間のつながりについて考えさせられる。模倣，ミラーニューロン，言葉の使用，身振り，および社会的理解は，すべて基本的に相互につながりを持っているのである。

私たちはさまざまな理由からあらゆる種類の方法で伝達し合う。他者にどのように感じているかを知ってほしいと思うこともあれば、ごまかしたいと思うこともある。言葉で一つのことを言いながら（愛を語りながらなど）、身体的にはまったく異なる何かを伝えていることもある。グレゴリー・ベイトソン（Bateson, 1972）は、これをダブルバインドと呼んだ。私たちが他者の言葉を聞くとき、単にその言葉以上のものに耳を傾けているのである。

　言語は、空虚で意味のない使われ方もすれば、生き生きとした表情を持った使われ方もする。それまでは象徴的に考えられなかったり、想像の領域だったりしたものの扉を開けることもできれば、思考を閉ざすこともできる。コミュニケーションの親密な手段になりうると同時に、他者からも自分自身の情緒からも距離を置く方法にもなりうる。哲学者のチャールズ・テイラー（Taylor, 1989）は、言語は独白的なものではなく対話的なものであり、潜在的に相手を、そしてもちろん自分自身をも知ろうとする一つの方法であると述べている。言語発達は、乳児がこころを寄せることができ、恐怖であろうと楽しい瞬間であろうと、関心を向ける対象を共有できることに気づくときに訪れる。これは、当然のことだとはできないスキルであり、発達上の達成である。しかし、残念ながらここに到達しない人もいる。ミハイル・バフチンは「話し手が、自身の意図とアクセントで言語を満たしてはじめて、言語はその人だけのものになる……言語は自由に通りすぎ、容易に話し手の意図の個人的領域に入り込む中立的な手段ではない。言語は意図で満たされる、あるいは過剰に満たされる」（Bakhtin, 1982, pp. 293-294）と記している。

# 第8章 記憶：自分が何者で，何を期待するのかについて学ぶ

Memories: learning who we are and what to expect

　本章では，記憶と過去が，現在の生活にどのように影響を与えるのかについて見ていく。第6章では，長期記憶を手続き記憶と顕在記憶という二つの型に分類した。ここでは，過去の経験が，手続き記憶を通していかに私たちの現在の機能に影響を及ぼすのかについて，さらに探っていく。宣言的記憶についても検証するが，これはトラウマの苦痛を伴う記憶の問題を含む，過去の事実や出来事を覚えている能力のことである。また，自伝的記憶と，いかにして人は長い年月を経て，個人の歴史という連続性を持ちつつ自分自身の感覚を発達させるのかについても見ていきたい。

未来を予測するものとしての脳

　どんな生き物でも，確実に生き残るためには次に何が起こりそうなのかを予測する必要がある。私たちにはある程度の連続性が必要である。もし，明日になれば太陽が昇るのだということが分からなければ，あるいは暴君的な親の気分を予測できないならば，不安を感じることになるであろう。親の次の行動が予測できず，手がかりを見つけることに必死な子どもは，極端なやり方でこうした予測をしようとする。私たちは現在を理解することで未来をイメージしようとするが，これは過去の経験を用いることによってである。もし，父親が会うといつも微笑んで抱きしめてくれるならば，将来，父親をはじめとする他の大人からも，そうされることを期待するであろう。宝くじの番号やサッカーの結果を予測するという意味ではなく，むしろ次の瞬間に

起こりうることを予測しようと脳は働くのである。ダニエル・シーゲルは，記憶とは「過去の出来事が将来の機能に影響するもの」(Siegel, 1999, p. 24) であると述べている。つまり，記憶は事実あるいは出来事の回想を越えて，用いられるのである。このような予測は，常に何分の1秒という短い間に，ほとんど意識の外で起こる。

　皮肉なことに，何が起きるかを予測することが，実際に起きることを変えうる。たとえば，私が晴天を予測して太陽が輝いたとしても，私は天気を変えたことにはならない。しかし，もし誰かが私に対して無関心だと考えれば，私は実際にその相手が私に関心を示していないというあり方でその人と関わるだろう。同様に，開放的に温かく対応してもらえるという期待を持って人々に近づけば，よりオープンな反応を導き出すことになるだろう。私たちは関係性の「テンプレート」を用いて，過去の予測を現在に持ち込む。アタッチメントの型はこの典型であり，ある方法がうまくいけば，私たちは概してそれを続ける傾向がある。

　このアプローチは状況や人，あるいは瞬間について，安全か否かの感覚を速やかに与えてくれるため，たいていは成功し，かつ「経済的」である。しかしながら，たとえば心理学者が「基本的帰属錯誤」と呼ぶような，人々について間違った推測をしてしまうリスクがある。これは，人がいかに，時を越えても物事が変わらないと考えてしまいやすいのかを示すものである。多くの実験が，人間は新しいエビデンスから学ぶのが難しいということを明らかにしている。ある古典的な実験で，参加者は大学生を装った女性と会話するように言われる (Goethals & Reckman, 1973)。参加者の半分は，その女性が友好的で優しかったと答え，もう半分は冷たくてよそよそしかったと答えた。次に，彼女の行動ではなく本当の性格を評価するよう言われた。友好的ではない面を見た者は，彼女の性格を冷たくて拒否的であると評価した。一方で，より友好的な姿に出会った者は，彼女が「本当に」優しくて親切であることを「知っている」としたが，これは驚くことではない。より興味深かったのは，同じ参加者が，彼女が役割を演じていただけの女優であると聞かされた後のことである。その後，彼女の本当の性格はどうだと思うかと再び尋ねられると，彼女が演技をしていたことが分かったにもかかわらず，彼らはほとんど同じ答えを出した。新しい事実は，彼女の性格についての最初

の印象を変えなかったのである。

　人は通常，ちょっとした行動を見た後で，それがその人の性格であると判断する。中立的な顔写真を見せられ，その人がナチスだと聞かされたとすれば，人はそこに残酷な特徴を見る傾向がある。しかし，科学の方程式と並べてその中立的な顔を見せられたならば，勉強家の顔つきだと見るかもしれない。私たちは気分によって，あらゆる特徴を導き出しうる。それは，写真の中の人よりも自分たちのこころの状態についてより多くを伝えるものであり，精神分析家が**投影**と呼ぶものである。強力な早期の体験による情緒的な学習は，いかに脳が現実から偏りのある感じ方を組み立てるのかに特に強い影響を及ぼす。つまり，他の人が見ないものをそこに見たりするのである。もし，私が虐待された養子であり，先生や親から援助の手を差し伸べられたとする。私はこれを攻撃的な行為だと体験するかもしれない。そういうわけで，セラピストは非意識的な予測を疑う手段としての意識的な自己内省を大切に考える。もし私が，先入観から一歩引いたところでエビデンスを吟味できれば，まさに先生／親／セラピストが実際には攻撃的ではないと分かるかもしれない。もちろん，また別のより表面的な要因も私たちの世界を見る目を変える。幸福感について尋ねられた際，雨天より晴天のときにより高い評価が出る（Schwarz & Clore, 1983）。事実，面接が晴天の日に行われると医学部の合格率が上がる傾向もある（Redelmeier & Baxter, 2009）。私たちが「現実」だと考えるものに対する認識は，こうした表面的な影響と，特に過去の経験の両方に非常に大きな影響を受けるのである。

　予測は経験を変える。たとえば，予測されていると痛みは増す。緩い電気ショックを与えられると，私たちは身体的に反応する。脳の特定の領域が反応するのであるが，これは機能的MRIスキャンによって測定できる。驚くべきことに，そのようなショックを予測しておくように言われると，これら同じ脳領域は実際の刺激の前でさえも反応し始める。さらにまた，実際には偽薬であるが，参加者には痛みを取り除くクリームだと伝えて塗った後では，その同じ脳領域は反応しない（Wager et al., 2004）。興味深いことに，抑うつ的な人は身体的な痛みをより強く感じる傾向があるが（Wagner et al., 2009），これはおそらく彼らが不快な経験をより多く予測するからであろう。

　私たちは，自転車に乗ったり，バイオリンを弾いたりするといったことが

うまくできるよう，このような手続き的かつ自動的理解を必要とする。もしすべての足取りを予測するなら，ムカデには災難が降りかかるだろう。情緒的な学習，そして関係性がいかに進んでいくのかという期待は，永続的な心理学的効果を持つ手続き記憶の形式である。子どものときにひどく非難されてきた人は，人目を引く場を避け，社会的状況から引きこもることで身を守るかもしれないが，それは後の社会的状況に適応する能力に不都合をきたすことになるだろう。こうしたパターンを変えるための意識的な努力は，必要であるもののたいていは拒絶される。なぜなら，どこか非意識的に，また深いところで，自分の自動的手続きに基づく判断をあてにすることを学んできているからである。私たちは，テニスのサーブや車の運転技術を学ぶことができる。情緒的な再学習も可能ではあるが，そこにはよりいっそう抵抗を示すかもしれない。ここでは，古典的**条件づけ**について述べているように思われるかもしれないが，これは話のほんの一部である。しばしば言葉の攻撃を受けている子どもは，危険の予測を条件づけられるかもしれず，中立的なものでも脅威のサインとして解釈してしまう傾向にある。また，（たとえば「彼女はまさに私を捕まえようとしている」，あるいは「もし彼女を信用するならば再び失望する」といった）不信に対する精神的相関もある。このような予測に対しては，意識的で注意深い実践が，それが間違っていることに気づくための支えになる。

出来事と事実の記憶

　私たちは記憶を通して，経験を首尾一貫した個人的な感覚に統合する。記憶とは，私たちがいかに回顧的に出来事について考えるかということである。ダニエル・スターン（Stern, 2004）が示すように，瞬間的感覚と見なされるような経験は，エピソード，あるいはこころと脳によってまとめあげられる経験の「塊」になる。たとえば，笑顔で鞄を持っている祖父母を見たのと似たような経験をしたなら，私たちはそこにパターンがあると信じるようになるかもしれない。つまり，おそらく前回のように鞄を持つ人はお菓子をくれ，キスをしてくれ，自分を喜ばせてくれるものだと。乳児でさえも，たったの2回何かが起きるとこのような予測を発達させる。そして，似たような

第 8 章　記憶：自分が何者で，何を期待するのかについて学ぶ　　117

出来事が数回も起これば子どもは，スターンが一般化された相互交渉に関する表象（RIGS）と呼んだものを発達させる。RIGS は，次に起こることについての見込みを持って，過去の出来事を抽象的に平均化する能力から生じる。

　抑うつ的な母親の乳児は，母親の暗い気分を予測することを学ぶため，数カ月後に自分に合わせてくれる他者に出会っても，そのような平坦な気分を予測して示す（Field et al., 1988）。すると，「スティル・フェイス」[訳注†8]実験に見られるように赤ん坊は困惑する。なぜならそこには，母親は期待どおりに応えてくれないという彼らの先入観（記憶に基づく予測）が混入するからである。記憶の蓄積は，私たちが誰なのか，何が可能であり，何が起こりそうなのかという感覚を引き起こす。子どもは課題につまづくと，意識する，しないにかかわらず，以前の経験に頼る。難しいパズルに直面すると，パズルを叩き潰す，助けを求める，あるいはパズルが間違っていると言うかもしれない。また，私がセラピーで出会った子どものように，声に出して「チャレンジすればできる，チャレンジすればできる」と言いながらパズルを解こうとするかもしれない。これらさまざまなアプローチはすべて，手続き的に過去の経験から引き出されたものである。

　乳児期早期の学びの大部分は，潜在的であるか手続き的なものである。たとえ物や顔，そして他の「事実」が短期的に記憶されたとしても，それが後に思い起こされ，活用されることはほとんどない。2 カ月の赤ん坊が，24 時間後に携帯電話のようなものを覚えているとか，5 カ月児になると 2 週間後にも顔を覚えているというのは事実である（Greco et al., 1986）。しかし，大人は一般に 3，4 歳以前の出来事を覚えていることはほとんどなく，この事実はしばしば**幼児期健忘**という専門用語で記述される。子どもは 4 歳までに，以前に起きたいくつかのことをはっきりと記憶にとどめることができるようになる。大人で実証されるように，たとえ 20 年後には覚えていなくても，3 〜 5 歳までの子どもが過去 6 〜 18 カ月の間に行ったディズニー旅行について尋ねられると，非常に正しく思い出せる場合がある（Hamond & Fivush, 1991）。月齢の高い子どもの記憶はより良くなり，きっかけを与えてもらうとさらにはっきりと思い出せる。模倣についての調査・研究でも同様に，自動

訳注†8　原書第 4 章（p.34）に記載されているが，本書では割愛した。

車の縦列を見た14カ月児が，24時間後に同じ縦列を再現できることが示された（Meltzoff, 1988）。これは遅滞模倣と呼ばれ，「過去の出来事を再体験する」記憶の一種を必要とする。これはまた，手続き記憶と，何かを行う際の「方法」を思い出すことと関連している。

心理学者は，なぜ幼児期健忘が起きるのか，この「分断」を越える記憶と越えない記憶があるのはなぜなのかなど，いまだに多くの難問を抱えている。先進的な研究者の一人であるバウワー（Bauer, 2006）は，神経学的未熟さのため，私たちの早期記憶はほとんど統合されず，その結果，貯蔵の失敗が起きるのだと考察している。バウワーは，およそ4歳前の記憶は蓄積されるより早く失われる一方で，4歳以降では前頭皮質の発達によって，記憶は忘れられるより早く形成されるのだと主張している。

しかし私たちは，言語に依らずに出来事を覚えている幼児の能力を過小評価しすぎている。幼児は，意識的に言語で再生することはないが，数年前のことを思い出すことができ，それを非言語的に表現することができる。情緒的な出来事は，他のことよりも記憶に残りやすい。ストレスの多い医療行為（注射など）を受けた子どもは，ストレスの少なかった子どもより，こうした経験をよく覚えている（von Baeyer et al., 2004）。ガエンスバウワー（Gaensbauer, 2002）は，数年前のトラウマ的出来事の記憶を持ち続けているように見受けられる，7カ月の子どもについて記述している。彼は，交通事故に遭った9カ月児が，そのことについて話したことはなかったものの，2歳近くの頃にミニカーで事故の場面を再現したことを報告している。ガエンスバウワーの他にも，言葉を話す前に経験された性的虐待を含む虐待が，後に子どもの描画や遊びにおいて驚くほど正確に表現されるようであるという記録の報告がある。たとえば，身体のかなり特定部分の虐待的行為を描くような子どものことであるが，これは後にビデオ証拠によって裏づけられたという。これらは逸話的なものであり，調査・研究のエビデンスとは見なされないかもしれない。しかし，このような報告と調査・研究の両方を併せて見ることで，最初の数年の出来事の記憶を，少なくとも非言語的に保持することができる子どもの能力が示唆される。

これらの例では，記憶は言語以外の手段によって思い起こされている。言語は記憶を記号化する時点ではまだ獲得されていないため，記憶は言葉の

フォーマットに変換されることがない。子どもがトラウマが起こったときのことについていくらか話せるようになると，早期のトラウマを後に思い起こすことができる可能性が高くなる（McNally, 2003）。非言語的記憶を言語的記憶に変換するために，前言語的記憶に言葉を「注ぎ込む」ことは，可能ではあるが容易ではない。また，バウワー（Bauer, 2006, p.321）は，親が子どもにある出来事について話すと，おそらくその記憶はより残りやすく，幼児期健忘の壁を越えやすいだろうという。前言語的体験は，言語的合図を通しては思い起こされず，想起をより難しくする。そのため，研究者が言語的合図を与えるのみの子どもの早期記憶についての調査・研究には，欠点があると言わざるをえないのである。

　私たちの記憶能力は，いかに安心を感じるのかといった他の要因に影響を受ける。何かを思い出すためにはある程度のストレスは必要であるが，過剰にストレスを感じたならば，想起する能力は減少する。あるテストでは，ぐずって泣いている赤ん坊は3週間後，そのときに提示されたモビールに反応しなかったが，ぐずっていなかった赤ん坊は反応した（Fagan & Singer, 1983）。同様に，危険に対して敏感で過度に用心深い子どもは，学校で集中力と情報を取り入れる能力に乏しいといえよう。

　ストレスはまた脳がいかに発達するのかにも影響を与える。特に記憶形成と保持に関係する領域である海馬は，トラウマを負った退役軍人や大うつ病患者では小さい（Sapolsky, 1998）。ネグレクトならびにトラウマは記憶の発達に影響を及ぼす。ルーマニアの孤児院からより「豊かな」家庭に養子に出された幼児は，遅延模倣のような課題の遂行が非常に難しい（Bauer et al., 1998）。

　しかし，慢性的で進行中のストレスとは異なり，多少のストレスは記憶を助ける。通りを歩いていて注目に値するようなことが何も起こらなければ，車がスピードを出して騒々しく非常識に走っていたときと比べて，その散歩のことを覚えていないだろう。ケネディ大統領やジョン・レノンが死んだときに自分がしていたことといった，非日常的で情緒的に強烈な瞬間のことは覚えているものである。これは，**フラッシュバルブ記憶**と呼ばれるものである。以前の出来事が有機体に対して隠し切れない傷を残すという，生物学的プロセスを経るが，これはストレス・サインと呼ばれてきた。非常に些細なストレスは記号化される記憶につながりにくいが，あまりに大きなストレス

は，記憶の妨げになりうるのである。

自伝的記憶

　子どもが出来事を言葉にすることができるようになると，記憶は新しい形をとる。これまで見てきたように，およそ2歳になる前には，顕在記憶の記号化に関係する脳の主な領域は，まだ十分に「オンライン化」されていない。学習の大部分は，手続き的なものである。次の数年で，顕在記憶のシステムが徐々に強化される。2歳までに乳児は，人がその意図に従って行動しないとしても，何かをするという意向（リンゴをつかむために手を伸ばす）があることを理解する。そして，自分と他者の欲求や願望についての物語を作り始める。これは乳児が，鏡の中に見える顔の傷が実は自分の顔の傷であると気づく年頃でもある。これはときに，自伝的記憶を含む自己の感覚の始まりであると見なされる。

　こころの理論の能力が十分に発達したことが明確になる4, 5歳頃までは，実際には完全な自伝的記憶は見られない。この年齢のほとんどの子どもは，自分自身が時を越えて存在するものであると考え始める。そして，自分についてのまとまりのある考えを示す物語と事実とを関連づけることができるようになる。彼らは，自分というものが自分自身にも他者の目にも継続的な存在であるという自己の感覚を発達させる。これは，ビデオを見て自分自身を実際に認識することができるようになる時期でもある。つまり，ビデオの中の子ども（自分）の頭にステッカーが貼られており，ステッカーはどこかと尋ねられると，この年齢であれば自分の頭を指さすことができるのである（Suddendorf et al., 2007）。これは，より洗練された表象能力のサインとして見なされる。自らのこころの世界で，多種多様なバージョンを同時に維持することができるのである。今や，出来事はより宣言的に記憶され，想起できる記憶の中に記号化される。

　「自伝的な自己」を持つということは，両親が誰なのか，自分の名前は何なのか，どこで生まれたのか，何が好きで何が嫌いか，そしてある状況に対して自分はどのように反応するのかといった，私たちの人生を特徴づける状況についての系統立った記憶の保持に依存するということである。ダマシオ

(Damasio, 1999, p. 172) は，彼が「中核自己感」と呼ぶ感情の一種として，アイデンティティの感覚についての特徴を描写した。そこでは，私たちが時間の流れの中で，あるいは他者との関係の中で，自分は何者なのかという考えを形作るために思い起こされる，非意識的な経験と記憶の両方を用いる。これは**エピソード記憶**と呼ばれる。

　エピソード記憶は，単に蓄えられるのではなく「生きた」ものであるため，このような記憶の「感覚」的側面が中心となる。ここには，内省するために語りを用いる言語と能力が重要であり，必要となる。これは，こころへの関心というインプットを経験していたならば，よりいっそう起こりやすいものである。安定型のアタッチメントを持つ子どもの親は，より入念で洗練された語りのスタイルを持つ傾向があり，彼らの子どももまたそれを発達させる。ダマシオがいうように「好むと好まざるとにかかわらず，人間のこころは知ってもらっている人を表す部分と，知っている人を表す部分の間で，家が区分けされるように絶えず分裂している」(Damasio, 1999, p. 191)。このように，私たちが有する自伝的感覚や，自分自身の継続的アイデンティティについての確信は，ダマシオの比喩を用いるとすれば，自分自身の物語の語り手であるという自己感覚なのである。また，自分が他者のこころの中，つまり他者の物語の一部である限り存在しているという実感を持てるのだと付け加えられるかもしれない。公的保護下にある多くの子どものように，実のところ誰のこころの中にも決して存在せず，自分自身についての明確な物語を持たない不幸な子どもたちへの影響を認識している者にとっては，他者のこころの中に存在するということの重要性は明らかである。

　自伝的記憶は，決して過去に起こったことの正確な映像再生ではない。自伝的なものばかりかすべての記憶は，たしかに，現在の関心事や没頭していること，またそれが引き起こされる前後の文脈に非常に大きな影響を受ける。幸せだと感じるときには，容易に幼少期の楽しい出来事を思い出すことができる。つまり，文脈が重要なのである。スキューバダイバーに，水中にいる間，いくつかの言葉を覚えておくように依頼した。後に，水上・水中の両方でテストを行ったが，陸上より水中でのほうが言葉をより多く思い出すことができた (Godden & Baddeley, 1975)。私たちが思い出すある特定の自伝的詳細は，現在の文脈によって影響されるのである。

自伝的記憶は言葉で表現されるため，言語的スキルと語りのスキルに依存する。この領域に長けた子どもがいる。自伝的記憶のスキルの発達が早い子どもは，鏡の中の自分を認識するのも早い。また，彼らの母親は，過去の出来事について，より複雑な語りと会話を通して工夫して伝える傾向がある（Welch-Ross, 1997）。これは，西洋の自己中心的な文化において，より早期に生じることが多い。たとえば，韓国や中国の子どもはアメリカの子どもと比べて，特定の個人的な記憶は多くない。彼らは，自分自身についての言及が少なく，より一般的な出来事の話をし，特定の出来事についての話は少ない（Han et al., 1998）。自分自身についてはほとんど強調しない社会があり，そこでは自分についての話を展開する能力云々ではないのである。にもかかわらず，文化的な影響がどうであれ，出来事についてより洗練されたスタイルで聞かされている子どもは，語りのスタイルと想起の方法を内在化し，自伝的記憶の範囲内で，個人的な出来事を表現する傾向がある。少なくとも西洋では，これは一般に安定型のアタッチメントを形成している子どもたちである。

トラウマ，記憶，そして忘れること

心理学の世界における大きな論争の一つに，トラウマ的記憶に関するものがある。どの程度信頼できるのか，あるいは正確なものなのか，そして過去のトラウマ的記憶は，抑圧され，後になってのみ思い出されるものなのかということである。記憶は，脳内のハードドライブに保存される過去の正確な写真やビデオのようなものではなく，まったくもって信頼できないものでありうる。脳は，後に記憶を「作る」ために用いられる情報の痕跡を保存するのみである。ベイトマンとフォナギー（Bateman & Fonagy, 2004, p. 105）は，「脳の多くの異なる部分を含む複雑な神経網は，『記憶を創造する』ために用いられ，情報を記号化し，保存し，回収する役割を持つ」と記述している。

ある研究で，70人以上の少年に次のような質問を行った。「子どもの頃，あなたはお父さんにどのくらい頻繁に殴られましたか」「あなたは特定の問題について，どのくらい不安がありましたか」というものである。約30年後，彼らに，若かったときに信じていた記憶について再び面接を行った。これらについての彼らの記憶は，ほとんどの部分で完全に誤っていた。たとえ

ば，何人かは自分は社交的だったと記憶していたが，実際には14歳のときには自分は内気だと答えていた。30年前に自分についてどのように言っていたのかを推察する能力は，まったく正確なものではなかったのである（Offer et al., 2000）。

　多くの実験が一貫して記憶の曖昧さを示している。ある古典的な実験では，晴れた日に他に車のない信号で停車している青い車の映像を見せる（Loftus & Palmer, 1974）。そのうちの何人かに，たくさん雲があったかどうか，または他の車があったかどうか，そしてその車は何色だったか，さらにこれらの質問の結果，自分の「記憶」に何らかの変化が生じたかどうかを尋ねた。何も尋ねられなかった群の者には同じ記憶が残っていたが，質問された群の者には，他の車や雲など異なる「記憶」が生じていた。心理学者が**プライミング**と呼ぶこのプロセスは，交通事故の映像を見せたときにも同様に，しかしさらに強固に見られる。もし「他の車に激突したとき，その車はどのくらいのスピードで走行していたか」と尋ると，激突の代わりに当たったという言葉に置き換えられたときの反応とはまったく異なる記憶になる。参加者は激突と聞かされると，その車がよりスピードを出して走っていたと考え，後に，映像の中にはなかった割れたフロントガラスといったものを目撃したと主張することも少なくない。調査・研究は，いとも簡単にこういった過誤記憶を助長させることができるということを示してきた。記憶は示唆に非常に影響を受けやすいため，過誤自伝的記憶が，正しい「プライミング」によって植えつけられうるのである。

　記憶が，幼児期の性的虐待のような何らかのトラウマ的なものである場合，記憶の信頼性に関するこの問いはより論争の的になる。記憶が示唆に影響を受けやすいだけではなく，ある特定の瞬間に思い出す記憶は，自分の今いる文脈とそのときの影響に色づけられる。セラピストが患者にある出来事を示唆することは可能であるが，いわゆる過誤記憶症候群（Loftus, 1997）のように，トラウマ的出来事の忘却が確かに起きうることを示唆するエビデンスもまた存在する。ブレンナイス（Brenneis, 2000）は，治療的文献において多くの事例を分析している。そこでは，立証することができないものもあったが，記憶している虐待の物語が真実であることを，説得力を持って示唆するエビデンスも挙げられた。

ある女性は，子どもの頃には常に性的虐待の記憶があったが，成人になってからはいかなる虐待の記憶もなかった。誰かが彼女に，犠牲となった子どもは，ときに大人になってからも虐待されることがあると話した。その後，車で帰宅した彼女は，13年前の22歳の時，見知らぬ人にレイプされたことを思い出したと報告した。彼女はこのことを調査し，加害者を告訴し，裁判で事実が確証されて相手は有罪判決を受けた（Geraerts et al., 2007）。しかし，それでも彼女は長年この出来事を忘れていたのである。ブレンナイスは，いくつか似たような事例を報告し，エビデンスがより不明確だった事例についての分析を行った。記憶が戻ったと思われる事例には類似点があった。すなわち記憶は，情報が結びつくことできっかけを与えられ，いったん刺激されるとすぐに巻き戻され，いかなる解読も必要としなかった。このような記憶は，思い出して震え出したりするような強力で情緒的な反応を伴う。これらの事例はいずれも，治療的作業において示唆された記憶ではなかった。

　トラウマ的記憶を忘れることは，そう珍しいことではない。たとえば，1,400人の女性を対象とした調査・研究（Epstein & Bottoms, 2002）では，特に性的虐待といった対人関係的トラウマでは20％もの事例で忘却が示された。これは，交通事故のような非対人的トラウマではより少ない。しかし，この忘却のメカニズムは，必ずしもフロイト（Freud, S.）のいう抑圧とは限らない。多くの場合，忘れたと報告されるのは部分的なものであり，積極的な回避として，またときにはラベルの貼り換えとして説明される。

　手続き記憶はトラウマ的記憶とは異なり，一般に「内容のない」ものである。暴力行為を受けた子どもの危険に対する予測は，脳回路の奥深くまで浸み込んでおり，それがわずかな音にさえすくんでしまう原因となりうる。ここには，必ずしも意識的な記憶が付随しているわけではない。しかしながら，通常の宣言的記憶や手続き記憶とは別の形の記憶がある。トラウマ後のストレス患者のフラッシュバックもまた，扁桃体のどこかに埋め込まれ，内容を保有しているが，それは私たちが通常意味する感覚における顕在記憶ではない。このようなトラウマ的フラッシュバック記憶は，海馬によって時間と場所に関する文脈形成がなされていないという理解がある。そのため，それらには文脈に「固有の特徴」が欠如しているというのである。こうした侵襲的で圧倒的な記憶に苦しむ人は，過誤記憶の場合に見られるような示唆の

影響を受けないようである。彼らの記憶は，言語的プロセスを伴う語りの一部になることはほとんどない。フラッシュバック型の記憶は，歪曲や影響にはさほど関係しない。本人にとっては，たしかに元々の出来事を追体験しているように感じられるのである。

　暴力や拷問のような恐怖を体験した子どもは，しばしば暴力のイメージが侵入してくるのを止められない。マクナリー（McNally, 2003, p. 105）の報告によると，残忍なポルポト政権を生き延びた子どもたちは，絶えず殺害のイメージに苦しめられていたという。記憶の内容が，元々起こった出来事のレプリカであるかどうかについては不明であるが，彼らはその出来事の情緒的な経験の何らかを追体験しているようである。そこには，匂いや味といった感覚も含まれる。それは，写真のように再表象されるというより，むしろ記憶されているトラウマの情緒的体験であり，詳細が必ずしも正確であるとは限らない。たとえば，二次的トラウマでは，愛する人を殺害された人は，たとえ自分がその場に居合わせていなかったとしても，殺人の悪夢とフラッシュバックを経験しうる（McNally, 2003, p. 116）。

　トラウマ的記憶については，いまだに多くの議論が残る。そのような記憶が抑圧されうるのかどうか，あるいは解離されうるのかどうか。トラウマ体験で確実に起こるのは，焦点が狭くなり，その後，出来事の大まかな流れを覚えていられなくなることである。たとえば，殺人の犠牲者の衝撃的なイメージが混在した一連の写真を見せられる群と，ニュートラルな写真ばかりを見せられる群に分けたところ（Kramer et al., 1990），恐ろしい写真を見せられた人たちは，その後に示された写真についてあまり思い出すことができなかった。暴力のような恐ろしいことを目撃すると，私たちはその最も顕著な部分（誰がナイフを持っていて，どれほどの距離にあったか）に焦点づけられ，周辺の詳細（外で雨が降っていたかどうか）にはほとんど気がつかない。このことは，法廷での目撃者があてにならないことを示しているといえる。なぜなら，彼らが詳細な情報を有している可能性が低いためである。同じ出来事について，暴力的バージョンと非暴力的バージョンを見せた後に，その詳細について質問すると，非暴力的バージョンを見た群のほうが，より周辺の詳細について正確に思い出すことができる（Loftus & Burns, 1982）。

　トラウマ後は，自伝的な詳細を思い出す能力に障害が起こる。このこと

は，「概括的な」個人的記憶と呼ばれる記憶を持つベトナム退役軍人の一部が，私たちがふだん行っているような特定の出来事を思い出すことに苦労する例で示される（McNally et al., 1994）。彼らは，「親切」あるいは「パニック」のようなキーワードに対して，それにふさわしい記憶や物語を見つけることができなかった。トラウマを負った子どももまた，感情を言葉にしたり記憶を組み立てたりすることが困難である。子どものナラティブ能力を高めるような養育の欠如が，トラウマの衝撃と交差することで，記憶の形成と処理につながりにくくなるという事態を招くのである。トラウマの犠牲者による語りは，しばしば，まとまらない思考と，曖昧で不明確で反復的な言葉に満ち，より断片的である（Foa et al., 1995）。

　私たちが何をどのように思い出すのかは，自分自身や他者のこころの状態に反応する能力と，メンタライゼーションと語りの一貫性に密接に結びついている。トラウマに対する治療的作業の目標の大部分は，トラウマ的記憶があまりに強く再喚起されないようにすることである。そうすることで，パーソナリティのより良い機能に関係する思考と記憶の領域を確立するだけではなく，トラウマ体験を統合することで，そのことについて内省し，調整し，浄化できることをも目指す。これは，幼少期にトラウマを受けたもののアダルト・アタッチメント・インタビュー（AAI）のスコアが「安定－自律型」の親に認められる一方で，トラウマを受けた「未解決型」の成人のAAIのスコアではそれほど多くは見られない。幼少期にトラウマを受けた成人のこれら二つのタイプの印象的な違いは，一つのタイプ（安定型）が，内省的な能力と自伝的記憶の範囲内で，首尾一貫した物語として経験を統合する能力を発達させていることである。

まとめ

　記憶は，過去・現在，そして未来に関係する。スーザン・ハート（Hart, 2008）は，私たちは新しい体験を理解するために記憶を用いるのだと指摘する。私たちが現在の経験に与える意味は，部分的には過去の経験によって決定づけられており，それがまた現在の経験を選び，記憶の中に保管するのに影響を及ぼす。人間の脳は，過去に起こったことに基づいて未来を予測する

第8章 記憶：自分が何者で，何を期待するのかについて学ぶ

ことに特に長けている。経験は潜在記憶に深く浸透し，私たちが新しい関係性を持ち込む際のパターンになる。これは，子どもが顕在記憶を記号化し，維持し，そして取り戻す能力を得る前に起こる。私たちは，関係性の新しいあり方を学ぶことはできるが，必ずしもすでに知っているものを手放すことはしない。期待を打ち破りつつ，自分自身についての新たな可能性を学ぶことは可能である。しかし，これはたとえば虐待経験のある養子の子どもが，新しい親やセラピストと新しいあり方を学ぼうとするときに見られるように，情緒的に骨の折れる作業である。

　記憶はまぎれもなくあてにならないものであり，私たちの現在の経験と関心によって大いに影響を受ける。そして，想定された記憶のいくらかは，単に示唆された結果なのである。トラウマ的記憶は，侵入的で恐ろしく，圧倒的なものでありうるため，語りや熟考する機能とのつながりがない。フラッシュバルブ記憶のように，緩やかなストレスなどの特定の雰囲気の中ではより多く記憶することができるが，ストレスがほとんどないかあまりに大きすぎる場合には，この限りではない。トラウマを抱えた不安の強い子どものこころの状態は，新しい顕在記憶を形成することが容易ではないかもしれないことを意味する。同様に，養育者から自分について考えてもらい，また洗練された語りの能力でもって自分の人生についてたくさんのことを聞かされてきたならば，おそらく自分自身についての奥深い物語が生まれ，複雑な自伝的記憶を発達させることになるだろう。このような子どもは，他者の「こころに抱えられている」と感じ，同様に自分自身と他者をこころの中に抱えることができるであろう。生い立ちについて語ってくれる大人が周りにいない不幸な子どももいる。ここには公的保護下にある多くの子どもが含まれる。記憶には，意識的な側面と非意識的な側面がある。私たちが発達させる記憶や期待というものは，自分が受けたこころへの関心によるところが大きい。手続き記憶がいったん位置づけられると，それを変換するのは難しいが，それでも常にそれに縛られる必要はない。特に，自己内省能力が発達することで，新しい学習が起こりうる。それをシーゲル (Siegel, 2007, p. 309) は，「自己を見つめること」と呼んだ。これは，自らの情緒的で心理的な自己が，他者の内省的こころによって見つめられることでより発達する能力である。

第9章 遊び：楽しみ，象徴化，練習，そしてふざけること

Play:
fun, symbolising, practising, and mucking about

　遊びは幼少期の重要な活動であり，他の多くの能力が根づくために必要なものである。ただし，他の発達が確実に生じていなければ，遊びは発達しない。遊びに夢中になっている子どもは，大人に畏怖の感覚を引き起こすことがある。遊びはそれ自体に価値があると見なされる。私たちは何かを達成するために遊ぶのではないが，その副産物によって報われることがしばしばある。また，遊びに没頭し，遊びに乗っ取られることもある。精神分析家のウィニコット（Winnicott, 1971）が，遊びを現実と対比させ，遊びや象徴化の能力と一般的な創造性が根本的につながっていると論じたことは，偶然の一致ではない。フォナギーやターゲットが示すように（Fonagy & Target, 1996），非常に幼い子どもでさえ，遊びの中で創造した世界と現実とをはっきりと区別することができる。ときおり，厳しい現実が，遊びのもろい瞬間を完全に台無しにするかのように入り込んでくる。たとえば，父親がやって来て何をしているのかと厳しく問うまで，母親の靴を履き，帽子をかぶり，先生のふりをしている小さな女の子などが思い浮かぶだろう。

　仕事ではないこの遊びとは，いったい何なのか。遊びに関する唯一の定義はない。遊びはあらゆる形式と規模で現れる。孤独なものでも社会的なものでもありえない。想像的なものだったり，むちゃくちゃなものだったり，多かれ少なかれルールに拘束されていたり，言語的もしくは非言語的であったり，対象をもとにしたものもあれば，ごっこもある。他にも無数にある。遊びはしばしば，新しい組み合わせでものを置いたり，役割を変更したり，あるいはあるものがまったく違うものを象徴するなど，その自由さが特徴であ

る。遊びはまた，トム・ソーヤがポリーおばさんに，フェンスを白く塗るように言われたときの古典的な計略に見られるように（Twain, 1986），肯定的な効果という特徴もある。義務を嫌うトムは，楽しんでフェンスを塗ろうと友だちに信じさせて騙した。最初は単調な仕事や労働だったものが，突如遊びになった瞬間に，彼ら全員が競ってそれに挑み始めた。マーク・トゥエインは，「仕事は身体がせざるを得ないものであり，遊びは身体がせざるを得ないものではないものからなっている」（Twain, 1986, p. 14）と書いている。さまざまな実験が，これを裏打ちする。たとえば，課題の解決に取り組む際に報酬を受ける参加者と，同じ課題に対して報酬が支払われない参加者を設定する。報酬を与えられた群は，他方よりもより早くに課題を諦めたという（Deci & Ryan, 2000）。また別の実験では，保育園の子どもたちにフェルトペンを与え，星とリボンといった報酬を与えられる群と，与えられない群に分けた。次に，フェルトペンを教室になにげなく置いておいた際，それで遊びたがったのは報酬を与えられなかった子どもたちのほうだった（Lepper et al., 1973）。まさに，何かをしたいということそれ自体が，動機づけになるのである。

　遊びは，それ自体が遊び手にとって有益なものである。他の発達に拍車をかけることもあるが，単にそこに本来備わる報酬のためにも行われる。パンクセップら（Panksepp et al., 2003）は，生得的に神経学的活動亢進傾向を持つネズミの遊びの機会を強化したところ，過活動は減少し，より良い自己調整が導かれたことを示した。彼らは，同じことが子どもにも適応されるのではないかと考察している。興味深いことに，子どもとの多くの治療的関わりは，遊びを介して行われる。

　それでもすべての子どもや動物が遊べるわけではない。子どもは，緊張しているとき，自信がないとき，不安なときに遊べなくなる。ハーローらの調査・研究では，隔離して育てられたサルは，一匹でも他のサルたちと一緒でも遊ぶことができないことが分かっている（Harlow et al., 1965）。一方，集団で母親に育てられたサルたちは，お互いに楽しく遊ぶことができる。孤児院で情緒的な養育を受けず，刺激も受けなかった子どもたちもまた，遊ぶのが難しいことが分かっている。ハーバード大学での研究は，愛情のない冷たい母親を持った男性は，45〜65歳の人生後期に，友だちとゲームをしたり，ス

ポーツをしたり，あるいは休日を取ったりすることさえも少ない傾向にあることを示した (Vaillant, 2002)。ここでの予測要因は，彼らが子ども時代にどれだけ愛されたと感じているか，である。安全で気楽に感じることが遊びに可能性を与え，その遊び自体が発達を促進するのである。

乳児期の遊び

　私が最も好きな遊びについての引用の一つは，遊びは「予想外のことのための訓練」だというものである (Spinka et al., 2001, p. 141)。遊びはその定義上，固定したり計画したりできない。概して自然発生的で，不確かさと驚きの要素がある。「いないいないばあ」のような古典的な乳児のゲームは，構造と驚きの要素を併せ持つ典型的な遊びである。しばしば，両者とも次に何が来るのか分かっているが，それが正確にいつなのかは分からない。このようなゲームにおいては，交代や，相手の考えや行為を理解し予測するような技術が学習される。

　乳児は，たとえば模倣や原-会話の使用を通じた相互作用における，積極的な参加者である。3～4カ月までには，より洗練されたコミュニケーションが生じうる。たとえば，身体をリズミカルに動かし，童謡に喜んで反応するようなことである。これらのゲームは，自発的に生じるような明確なパターンが特徴的である。しばしば遊び相手は，他者のジェスチャーに合わせつつお互いのリズムに同調するようになる。これは，行為の主体の感覚や社会的信頼とともに，柔軟性を築くのを助ける。

　5カ月までに，乳児は仕草やしかめ面と同様に，姿勢も活発に模倣することで，仲間とのユーモラスな交流に参加することができるようになる。その頃までに，母親と赤ん坊の間のゲームは，構造と連続性と盛り上がりを持ち，より長く続くようになる。歌には複雑な律動，韻律体系，そして旋律があるが，乳児は決定的なここぞという瞬間に，身振りや発声で応答をするタイミングを楽しむ。たとえば，相互の楽しみを導く特別な瞬間に拍手をするなど，一般に遊び心と呼ばれるものである。ここで大切なのは，ポジティブな影響である。抑うつ的な母親の声の音楽性の欠如は，乳児の参加を導かず，むしろ平坦な行動につながっていく。3カ月までに，ユーモアやからか

いが前面に出てくる。そして，6カ月以降に生じるようなからかいやふざけるといった類のことを，実験的に例証したバスベッディ・レディ (Reddy, 1991) が見事に記述しているように，楽しみの共有はより明確に対話的なものになる。1歳になるまでに，叙述の指さしの萌芽のようなスキルが発達する。ゲームは，二人が第三の対象を使って遊ぶ可能性が高まるなどの複雑さを増す。

このように遊びは，微妙な相互の調律と理解の経験に依存し，相互の肯定的影響の雰囲気の中での，柔軟性と予測性の複雑な組み合わせを必要とする。活気，楽しさ，そして喜びは，おそらく発達指標では十分に考慮されていない情緒の状態である。7～12カ月の間の乳児の二者，および三者の相互作用における遊び心のエピソードに関する研究がある。ここでは，楽しみや喜びが増し，中立性や否定的情緒がほとんど見られなかった (Kugiumutzakis et al., 2004)。発達上の刺激的な跳躍は，最初の1年の終わりから見られるが，特に可動性，手先の器用さ，そして話す力が増す。また，役割遊び，空想，想像上のゲームの始まりも見られる。ダニエル・スターンが書いているように，「遊びは，気楽で安全で用心深くなくても良い感覚と，他者の要求の圧力から自由な設定の中で起きる」(Stern, 2001, p. 145)。彼は，母親と4カ月の乳児の間のきめ細かい相互作用の詳細を研究した，乳児研究者のビービー (Beebe, B.) とジャフェ (Jaffe, J.) が行った実験についてコメントしている。この年齢の赤ん坊は，物をギュッとつかんだり動かしたりすることはほとんどできないが，面と向かって学ぶことには順応している。そして，見知らぬ人が現れるなど気楽ではいられなくなると，相互作用における「遊び心」が少なくなる。遊びは，子どもが安全で肯定的に感じているときに，より豊かで満たされたものになるのである。

他の種における遊び

遊びには，生物学的かつ神経学的基礎がある。パンクセップ (Panksepp, 2007) は，恐怖，性，攻撃性，あるいはアタッチメントに系統があるように，遊びにも微妙な系統があると主張する。あらゆる文化を越えて，人間の子どもは遊ぶ。そのため，遊びは進化論的な理由から明確に選ばれてきたものだ

と仮定できるかもしれない。遊びは生物学的に，乳児期中期の多くの哺乳類に見られる高い興奮と，果てしないエネルギーの時期に関連するようである。遊びは，ショアー（Schore, 1994）が探索的-主張的動機システムと表したものを発達させる脳組織の諸側面を刺激する。遊ぶことは，身体的，認知的能力の発達，脳の社会的回路や実行機能とともに，「社会的習慣を固める」（Panksepp et al., 2003）。

　多くの動物に，さまざまな種類の遊びが見られる。子ネコとその臆病な動き，子イヌがボールを追うこと，あるいはトラの子が戦いごっこをすることなどを思い浮かべてみよう。このような遊びは，人間の遊びの特徴に似ている。イヌは前足の上に身を沈めることで遊んでいると合図する。チンパンジーにはある行為が遊びであって深刻ではないということを他のチンパンジーに合図するための，独自の「遊び顔」がある（Bekoff & DiMotta, 2008）。幼い動物の遊びには，明らかな「目的」がなく，非常に精力的な傾向がある。人間を含む動物が，なぜ遊ぶのかは不明である。一般的な理論は，遊びが後に引き受けることになる役割のために必要なスキルと能力を強化するのだという。子ジカの短距離走は遊びであるが，後に捕食者から早く走り去ることで命を守ることにつながる。ネズミの実験では，遊ぶ機会を剥奪された子ネズミは，発達上不利であることが示唆されている。戦いごっこをする機会がなく，孤立して育てられたネズミは，新奇場面で動きにくく激しい攻撃にさらされやすい。

　動物は，人間のごっこ遊びと驚くほど似たようなことをする。合図ができるオランウータンは，「ネコ」の合図によって，そこにはいないネコのふりをしたり怖がるふりをしたりする。一方，イルカが水中の窓から人間がタバコを吸っているのを観察した後，母親から一口分の母乳を吸うと，煙に見せかけて水中に母乳を噴き出したことが報告されている（Mitchell, 2001）。動物に一般的なのは，戦いのふりと精力的な粗雑さと乱雑さである。遊びは，模倣のスキルや，ある程度の社会的洗練性のあるチンパンジーやイルカのように，複雑な社会的集団で生活する種に見られる。子どもは遊びを通して誇張された社会的身振りや行動の試行，音，動き，そしてさまざまな存在の仕方をする。それらは戦いや狩猟のように，後に本気で行われるようになることである。

無鉄砲さ

アンソニー・ペッレグリーニ（Pellegrini, 2007）は，ポジティブな感情，「遊び顔」，高エネルギー，誇張された動き，そして柔くゆるい打撃や蹴りといったことが特徴の無鉄砲な遊びについて定義している。そのような身体的遊びは，ほとんどの哺乳類で乳児期に発生し，性的な成熟とともに見られなくなる。こうした遊びは筋力をつけ，体力とスタミナを高め，脳の発達を刺激する。

無鉄砲さは，遊びの特定のかたちの一つである。表面上は戦いのように見えても，それとは決定的に異なるものである。通常，その開始時に真の恐怖はなく，後にその相手との友好関係は回復する。幼児期には通常，こうした遊びが親密さを促進する。ペッレグリーニの調査・研究は，こうした粗雑さと乱雑さの後に，親和的結合が増すことを確証している。ペッレグリーニは，小学生の少年には，攻撃性と無鉄砲さの間に特に関連性はないが，思春期には，無鉄砲さは優位性や地位を得ることにかなりの関係性があると主張する。ペッレグリーニはさらに，交際相手選びが思春期の優位な状態につながることすら見いだしている。12歳時の戦いの能力と後の立場には直接の関係があり，それがさらに，デートの相手としての人気に関係することになるという。

少年のほうがより身体的な遊びにふけることが多いという西洋で見られる性差は，研究されたことのあるほとんどの文化でも同様に見られる。また，同じことがサルや大型の類人猿にも見られる。男であっても女であっても，胎児が**テストステロン**のような**アンドロゲン**にさらされることで，子どもが後により無鉄砲な遊びに浸る素因となる（Hines & Collaer, 1993）。このような無鉄砲な遊びの種類は，研究されたことのあるほとんどの文化においてのみならず，実際に多くの哺乳類種にも見られる。

遊びの種類と学びの種類

異なる社会には異なる遊びがある。産業化以前のほとんどの社会では，子どもは生活の多くを，さまざまな年齢層にわたるグループの中で過ごし，年

上の子どもから学んでいた。ほとんどの文化において遊びは，ふりをすることと想像からなる。メキシコの市街地のマヤ族の少年が昼寝中のバーの店主になったり，西洋の子どもが先生や生徒のふりをしたり，またはカラハリ砂漠のクン族の子どもたちが強打したり採掘したり料理をしたりするというように，子どもは大人の役割を演じることで日常生活の状況を理解していく。

象徴遊びの役割についての大人の考えは，文化を越えて異なる。アメリカ人が学びを助ける一つの方法として遊びを考える傾向にある一方で，韓国人の母親は，遊びをより楽しみとして考えるようである。日本の乳児は，「お人形に食べさせる」というような，より「他者指向の」注目といった**社会志向**に重点を置いた遊びを奨励されるようである。一方で，アメリカの母親は，個人の自律性や主張（「そうよ。やればできるわ」）を促進するような遊びをより強調するかもしれない。儒教の影響を受けた台湾の中流階級の家庭では，子どもが遊びの中で「適切な行為」をしたり，年長者に適切に対応したりするといったことなど，期待される役割に価値を置く（Göncü & Gaskins, 2007）。トルコのある貧しい地方の共同体の研究では，子どもは幼い頃から労働人口として貢献しなければならず，遊びが高く尊重されることはない。大人が遊びに加わることはなく，子ども同士で遊ばせている（Göncü & Gaskins, 2007）。同じことが，ユカタン半島のマヤ族の子どもなど，多くの他の文化においても当てはまる。遊びは，より「生産的」な活動を促すために積極的に削減される。多くの文化において，象徴的な遊びは高く評価されていない。

これらの例の多くは，現実に基づいたごっこ遊び，特に現実の生活の役割やシナリオを試すことを記したものである。他の社会よりも西洋文化にしばしば見られる，より抽象的な空想遊びも存在しうる。これは，考えが脱文脈化された方法で用いられる抽象的な学習を促進するが，実際の役割や現実に縛られない概念で，より「遊んでみること」を許すものである（Harris, 2007）。「3頭のピンクの馬を引いて，4頭の赤い牛を足す」というような算数の問題は，抽象的思考が文化的レパートリーの一部ではない文化においては，理解できないものであろう。

遊びに関する理論家の多くは，遊びはそれ自体に没頭するものだという逆説と戦ってきた。しかし，そこには何らかの目的があるに違いない。さもなければ，なぜほとんどの子どもや動物が，遊びに没頭するのだろう。数百年

さかのぼる理論の一つに，人は遊びの中で，成人期に必要なスキルや能力を訓練するというものがある。スミス（Smith, 2004）は，戦う，料理をする，あるいは狩りをするなどの遊びは，本質的な技術を教えてはくれるがそれを実際に行うよりも危険は少ないと考える。穀物を強打するふりは，それを実際に行うのに必要な技術のすべてを開発してくれる。研究の行われた社会の中では，穀物を強打する遊びは6歳頃にピークを迎え，子どもが本物の穀物を実際に強打することで貢献することが期待される8～9歳頃に減少する（Bock, 2002）。遊びが持つ機能について正確に知ることはできないが，それを剥奪された子どもや哺乳類が不利益をこうむることは分かっている。

　山芋を強打するにしろコンピューターを使用するにしろ，人生の後半に必要な実技の練習に加えて，このような遊びは広範囲にわたる他の能力を開発するのを助ける。多くの西洋的教育思想には，学校や保育園における構造化された活動とは対照的な，子どもが自身の興味に従う「自由」遊びの相対的なメリットについての議論が見られる。自然発生的な自由遊びの背景にある考えの多くは，子どもは自発的に動機づけられたときにより多くを学ぶという認識である。たとえば，ヴィゴツキー（Vygotsky, L. S.）の弟子が報告したある実験では，じっと立っているようにと言われた子どもたちはおよそ2分程度しかじっと立っていられなかったが，警備兵になる遊びをするように言われると，12分近くもじっとしていられたという（Bronson & Merryman, 2009）。

　キャシー・シルバのような教育研究者が長期間かけて見いだしたように，自由遊びと構造化された教育との間には，わずかに誤った二分法がある（Sylva, 1984）。彼女は，課題があまりにも構造化されすぎておらず，遊びが完全に自由ではなく，むしろ挑戦する次の段階に移行するのを助ける足場を通して（Bruner, 1966）遊びが組織化されているようなときに，子どもはより多くを学び，実際に教育的により良い成果を出すことを発見した。このような考えは，マインドアプローチのツールとして，アメリカの最近のプログラムで効果的に使用されている（Barnett et al., 2008）。ここでは，**発達の最近接領域**のようなヴィゴツキーの思想（Vygotsky, 1962）が多用されている。つまり，遊びを通して，子どもの中に自然にある学ぶことに対する動機を用いて，次の段階に到達するために現在の知識とスキルを構築し，用いることが促進されるというわけである。たとえばお医者さんごっこをするとき，教師は子ど

もがとる役割（医師，看護師，門番など）の範囲を拡充し，子どもが課題の計画を立てるのを励し，さまざまな小道具（どんな人形でも医師になれる，など）が使えるよう助ける。このような遊びをもとにした学習は，子どもを長時間積極的に関わらせながら，あらゆる能力を構築する。たとえば，少なくとも計画する能力，集中力，自己調整力のほか，複雑な対人関係の相互作用に関することである。このような調査・研究は，自己調整や実行機能の能力を増すであろう遊びがまたそれを増しうるという，遊びについてのパンクセップ（Panksepp, 2007）らの考え，および実際のところプレイセラピーとも結びつく。このようなプログラムを受ける子どもは，教育的にも情緒的にも，学業が進むにつれて相当の利点を手に入れるのである。

こころの窓としての遊び

　子どもたちがどのように遊ぶかは，彼らが夢中になっていることや彼らのこころの状態について，多くのことを明らかにしてくれる。多くの調査・研究が，子どもたちのこころの中や日常生活で起こっていることと遊びの意味とを関連づけている。メラニー・クライン（Klein, M.），マーガレット・ローウェンフェルト（Lowenfeld, M.），そしてアンナ・フロイト（Freud, A.）以来，子どもの精神分析的心理療法士は，子どもの遊びを大人の自由連想と同等のものと見なして治療的に用いてきた。フロイト（Freud, S.）はおそらく，孫息子の例から，最初に子どもの遊びの意味を分析した人物である。彼は，孫息子が子ども用ベッドの中で糸巻で遊んでいるのを目撃した。巻かれた糸を投げてそれを巻き戻しては，「ダー」（そこにある）と喜んでいた。フロイト（Freud, 1920/1973）はこれを，孫が母親の不在を自分で何とか対処しようとする方法であると理解した。つまり，実際には母親が不在であるか戻ってくるかを自分で何とかできるわけではないのだが，ここでは彼が，消失と復帰のシナリオを作り出すことができるのである。

　子どもは，そのときに自分のこころを占めていることを象徴的に表現するために，遊びを用いる。子どもの遊びは，彼らの心理状態についての不可欠な窓を提供してくれる。学校でつらい一日を送った子どもが，家に帰って幼いきょうだいに対して厳しい先生役を演じるといったことは，一般によくあ

ることだろう。遊びが絶えず死と破壊のテーマでいっぱいであったり，恒常的な暴力や，子どもと大人の間の不適切な性的接触がはっきり表れるような遊びをする子どもは，気がかりである。

　現在では，セラピストの臨床的理論を裏づけるような，子どもの遊びの理解の基準となる方法がある。なかでもおそらく最もよく知られているのは，ロンドンのアンナ・フロイト・センターのホッジスら（Hodges et al., 2003）のようなアタッチメント研究者によってイギリスで進められている，ストーリー・ステム技法である。ここでは，日常生活のシナリオを人形や小道具を用いて子どもに提示する。子どもは物語の始まりを示され（それゆえにストーリー・ステムと呼ばれる），それからその人形と小道具と想像力を用いて，その物語を終えるように教示される。その一例を要約すると，子どもが学校で絵を描いて先生からほめられ，それを家に持って帰るというものがある。面接者は，人形を用いて帰宅して来た子どもを演じ，子どもに「次に何が起こるか話して」くれるよう伝える。背景や生育歴により，子どもは物語の中であらゆる方向性を持つ，驚くほど豊かな反応をする。子どもが家に帰ってきて，親に絵を見せる。ほめられ，皆が喜ぶという状況を話す子どももいる。しかし，親が絵に無関心だったり暴力が表現されたり，絵のことが忘れられたり，最後にはゴミ箱に捨てられたりするような物語を語る子どももいる。物語が語られる方法，その中身，そしていかにさまざまな登場人物が出てくるのかとともに，物語の構造もすべて分析，評価，コード化する。このテストでは，子どもの空想遊びの豊かな意味と，その子どもの生活状況や経験との関連性についての明確な実証的エビデンスも提示されている。このことは，子どもの心理療法士が長い間分かっていたことである。特に，大人が自分をどう扱うかという子どもの期待は，遊びの中でしばしば視覚的に例示される。虐待されたりトラウマを受けたりした後にこれから養子になるという子どもは，よく暴力とネグレクトに満ちた物語を語る。興味深いことに，養子になって3ヵ月以内に，多くの子どもはいくらかの思いやりと関心を持ってくれる登場人物を物語の隙間に入れてくるなど，大人の世界により希望に満ちたバージョンを発展させ始める。古いバージョンは完全に消え去ることはないが，新しいものがそこに発展していくのである。

　子どもは願望や望みと同じく，心配事やこころを占めていることを，遊び

を通して自然に演じる。9.11の後，多くのアメリカの子どもたちがトラウマと大惨事のシーンを再演していることが報告された。クラーク（Clark, 2003）は，喘息の子どもが医師と看護師を演じ，ゲームの中で大きな悪いオオカミが家を吹き飛ばすときに，十分な「一吹き」がない場面をとても楽しむということを見いだした。当然のことながら，一部の子どもはしばしばトラウマの後，遊びの中で行き詰まってしまう。これらの事例では，トラウマに苦しむ人によく見られるようなフラッシュバックと同類のトラウマ的再演ほどには，象徴的遊びが見られないかもしれない（Osofsky, 2007）。こうした違いを解読するには，じっくり考えることと経験を要する。

　子どもはさまざまな理由から遊ぶ。いじめられた子どもは，ひどい感情を抱えて家に帰ってきて年下のきょうだいをいじめるゲームをして遊ぶかもしれない。それによって，自分は持っていたくない感情を他者に投影するのである（Klein, 1975）。実験から分かったことであるが，人は自尊心を台無しにされると，他者を不快にさせたり偏見を持ったり，他者の品位を落とすことに喜びを感じる傾向がある。そうした試みによって，自分自身の自己価値を支えようとするのである（Fein & Spencer, 1997）。ある重度の障害を持った子どもがセラピーのセッションで，セラピストの足をセロハンテープで縛りつけた。この子どもは意図的にではないが，自分の足を動かすことができないのはどんな気持ちがすることなのかという考えをセラピストに与えていたのである。ときに，こうした遊びは象徴的というよりはむしろ他者に感情を「投げ捨てる」性質を帯び，象徴的であることと「放出される」経験の場面を再演することとの間で揺れる。そうすることで，「こんな状態が気に入るかどうか，自分で確かめてみなさいよ。どんなに嫌な感じがするものなのかを知ればいいわ」といったようなことを伝えているのである。経験は，このようにして「取り除く」ことができ，また共有もされうる。そして，誰か他の人に自分の経験がどのようなものであったのかを知ってもらうことで，安心感が得られるのである。

　当然のことながら，肯定的な経験もまた同様に表現される。十分に愛された子どもは，人形や年下の妹に優しく気遣いをするだろう。より望みのある状況では，子どもがとる役割はそれほど固着しておらず，無限の組み合わせと反転が可能である。そのような子どもは，献身的な親も無力な赤ん坊の役

割も演じる準備がある。一方で，それほど柔軟にはなれない，より恵まれない子どももいる。調査・研究とともに，親や何世代にもわたるセラピストから学んだことは，象徴的で想像的な遊びにおいては，重要な経験，感情，心配，そして望みが表現され，再演され，消化されるということである。一人で遊ぶ経験は，思いやりのある大人の前でならば治療的であると信じる人もいる。

遊び，ふりをすること，象徴，そしてこころが育つこと

　小さな子どもが密室で複雑な物語を演じるのを聞いて，静かな畏怖の念を持ったことがある人は，そこに魔法のように繊細な何かを目撃していたためであろう。しかしそれは，自意識に目覚めたり，興味を持って聞いてくれる人がいないと突然壊れてしまう，豊かだが泡のような世界である。母親が不在の3歳児が，旅行や再会のような複雑なゲームを演じることができるとすれば，それは個人的・対人関係的体験を客観化することができるということであり，なおかつそれをごっこと真実の形で表現することができるということである。そして，そのような自分の経験を巡る遊びをし，消化しているのである。遊びの豊かさの一部は，それが両義的な意味や，未解決の問いに対応できることである。また，多様な解釈ができるという意味でも豊かである。遊び手は，ある集団に同一化し，その後また別の集団に同一化することで，さまざまなありようを「試す」ことができる。たとえば，思いやりを持って，サディスティックに，あるいは両方の混じり合ったやり方で注射をする医者に，あるいは患者になったりすることで，共感やメンタライズの技術を発達させる。

　このような遊びの可能性は無限大である。大型類人猿が，いくぶんごっこ遊びと同様の振る舞いを示すことはあるが，このようなごっこ遊びをするのは人間のみである。類人猿は，遊んでいるボールがなくなったと他に思わせるような遊びをすると記述されている（Mitchell, 2001）。しかしこれは，登場人物が一貫して存在する物語とは異なる。ふりをするには，ふりをする人と現実を保つ必要があるだけではなく，この現実のうえに投影された心的表象もまた必要である。そしてこれは，ほとんど人間以外の行動には存在しな

い。このことは，偽りの現実と実際の現実との間を区別し，メタ表象的なあり方で機能し，そして象徴化することができるということを意味する。このような「あたかも」や，純粋に想像するやり方は，動物がすることのできるごまかしの策略よりも，ずっと洗練されたものである。

　ここまで，遊びがいかに大人の活動の模倣でありうるのかについて説明してきた。練習ということだけではなく，子どもが内側から，大人がどのように考え，行動し，感じ，この世界を理解しているのかということを学ぶ一つの方法でもある。たとえば，狩りをしたり，戦いをしたり，あるいは宴の準備をしたりする遊びをしている子どもは，単に盲目的に模倣に浸っているのではない。あるいは，実際に戦士になろうとしているのでもない。子どもはときに，自分が演じているものに入れ込みすぎて，実際にそれになったと信じることがあるのは事実である。しかし，幼児がぼろ切れを赤ん坊であるかのようにしてそれを抱きしめるふりをしても，本人もそこにいる他の人も，本当はぼろ切れをあやすことはできないことを知っている。そして，その行為のふりをするという側面が，ともかくも示される。子どももまた，親が愚かにも赤ん坊とぼろ切れを混同していないことを知っている。18ヵ月の幼児は，ごっこ遊びを見るとごっこ遊びで応答するが，間違いを見るとそれを修正する。子どもは，大人が純粋に蓋をしたままのペンで書こうとしているのか，もしくは蓋をしたペンで書くふりをしているのか，その違いが分かる（Rakoczy et al., 2004）。見せかけは，あり方の違いを含む。人は見せかけに対してより笑顔になり，その笑顔が4秒以上長くなると，それは単に喜びの表現ではない合図であることを意味するようである。母親が食べるふりをしているときは，実際に食べているときよりも相手をよく見る。ごっこ遊びの中では，より反復的な言葉やさまざまな音の調子ではるかに多く話す。大人のふりをすることもまた，より素早く変化する傾向がある。おそらく当然のことであろうが，ごっこ遊びの中では，ほんの数分で大きな戦いをし，眠り，親になったり，さまざまな年齢になったりすることのすべてが可能なのである。

　子どもが象徴的に遊べるようになるには，特定の発達指標に到達している必要がある。教師から教え子へ，医者から患者へ，攻撃手から防御手への移行には，想像力を用いて別の役割をとる能力が必要である。ゆえに，他者の

こころの状態を「感じる」能力を持つ必要がある。遊びにおいては，現実が停止された，潜在的経験の範囲の間際の限界世界に入ることができる。これは，こうした能力に欠けているか，あるいは限界がある子どもに出会うまで当然のことだととらえているスキルである。

象徴化の能力は親や年上のきょうだいのように，より洗練された遊びのパートナーと共に象徴的な遊びに参加することで高められる。文化にかかわらず，象徴的な遊びに価値を置く母親は，象徴的な遊びをする子どもを持つ。これが起きる一つのあり方は，わずかにより洗練された遊び相手が，より洗練されていない相手のレベルを上げるという「足場」を経ることである。本書で繰り返し述べてきたテーマに戻ると，遊ぶ能力は，社会的かつ対人関係的なスキルと関連しうる。人生の最初の年の調律と正確な情緒の信号は，後の象徴的遊びの能力を予測するものである（Feldman, 2003）。ここで再び，重要な人間の能力の多くと同様に，遊びの社会的で間主観的な基盤が論証されるわけである。

脱文脈化する能力は，特に何か他の物を表す対象を用いてのごっこ遊びの中心となる。カップで飲むふりをするような，対象に支えられた想像遊びは，約9ヵ月で始まり，続く1年半でより発達する。そして，3歳以降にさらに熱心に行われる傾向にある。その年齢までには，実物が存在すると，代わりの対象を想像上のものとして用いない傾向にある。4歳までには，もし何か，たとえばトラのふりをするなら，その意図を伝えなければいけないと分かる。これらは，ふりをする能力が，こころの理論の能力に依存するということを再び示唆するものである。また，ここで核となるのは，自分のアイデンティティを脇に置き，かつ別の役割をとる能力である。つまり，自他のこころの状態を理解し，違う見方を評価し，かつ仲間意識を持つ能力が，ここでも再び要求されるわけである。

役割転換は，2歳以降に複雑な形をとって起こってくる。ナーデルとミュアー（Nadel & Muir, 2005）は，13組の2歳の三つ子について研究した。彼らは，それぞれの子どもが模倣をしたり模倣をされたりするのに費やす時間が均等であることを発見した。このことは，時間的協調性と共時性，および役割を出たり入ったりする自然な準備性を示す。驚くことではないが，自閉症スペクトラム上にある子どもは，模倣をすることや役割を交代することに明

らかな困難を抱えており，自分のことを模倣してくれるよう他者を誘うのに必要なスキルを欠いている。たとえ積極的に模倣することを教えられたとしても，彼らは役割を交代したり，模倣をする側とされる側との間を行きつ戻りつしたりはしない。ごっこ遊びをするためには，ある程度こころの理論の能力を獲得している必要があるが，このような遊びがまた，このようなスキルを高めるのである。

　象徴的な遊びをする子どもは，現実の外側に立つことができる。これは「メタ」展望を提供するが，アタッチメントの理論家が内省的自己機能と呼ぶものにおいても見られるものである。これまで見てきたように，安定型のアタッチメントを持つ大人や子どもは，自分の経験や感情について首尾一貫した語りができ，このようなメタ認知能力を用いて自分自身について一貫した物語を話すことができる。物語を話すこととごっこ遊びには，関連がある。ニコロポウロウ（Nicolopoulou, 1997）は，発達には年を経るにつれて一つになっていく，二つの別々のラインがあることを有益に示している。一つのラインは，ごっこ遊びの初期段階では登場人物の理解に注意を増すことが強調されるところから，それがどのような人であるのかを理解する方向へと進み，人々の異なった見解を理解し始めるというものである。二つ目のラインは，より早期の物語の語りについてである。登場人物についてよりも物語の筋についてであり，一つの出来事がいかに次へとつながっていくかというテーマの発展である（たとえば，彼女はそうした。それから彼はどんどん叩いた。そうして彼らは大声で泣き叫んだ）。これらの異なるスキルは，一般に小学校低学年で一つになる。これは，遊びと物語が並行する補足的スキルを用いて，物語の筋と登場人物の両方がある，想像上のごっこ遊びを演じ切る能力をもたらすものである。

まとめ

　遊び，特に象徴的な遊びは，多くの人にとって最も価値のある人間の才能の一つであり，人間を人間たらしめるものである。本章では遊びがいかにそれ自体のために行われているように見えるのかとともに，いかに多くの他の利益をもたらすものであるのかについて述べてきた。遊びは，一般に肯定的

な影響を伴い，そこには誰もが夢中になる何かがある。特に戦いごっこや無鉄砲な関わり方など，動物もまた遊びに夢中になる。このような遊びの多くはまた，後の人生のためのスキルの構築にも見える。遊びを奪われた動物が深刻な発達上の欠陥を示すことが明らかになっている。文化によって，遊びには異なる価値が置かれている。西洋では，複雑な象徴的遊びは，他者のこころを理解でき，想像上の遊びを通して経験を消化することができる子どもの能力と関連づけられる。遊びは，子どもが夢中になっていることや，心的生活への窓を提供するものだと理解されている。遊びを通して，子どものこころを占めていることや，最も深い感情が表現され，理解されるのである。

　精神分析家のウィニコット（Winnicott, D. W.）は，彼が想像上の遊びの「移行空間」と呼んだものが，すべての文化的活動の基礎になると考えた。そして，「文化的経験は，最初は遊びとして表される創造的生活から始まる」（Winnicott, 1971, p. 100）と述べた。象徴は，ある面では任意の，もしくは社会的慣習のサインである。一つのことが別のことを表象するが，潜在的にはそれ以上のものである。たとえば，ごっこ遊びで象徴を使用することは，もう一つの現実に参加するために，今ここでの経験を「括弧に入れる」ことを意味する。象徴は，もう一つの世界を表象したり引き起こしたりするが，それが象徴するものとは分けられている。すべての文化に生じると思われる象徴の使用は，スキルであり達成である。ネグレクトや不適切な扱いを受けた子どもの一部や，自閉症スペクトラム障害の多くの子どもにとっては，象徴的で空想的な遊びは，その発達の軌道をはるかに超えたものである（Cicchetti & Lynch, 1995）。それでも，究極的には楽しくなければ遊びではない。文化の違いを超えて，子どもがごっこ遊びを含む遊びに没頭するだけではなく，遊びが主に喜びや驚きの感情を引き受けるのも普遍的なことのようである。おそらく忙しい脱工業化社会では，多くの人にほとんど遊びのための時間がないことから，遊びは私たちのこころにとても深く触れるのだろう。それはすなわち，その瞬間に生き，活動に熱中し，そして自分自身でいられる能力なのである。

第10章 大人に向かって

Moving towards adulthood

　大きく刺激的な発達のときである思春期に移行する中で，子どもは両親からさらに離れていくものである。本章では，この時期の主要な発達課題のいくつかについて概観し，その早期の経験との連続性の度合いを見ていく。思春期は，子どもと大人の間の踏み石，あるいは移行期と見なされることがあるが，これは思春期それ自体がどれほど重要なのかを過小評価する見解かもしれない。思春期はまず，人生初期の10年の終わりにかけて，神経内分泌系の一連の変化に伴って始まる。女の子では乳房の萌芽，男の子ではより大きな精巣といった最初の徴候から，ゆうに10年にわたって続く，多くの発達がある。思春期と同様のことは，ほとんどの霊長類や哺乳類にも見られる。たとえば，げっ歯類と霊長類もこの期間に仲間集団志向の社会的相互作用を行うようになり（Sisk & Zehr, 2005），危険や目新しさを求めるようになる。また，思春期には人を含むほとんどの種で，死亡率の増加が見られる（Steinberg, 2007）。人間の思春期には，主要なホルモンや脳の変化，驚くべき身体的変化，特に男性や女性としての身体的特徴を持つようになるといったことが起こる。また，抽象的思考という新たな能力や，意識的，自律的アイデンティティの発達などが顕著であるが，これらのすべては明確な発達的能力を備えた成人期のお膳立てとなる。

　思春期には，多くのアタッチメントと依存のニーズを放棄する傾向が見られる。このことは，ほとんどの若者が思うよりも多くの影響を及ぼし続けるかもしれない。大人，特に親は，膨大な認知，情緒，そして社会的能力の進歩，自立に向けての発達のうねり，そして同一化の場が，家族から離れて仲

間へと移行するといった真の変化が起こっていることを認識するのが遅い。

　G. スタンレイ・ホール（Hall, 1904, p. 306）は，早くも1904年に思春期を「疾風怒濤」の時代と名づけているが，これは情緒的大変動の時代として記述される。しかし，ティーンエイジャー以上に思春期についてストレスを感じるのは，ときとして親のほうである。若者自身は，家庭での論争や議論によって当惑することが少ない。彼らはそうしたことを人生や学びの一部であると見なす（Holmes et al., 2008）。調査・研究は，思春期は常に痛ましく困難な時期であるというホールの考えに疑問を呈してきた。しかし，ストレス，トラウマ，あるいは家族の問題といった幼少期の経験の影響は，しばしば荒れ狂う10代を招くなど，思春期に確実に跳ね返ってくるのである。

　マーガレット・ミード（Mead, 1943）のように，思春期は普遍的な現象というよりも文化的に固有のものであり，いくつかの文化においては，思春期は通常は混乱の時期ではないという主張もある。170以上の社会についてのある研究（Schlegel & Barry, 1991）は，ほとんどの文化で，幼児期と成人期の間の期間に関しての明確な定義があり，しばしばそれに伴う儀式や儀礼があることを示している。たとえば，ケニアの部族オキエク（Kratz, 1990）は，14〜16歳の間に割礼を含むさまざまな儀式を通過する。彼らは，最大24週間，異性の大人から隔離されて生活する。野生的に見えるように白土や木炭で塗られ，年長者から奥義に達する知識が与えられる。多くの社会は，若者が伝統的な役割や価値に統合されていくこのようなプロセスを持つ。なかでも最も有名なものの一つは，アメリカ・インディアンのビジョン・クエストであろう。およそ14歳の男の子が，浄化の儀式とスウェット・ロッジ（訳注†9）を含むプロセスを経験する（Foster & Little, 1987）。メディスンマンに支えられ，祈禱と詠唱を共に行い，その後一人でいられる場所に連れて行かれ，およそ四日間の断食をする。そこで，社会の中で自らが将来歩んでいく道のビジョンが現れるのを待つのである。

　思春期は，社会的現象であり，生物学的現象でもある。ホルモンや他の変化の勢いによっても異なるが，その形態は文化的要因によっても大きく影響を受ける。カメルーンのンソー族は，14歳くらいで結婚して親になること

訳注†9　アメリカ・インディアンの儀式のための小屋。ここでは，この小屋で行う「治癒と浄化」の儀式の意。

によって大人だと見なされ，24歳で子どものいない者は未熟だと見られる。大人への変遷を表す儀礼，儀式，そして期待は世界中で異なるものがある。初潮の時期でさえ，中流階級の都市に暮らすヴェネズエラの女の子では平均12歳だが，ニューギニアのブルンジ高地に住む女の子は18歳と，文化間で幅がある。西ヨーロッパでは，初潮の始まりの平均年齢が前世紀の間に下がった。このような変化は，おそらく日常の食事と豊かさに影響を受けるものであり，現在，西洋では初潮の年齢は安定したと考える者もいる（Viner, 2002）。

　思春期は，しばしば初期（11～14歳），中期（14～17歳），そして後期（17歳以上）の各段階に分けられ，それぞれの年齢でそれぞれに異なる発達課題があることは多くのテキストで述べられているとおりである。たとえば，思春期初期の主要な課題は，親との分離と再会を巡る葛藤である。これは，親からの自律性の発達として見られることが多い。思春期中期の若者は，統制と能力を巡る葛藤，そして思春期後期は友情や異性との親密さの問題と取り組むといわれている。こうした事柄は，一般的な発達上のプロセスを反映するのに役立つ実用的モデルである一方，思春期の「課題」は，文化，社会階級，そして歴史的時期によって異なる概念化がなされる。そのため，文化的に特化せずに，普遍的な方法で「思春期のこころの状態」について話すのは難しい。

　西洋での最近の変化として，思春期の時期がわずかに早くなった一方で，大人になることを「引き受ける」時期は遅くなったということが挙げられる。西洋では平均して結婚年齢が遅くなっており，思春期の若者は以前よりも遅くに労働人口の一部になる。また，より多くの者が高等教育に進む。このように，繁殖し，大人の世界の一部になる生物学的準備は，社会の期待に対してますます不調和になる。アーネット（Arnett, 2004）は，多くの若者が自分のことを大人だとは考えず，大人の責任の入り口にいるだけの状況について「新成人期」と呼び，これを新しいライフステージとして記述している。

　思春期が始まる，もしくは終わるという明確な時はない。第二次性徴は早くも遅くもなりうるが，ここには異なる原因と影響がある。通常は女の子のほうが早いが，ゲイの男性の第二次性徴が早いなど，ホモセクシャルの若者には違ったパターンが見られることもありうる（Savin-Williams & Ream, 2006）。

第二次性徴を早く迎えた女の子は，しばしばより多くの心理的苦痛の徴候を示し，より多くのメンタルヘルス上の問題を持ち，また一般により多くのリスクを抱える（Ge et al., 1996b）。早くに第二次性徴を迎えるのには，遺伝因子，あるいは化学物質にさらされることによるといった面もあるだろうが，調査・研究は，心理・生物学的要因の重要性を示している。家族間のより良い相互作用や父親の存在，また良好な父娘関係といったことのすべてが，第二次性徴を遅らせることにつながる（Ellis & Essex, 2007）。海外から養子になるなどの乳児期早期の高ストレスレベルもまた，女の子の第二次性徴の早期化に関連する。進化論の理論家はこのことについて，より早く再生産しようとする心理・生物学的な必要性から説明している。つまり，ストレスが多く安全ではない世界，そして寿命が短いところでは，この傾向が高いということである。もちろん，単にとても貧しい食生活といった生理的要因が，第二次性徴を遅らせることはありうる。ある興味深いポーランドの研究では，以下のように両方の要因が観察された。それは，貧困は第二次性徴の遅延につながるが，これはときに，ストレスや父親の不在によって女の子が早く初潮を迎えるというバランスが取られていることが分かったというものである（Hulanicka, 1999）。

思春期の脳

　思春期には，広範囲に及ぶ脳の発達とホルモンの大変動が顕著に起こる。近年まで，脳は子どもが学校に行き始める頃にはほぼ完全に作られているものだと信じられていた。しかし，ここ数十年間で，思春期により多くの脳の発達や再編成が起こることが分かってきた。この時期の変化は，ほとんど幼少期のそれに匹敵する（Giedd et al., 1999）。剪定，灰白質の消失，および約100倍高速走行する脳信号につながるニューロンの周りの白い覆いである**髄鞘形成**の増加がある。思春期の脳はより効率的になるが，順応性はなくなる。新しい知識は，より早期の幼少期ほど容易に吸収されなくなる。思春期の若者は，たとえば5歳児ほど簡単には言語を学べない。剪定は，彼らが取りかかる準備をしているかもしれない成人期の課題への備えとして，専門性と技術を磨くことを可能にする。槍で狩りをすることから山芋を強打すること，コ

ンピューターで仕事をすることや，森林または北極の雪の中で生きることまで，すべての社会にはそこに備えるための異なる技術が存在する。思春期には，認知的スキル，ワーキングメモリー，および競合する情報を管理する能力の飛躍が見られるが，これらのすべては剪定と髄鞘形成によって支えられているのである。

しばしば実行機能と呼ばれるものの中心である前頭葉は，たとえ10代前半に急成長が起こるとしても (Blakemore & Choudhury, 2006)，ときには20代前半までかかって完全な発達をみる最後の領域の一つである。一方，危険性と情緒に駆られた行動の根差す大脳辺縁系は，明らかに「オンライン」である。驚くことではないが，この時期の衝動性と快楽の追求は，ときには他の世代よりも強烈である。リスクを負うことや報酬にまつわる脳の部分は，一般に思春期により活発である。たとえば，スキャンしてみると，この部分ははっきりと示されるが，「トップダウン式」コントロールと実行機能に関係する部分は，子どものようなレベルにある (Hare et al., 2008)。

社会的理解に関わる脳の領域は，思春期に再編成される。ティーンエイジャーが仲間集団の中に自分の居場所を見つけようとするならば，複雑な関係性について交渉する必要がある。仮名を与えられ匿名であるにもかかわらず，他の見知らぬ思春期の若者が自分のことを見ていると信じ込む状況下で，自らについての質問に答えなければならないという実験では，危険と苦悩の管理に関連する脳の部分が反応した (Bronson & Merryman, 2009)。自分が他者からどのように考えられるのかは，どのように自分自身について感じるのかにとって，極めて重要なことになりうるのである。

思春期の若者は，ときに社会的手がかりについて異なった解釈をする (Yurgelun-Todd & Killgore, 2006)。成人は恐れのような強烈な顔の表情を見ると，スキャン画像には前頭前皮質が正常に起動することが示される一方で，思春期の若者の場合は，一般に闘争もしくは逃走反応に関係するより原初的な領野である扁桃体が反応する。このことはおそらく，なぜ一部の10代が過剰反応したり，すぐに爆発したりするのかに理由を与えてくれるかもしれない。彼らは，情緒的に脳の反応領域を統制する，まだ発達が不十分な前頭前皮質よりも，扁桃体主導で，他の皮質下で反応しているのである (Sowell et al., 2002)。情緒的反応の始まりと，後の前頭前野の統制能力の間の時間のず

れが，第二次性徴が早くなったことでより顕著になったことを示唆する論文がある。このことは，未熟な思春期の脳よりさらに早くに，身体的発達の成熟があることを意味する。

怖がりで不安な思春期の若者では，扁桃体がより過剰反応し，調整不能となりうる（Thomas et al., 2001）。ともかくも思春期には，大人よりも扁桃体に大きな活動性と脆弱性を示すのである。不安が高い思春期の若者は，他者の身になって経験する刺激をふるいにかけることが，不安の低い若者よりも難しいと感じる。あるテストで，色によって物にラベルを貼る課題を与えた。これらの物には言葉が書かれていた。それが，「死」のように情緒的刺激を与えるようなものであると，不安障害のリスクのある若者は特に集中力を失いやすかった。同様に，イメージに不安誘因を含む絵の中に非情緒的手がかりを見つけるような教示においても，不安の高い若者はそうでない者よりもはるかに手際が悪かった。怒った顔は，彼らにとって対人関係の脅威を示すものであり，そこに注意が向くためによりいっそう集中できなくなるのである（Monk et al., 2006）。不安が高く，不適切な養育を受けてきたティーンエイジャーは，信じられないほど早く危険を察知し，他者よりもかなり早く人ごみの中に怒った顔を見つける（Pine et al., 2005）。一貫性のない養育や精神的なトラウマにさらされた人は，より過剰に用心深かったり集中困難だったりする。まだ成熟過程にある脳構造を持つティーンエイジャーは，概して目の前の情緒的刺激に駆り立てられ，大人よりも簡単に気が散る。

それでも，しばしば親の嘆く衝動性やリスクを負うような行動は，重要な発達の可能性をも開く。思春期の若者は，親のコントロールから離れ，リスクを冒す必要がある。他の多くの種においても，仲間との相互作用の増加，リスクを負うこと，そして親とより多く戦うことが見られる。目新しさを探したりリスクを負ったりするのが増えるのは，思春期の若者が自分が何者であるのかを試し，安全な親のもとを去って自らの人生を歩む準備のための試みとして，発達的に適切なことなのかもしれない。

10代の脳は，再構成されるのも早いが，傷つきやすくダメージを受けやすい。そして，アルコールや薬物使用のような思春期の経験の影響は，永続する場合がある（Crews et al., 2007）。平均よりも多い量，たとえば1日につきおよそ2杯程度のアルコールを2年間にわたって飲んだティーンエイジャー[訳注†10]

は，一貫して記憶検査で良い結果を出せない。このようなアルコール使用の影響は，特に記憶形成や記憶保持の役割を持つ海馬が，飲酒するティーンエイジャーの場合に小さいことに見られる。人間とよく似た海馬を持つ思春期のネズミも，大人よりもアルコールによる影響を大きく受け，迷路で自分の道を見つけることが難しい。10代のアルコールの使用はまた，海馬と同様に前頭皮質や小脳にも影響を及ぼす。他の薬物やニコチンも，影響を与えうる。変化途上にある10代の脳は傷つきやすい。ティーンエイジャーがタバコを吸うと，より多くのニコチン受容体が発達してそこに残り続ける。マリファナのような他の娯楽用薬物は，記憶喪失，精神運動速度，注意力，言語的記憶，そして見通しを立てる能力に影響を及ぼす (Medina et al., 2007)。また，思春期にコカインのような薬物にさらされていた者は，成人期になって中毒になる可能性が高い。さらに，大麻の使用は後に精神病的症状が生じるリスクを大幅に増す (Moore et al., 2007)。

　新しく刺激的な活動を求めることから示唆される人間の報酬制度は，ドーパミン・システムと関連がある。これが，多くの思春期の若者があたかも過熱状態にあるように見えるゆえんである。彼らは試行し，スリルを求める。ほとんどすべての習慣性の薬物（コカイン，ヘロイン，ニコチン，アルコール，マリファナ）は，ドーパミン濃度を上げる。ドーパミン濃度は，いずれにせよ思春期に顕著に変化する (Volkow & Li, 2004)。ドーパミンは，目新しさを求める刺激を与え，それが発達を前に押し進め，試行から得る学びを助ける。ネズミのドーパミン受容体をブロックすると，新しい食べ物を試さなくなり，古いパターンにとどまる傾向を示す (Bevins, 2001)。興味深いことに，思春期のネズミも，大人のネズミ以上にリスクを負ったり，提示されるとアルコールのような刺激物を摂取する傾向にある。ある意味で，現代の思春期の若者は勝つことができない。なぜなら親は，ティーンエイジャーが暴力的な独立性を示しても心配するし，大胆さを欠き，めったに家から出ない場合にも心配するからである。

　ドーパミンに刺激された目新しさの探求は，適応的でかつ学習を助ける。ネズミが危険に身をさらして未知の領域に進むと，ドーパミン状態は急激に

訳注†10　イギリスでは16歳でビールやシードル（リンゴ酒）をバーなどで飲むことが認められ，18歳ですべてのアルコールを飲むことが認められている。

上昇するが (Rebec et al., 1997)，これと同じことが人間にも見られる。ティーンエイジャーはリスクを負う行動をとるが，その程度は個人による。たとえば，「飛行機からパラシュートで降下したい」，もしくは「私は新しいものが好きではない」といった問いにどう答えるかによって，ティーンエイジャーをグループ分けしたところ，明らかにリスクを負うグループの者は，もう一つのグループの10倍も，思春期に薬物に手を出す傾向にあった (Cain et al., 2005)。

思春期の若者が快楽を求め，気分の落ち込みに対抗するためにドーパミンを「打つ」必要があると示唆する研究がいくつかある (Garber et al., 2002)。自己報告によるポジティブな感情の平均値は，思春期に落ち込む。このような気分の落ち込みは，それが思春期の生物学的性質として見なされるに十分なほど，頻繁に起こっているのである (Weinstein et al., 2007)。

思春期におけるホルモンおよび化学的変化は，攻撃性の増加を導きうる。身体的／性的な発達が遅れている思春期の集団に対して，男の子にはテストステロン，女の子にはエストロゲンのホルモン治療を行った (Finkelstein et al., 1997)。3カ月間はホルモンを，他の期間には偽薬を与えた。ホルモン投与を受けていた期間には，全員がより攻撃的になった。ホルモン治療はまた，男の子ではマスターベーション，夢精，そして女の子への「接触」がより多く起こった。一方，女の子では，男の子にキスをしたり，性的ファンタジーをより多く持った。ともかく，ほとんどの思春期の身体には，その気分の変化のレベルと同様のホルモンの放出が増すのである。

それでも，生物学と社会・心理的経験の間には重要な相互関係がある。テストステロンが高く，家族関係が悪い男の子は，よりリスクを冒したり嘘をついたり，盗みをしたり飲酒をしたり，学校をさぼったりする傾向にある。同様に，テストステロンが高い女の子も，親との関係性が悪いと，より多くのリスクを負うことが示されている (Booth et al., 2003)。セロトニン濃度が低い思春期の男の子が攻撃的になりがちな一方で，セロトニン濃度が低い思春期の女の子は抑うつ的になりやすい。しかし，家族関係が良好な場合には，セロトニン濃度は標準的な状態に近づく傾向がある。

自然なことだともいえるだろうが，大人を悩ませる生物学的変化の最後に挙げられるのは，思春期の若者は長く眠る傾向があり，異なる時間軸上にい

るということである。若者はより多くの睡眠を必要とし,睡眠が十分に得られないとひどく苦しいようである。彼らの体内時計は,メラトニン放出のタイミングをずらしているのかもしれない。これは,彼らが「自然に」大人よりも 2 時間遅れて眠り,目覚めることを意味するが（Hagenauer et al., 2009），同じことが他の哺乳類にも起こるようである。このことは,思春期が「怠惰である」という親の認識に対する生物学的説明として可能である。実際にアメリカで,思春期の子どもの始業時間を遅らせる実験を行ったところ,学業成績が向上しただけではなく,交通事故に巻き込まれる子どもも減ったという（Danner & Phillips, 2008）。

　全体として,生理的にも神経学的にも思春期は大きな転換の時期である。気分の揺れや性格の変化は,しばしば「ホルモン次第」だと見なされるかもしれない。こうして私たちがここで理解できたのは,生理的変化と力強くこみ上げてくるホルモンとともに,膨大な脳の再構成が,思春期を大きな可能性と大変な傷つきやすさを持つ時期にしているのだということである。

アタッチメントの減少

　思春期は,仲間同士の一体感を増し,家族への依存が少なくなる傾向にある時期である。思春期の若者（人間でも動物でも）は,より冒険や危険を冒し,親との葛藤のレベルが高くなる（Steinberg, 2007）。それでも,依存と独立は同じコインの両面だと見なされる。ウィニコット（Winnicott, 1958）はかつて,非常に幼い子どもの一人でいられる能力について,母親のそばで安心して一人でいられる経験から引き出されるものとして説明したが,思春期にもこれとよく似たことが見られる。自律的になることは,アタッチメントの関係性を犠牲にして確立されるのではなく,むしろ早期のアタッチメントの関係性が,自立を成長させるしっかりとした土台として機能するのである。思春期の若者が,ロマンティックで性的な要素を含む新しい関係性に入っていくあり方は,早期の家族との近密さや親密さの経験や,関係性の型に大きく影響される。親の支援をよく受けられる若者は,一般にアタッチメントに関して安全であるが,仲間集団における交渉や勉学にも自信を持って取り組むことができる。自律的であるとはいえ,危機的なときには,大半は「安全基

地」としての親に助けを求める。とはいえ, それは頻繁ではなく, 問題があるときだけである (Allen & Hauser, 1996)。

若者が「離れて行った」ように見えるため, 親が重要な役割を持ち続けていると信じていることが難しくなるかもしれないが, 多くの研究が, 親からのインプットの重要性を示している。親との関係に問題があると, 抑うつや仲間との問題の可能性を増す。思春期の良い仲間関係は, 親との良い関係性とともにある傾向がある (Lieberman et al., 1999)。より良く適応している思春期の若者は, 親や仲間とのアタッチメントの計測で高得点を得る。また, 安全だと測定される者は, 抑うつ, 自殺傾向, 不安障害, 反社会的行動の他, 薬物の使用の可能性も非常に低い傾向にある (Cooper et al., 1998)。

親は, 仲間よりも子どもに与える影響が少ないという, ジュディ・リッチ・ハリス (Harris, 2009) の論争の的となる見解について, ここで検討する。その相対的な影響を明確に線引きするのは難しい。家庭での良い関係性が思春期の自立への移行を助ける一方で, 仲間集団もまた独自に, 別の影響を強く与える。支えてくれる輪の中で活動することで, 自分の考え, 信念, 能力に新たな自信を発達させ, その中での試行に安全を感じられる者もいれば, それほど幸運ではない者もいる。不適切な養育を受けた過去を持つ思春期の若者は, 非行や薬物使用に関わる仲間集団に惹かれる傾向にある。しかし, 親の理想とは無関係に, 偶然に自分の理想や価値を引き受けてくれる仲間集団に「入る」こともありうる。仲間集団の抱負が, 親よりもずっと影響を与えることがある。子どもを良い学校に入れようとする親は, 直感的に仲間集団の影響力の重要性を知っているのであろう。

思春期の若者は, 家族から離れて新しいアイデンティティを確立しようとするため, 特に仲間からの影響を受ける。このようなアイデンティティは壊れやすく, 流動的なものである。独自の規範, 文化的スタイル, 音楽, そして考えを持つ新しいグループに同一化するたびに髪型や服装を変えるのは, 現代の西洋では珍しいことではない。内集団と外集団の現象は, 思春期にさらに強く見られる。このことに関する一つの実験例が, 有名な「泥棒洞窟」である。ここでは, 階級と背景に関して見分けのつかない 24 人の思春期の男の子を, 二つのグループにランダムに分ける。そして, それぞれが互いに知られないように, 近くでキャンプを設営する。映画『蠅の王 (*Lord of the*

Flies)』のような無政府状態とは違って，これらのグループは組織化されてはいったが，かなり孤立化していた。それぞれがグループ名を考案し，それぞれのアイデンティティと「集団らしさ」を発達させた。これらの普通の，社会にうまく適応している若者たちは，ずば抜けた闘争心と攻撃性，そして他の集団に対する偏見を示した。彼らは競争を求め，自分たちの旗と歌を作り，もう一つのグループのメンバーと食事をするのを拒否した。これらの子どもたちは，表面的で実体のない根拠から別々のグループに分けられており，彼らの間に真の違いはほとんど存在しなかった (Sherif et al., 1961)。私たちは，思春期の若者がとてもはっきりとした外見によって，多くの集団を形作るものだと考えるかもしれない。ゴスやパンクのようにより極端に見える集団に惹きつけられる若者は，平均よりも恥ずかしがり屋であり，それを克服し，アイデンティティの感覚を身に着けようとしているのだと示唆する調査・研究もある (Beši & Kerr, 2009)。

　人間は集団の生き物である。思春期の若者は特に他の若者からの影響を受ける。親と仲間はどちらも影響を及ぼすが，それはしばしば違った方法によってである (Meeus et al., 2002)。親が，学業や職業的問題に対してある程度の影響力を保持する一方で，仲間集団は社会的抱負により多くの影響力を持ち，彼らのアイデンティティの感覚に驚くほど強力な影響を及ぼす。ある研究では，親と仲間の相対的な影響について詳細に見ることによって，ハリス (Harris, 2009) の仮説を検証している。また，14 のパーソナリティ変数について詳細に検討したところ，多くの変数に関して仲間に影響を受けていることが示唆された (Bester, 2007)。興味深いことに，性差もあり，男の子は女の子よりも親の影響が少なかった。

　影響力の方向性の優位性は，どこかニワトリが先か卵が先かのようなものである。親が我が子の仲間集団に脅かされ，そこに葛藤があると，思春期の若者は親から離れ，仲間集団がより重要になる。ほとんどの調査・研究は，ハリスの強い主張を支持しない。直接および微妙に，親は影響を保持し続けるが，親が持っていると考えているかあるいは望むよりも，親の影響は少ない。子どもが思春期へと成長するにつれて，家族は適応の方法を見つけなければならないし，続いて起こる葛藤の程度を最小限にすることに関して，より柔軟なあり方を持つようにならなければいけない (Allen et al., 1998)。

仲間が，以前には親が担っていたアタッチメントの機能の多くを引き受け始めるが，ここでの落としどころのスタイルはそれ以前の学習と関連がある。もし，拒否的なスタイルの養育を受けてきたとすると，その人は同じような方法で仲間や恋愛相手を扱うことになるだろう。同様に，安全な関係性を持ってきていたなら，思春期にはより自律性と柔軟性のある仲間関係を示し，また親に対しても仲間に対してもより開かれたコミュニケーションのスタイルを持つようになる（Laursen & Collins, 2004）。早期のアタッチメントのスタイルは，最小限に見積もっても，その後に関係性の困難に直面したときにどのように振る舞うのかを方向づけるといえよう。

セックスと恋愛

思春期に関する議論は，セックスと恋愛に言及することなく終われない。ホルモンと身体的変化，そして性的成熟の増加から，強力な情緒の揺れ動きが頻繁に見られる。第二次性徴の変化には，男性の求愛に影響を及ぼす**フェロモン**の放出を含む。たとえば，男性の皮膚に存在するステロイドは，鼻腔内を通して女性に生理的緩和を生み出し（Grosser et al., 2000），男性の他の匂いは排卵を強化しうる（Stern & McClintock, 1998）。同様に，男性は排卵中の女性により惹きつけられることが示されている（Grammer et al., 2005）。たしかに，複数の綿密な研究が，ラップダンサーが排卵中により多くのお金を稼ぐことを示している（Miller et al., 2007）。レズビアンやゲイの人も同様に，フェロモンに対して異性愛の人と異なってはいるが強く反応する（Berglund et al., 2006）。思春期の若者は，このような性衝動が強く，また発達途上にあり，彼ら自身もホルモンに駆り立てられた衝動や欲望に苦しめられていることを自覚している。

競争や敵対性は，思春期の若者を性的試行に突き動かす。社会的にも性的にも成功しうるような男の子は，魅力的で体育会系で，また早熟の傾向がある（Weisfeld & Woodward, 2004）。女の子の早熟は良くも悪くもある。抑うつは，男の子では性的パートナーがより少ないことに，女の子ではより多いことにつながる。レズビアンやゲイの志向を持つことは，それ自体がメンタルヘルスの問題を呈する機会を大きく増すが（Fergusson et al., 2005），これはお

そらく社会的烙印を恐れたり、そうしたことに出会う結果としてである。

　最初の性交の平均年齢は国によって異なるが (Mackay, 2000)、西洋の最初の性的体験の年齢は下がり続けている (Rosenthal et al., 2001)。たとえば女性では、チェコ共和国の平均年齢は15歳で、アメリカでは16歳、そしてエジプトやイタリアでは20歳である。アメリカで調査・研究の対象となったほとんどの思春期の若者が、18カ月以内に恋愛関係にあったという報告がある (Carver et al., 2003)。若者は、現実のもしくは発展の見込みのある恋愛関係について考えることに、多くの時間を費やす。思春期の若者が恋愛または性的なパートナーと関係を持つあり方は、早期の関係性のスタイルやアタッチメントのパターンに関連する。そこにもむろん、違いがある。思春期の若者の性的関係はより相互的であり、親子関係とは違って、お互いに対して潜在的に同様のニーズを持つ。思春期後期の性的パートナーはアタッチメントの対象となりえ、相手に情緒的慰めや快適さを求める (Hazan & Zeifman, 1994)。

　生後42カ月間の養育の質は、成人期早期の恋愛関係の「質」をかなり予測するものとなる (Sroufe, 2005)。また、23～26歳の間に恋愛関係にあるかどうかは、幼少期中期の仲間との適応性についての教師の評価から、部分的に予測される。アダルト・アタッチメント・インタビューで「安全」なモデルの養育を経験したと判定される思春期の若者は、一般に恋愛関係における親密さの能力が高い (Mayseless & Scharf, 2007)。不安定-支配型アタッチメントのスタイルを持つ若者は、関係性により苦しむ傾向があり、しばしば抑うつのようなメンタルヘルスの問題を持つようになる (Davila et al., 2004)。愛情深く関わる親を持つことで、恋愛においてはより温かく敵対心が低い。一方で、厳格な養育スタイルは、関係性をより葛藤的にいろどり、困難をもたらす。また、家庭内の攻撃性は、若いカップルに敵意をもたらす (Andrews et al., 2000)。

　仲間とうまくいき、人気のある思春期の若者は、恋愛関係においてもまたより成功する (Connolly & Johnson, 1996)。友人を失うことを心配する若者は、恋愛関係でも失敗するかもしれないと悩みがちである (Diamond & Lucas, 2004)。一方で、良い仲間関係を持つ者は、恋愛関係でもより容易な傾向がある。これらのパターンには例外はあるが、アタッチメントの経験と、仲間や恋愛上のパートナーとどのように関わるのかの間の相互関係は、明らかに示される

といえよう（Furman & Simon, 2004）。ここで再び，良い経験が良い経験を生むこと，そしてその逆もまた真なりということが見られるのである。

リスク，問題，そしてレジリエンス

　思春期は，困難な生育歴を抱える者にとっては不安定な時期になりやすく，情緒障害のリスクが高まる時期でもある。反社会的行動や薬物使用と同様に，精神病といった成人のメンタルヘルスの問題の多くは，ときには思春期に最初に見られる。関係性の崩壊は，思春期の抑うつ，自殺企図，また実際の自殺の誘因になりやすい（Joyner & Udry, 2000）。疫学的なエビデンスによると，イギリスでは思春期の若者の約5人に1人程度が，メンタルヘルスの障害を持っていることが示唆されている（Collishaw et al., 2004）。思春期以前にADHDの診断を受けながらも効果的な治療を受けなかった子どもは，第二次性徴に到達した後に，反社会的行動，学業不振，犯罪行為，そして薬物使用といった症状を示しやすい（Babinski et al., 1999）。女の子においては，抑うつ，不安，あるいは摂食障害のように，**内在化**された障害がよく見られる。これらはしばしば，成人のメンタルヘルスの問題の先駆である。男の子においては，行為障害の他，ADHD，自閉症，トゥレット症候群，反社会的もしくは犯罪的行為のように，**外在化**された障害がよく見られる。これは典型的な性差である。しかし，たとえばアメリカやイギリスで女の子の暴力行為が増加しているように，歴史的，文化的変数が存在する（Ness, 2004）。イギリスとアメリカでは近年，思春期の若者のメンタルヘルスの問題が悪化しているが，思春期とは心理学的リスクとともに利得もある年代である。

　思春期の適応を予測する判断材料は，愛情深い家庭，良好な社会的・学業的力，親密な仲間集団，より良い学校と安全な地域から得られるような，幼少期早期の**社会資本**である。これらすべては，人生の次のステージで，思春期の若者に大いに役に立つ（Fitzpatrick et al., 2005）。良くない地域や貧困は，メンタルヘルスや社会的問題の可能性を増す（Hull et al., 2008）。地域の状況は非常に異なる。ニューオーリンズでのある研究では，9〜12歳の25％が銃撃を目撃し，20％が殺傷事件を目撃していると報告されている（Osofsky, 1999）。ネグレクトや不適切な養育は，抑うつ，不安障害，反社会的行動，薬

物使用,そして学業成績不振といった,その後の問題に関連してくる(Masten, 2006)。残酷で懲罰的な養育や非行仲間の集団は,常に主要なリスク因子として抽出される。

　このような結果を解釈するときには,常にある程度の繊細さが必要である。ある環境で思春期の若者を育てるのに良い方略であるものが,別のところではそれほど役に立たないかもしれない。暴力犯罪に支配された地域では,厳格な母親の子どもがより良い学業成績を示す。しかし,リスクの低い環境では,そのような厳しい養育方法はあまり良くない学業的結果を導く(Gonzales et al., 1996)。同じ理由で,自律を促す民主主義的な養育は,豊かな中流階級の郊外では素晴らしい方法であるかもしれないが,暴力と犯罪が充満している都心部の地区ではあまり役に立たない。

　調査・研究では,リスクが高い状況で貧困がひどいと,**レジリエンス**要因が少なくなることが一貫して示されている。4歳で高い能力があると評価された高リスクの環境に住む子どもは,たまたま低リスクの環境に住む能力の低い子どもよりも,はるかに学業成績が振るわない。子どものときに高い知能と良好なメンタルヘルスの状態にあった思春期の若者も,より良い地域に住む知能が低くメンタルヘルスの状態が悪い若者よりも,生活の状態が良くない(Sameroff et al., 2003)。つまり,心理学的サポートと良い家族はある程度までは助けになるが,劣悪な環境に直面すると,個々の保護要因はほとんど役に立たないのである。

　より長期的な調査・研究が,幼児期から成人期早期までの連続性について証明している。1歳時点での無秩序・無方向型アタッチメントは,思春期の深刻な精神病理学の最も強い予測因子である(Cassidy & Mohr, 2001)。早期に深刻なトラウマがある場合の長期にわたる影響は明白である。状況がそれほど深刻ではない場合には,潜在的影響についてのより複雑な分析が必要である。スルーフ(Sroufe, 2005)は,たとえば乳児期の養育と18歳時点での全般的な適応との間に,確かではあるがさほど大きくはない統計的相関があることを発見した。この相関関係は,18ヵ月時点でのアタッチメントを加えると,もう少し良い予測指標になる。その他の要因,たとえば小学校での仲間関係のような数式を加えると,これはさらに増す。また,思春期中期のストレスや社会的サポートのレベルといった要因を加えると,後の結果に関する

早期の経験の予測性は劇的に増加する。スルーフがいうように，「成人期の端に入るときの適応は，人生早期から始まった歴史の蓄積の上に構築されるのである」(Sroufe, 2005, p. 202)。

このような発見は，研究者が影響の連鎖についての考えを示唆することにつながった (Masten et al., 2005)。ある年齢で示される徴候や行為は，次の段階と機能の領域へと広がり，影響する。たとえば，ある調査・研究では，生涯にわたる暴力的な行為がどのように発達するのかを見ているが，ここでもやはり影響の連鎖が示唆されている (Dodge et al., 2008)。後に暴力的になった子どもたちの多くは，貧困で安全ではない地域に生まれており，乳幼児の頃は気難しい気質でもあった。これは，この子どもたちが面倒を見るのが難しい赤ん坊であったことを意味し，すなわち子育てがより困難であった可能性を示唆する。このことがさらに，仲間関係をうまくこなし，学校や保育所で学ぶ能力にも影響を与えることになる。彼らはしばしば，学校で行動上の問題や品行との問題を呈している。それが教員からの否定的な反応を引き起こし，学業達成度もより限られたものとなっていく。そして，年齢を重ねるにつれて，非行的な仲間集団に流されていくようになる。早期の学校での品行の問題などの症状のそれぞれは，後の暴力の問題の予測因子として見られるが，これは同時に介入のための潜在的瞬間として見ることもできる。子どもが幼いうちに適切なタイミングで親を支援するような援助が，一つの潜在的軌道から別の軌道へと子どもを移すかもしれない。以前の経験は，新しい経験に接近する方法に影響を及ぼす。しかし，それぞれの新しい経験はまた，新しい機会にもなるのである。

まとめ：思春期と成人期の始まり

文化や時代の違いによって多様な形態を持つ思春期について，一般化するのはあまりにも難しい。また思春期は，社会階級，性や性的志向，文化的価値，そして対人関係や学業をこなす能力といった要因によって，かなり違って経験されうる。多くの非西洋文化では，早期成人期への移行を成し遂げるために，明らかに儀式化された方法を有してきた。現代の西洋文化には，アメリカ・インディアンのビジョン・クエストのような，他の文化に見られる

通過儀礼と明らかに同等のものはない。学校の試験や卒業式，あるいはギャップ・イヤー(訳注†11)の経験が引用されるかもしれない。違っているのは，現代の西洋文化では，大人の役割への移行が遅くなり，よりゆっくりとより一歩ずつ進むことであり，大人の関与が他の社会よりも少なく，期待と終点がより明らかに定義されていないことである。

アーネット（Arnett, 2004）は，西洋における「新成人期」という新しい段階について記述した。結婚，子どもを持つ，あるいは労働人口への参加年齢がより遅くなってきており，若者は勉強や旅行のような活動により長い時間を費やすようになっている。キャリアか長期にわたる関係性かにかかわらず，「落ち着く」見込みは少なく，「漂う」と表現される期間がより長くなっている。アーネットは，これが恵まれない層より，豊かな若者により関係する現象であることを認めつつも，人口統計学上，この方向に向けての明らかな変化があることを示している。これは，アイデンティティや可能性が試される年齢であり，自分は思春期の若者でも成人でもないと感じる移行期である。社会と労働人口の変化が，多くは25歳頃まで成熟が終わらない思春期の脳との新たな関係を作り上げているようである。

思春期後期と成人期への移行は，新たな発達の機会をもたらす。驚くべきことに，この期間に新たなレジリエンスが発現してくる。それは，この時点まで本当に苦闘してきた者にさえ，発達的変化の第二のチャンスを与えてくれるのである（Masten, 2006）。早期の影響の不変性といった考えは，さまざまな瞬間において潜在的な変化を伴う発達的影響の連鎖という新しい考えに道をゆずる。

他の時期が異なる経路を示す一方で，思春期には文化を越えた共通した特徴がある。脳のかなりの変化を伴う生理学的変化とホルモンの変化は，正常なものである。仲間関係の重要性の増加とともに，親の影響力の衰えが始まるのが分かる。性的試行やリスクを冒すような行為が増す。思春期には，家族から離れ，独立した存在になるための準備をするのである。多くの文化，特に西洋では，この時期は思春期の若者が違った役割やあり方を「試してみ

訳注†11 イギリスの習慣の一つ。通常，大学入学資格を取得した学生が，社会的見聞を広めるため，入学までに1年の猶予（GAP＝すき間）を得て，旅行やボランティア活動を行ったりする期間のこと。

る」ための，アイデンティティの流動性の時期の一つになりうる。アイデンティティを試すごとに，新しいヘアスタイル，ファッションやパーソナリティを定期的に試す若者がいる。仲間との生活，ギャング集団，排他的派閥や群衆がより重要になりうる。他者との関係における自分自身について，そして人生一般について，より複雑で深い思考を可能にする，膨大な認知および知的発達が起こる。

　思春期は，脆弱性と可能性の両方の時期である。情緒的混乱，変化，そして大変動の時期である。思春期の若者が，仲間集団の相互関係や学業のような課題に取り組むあり方は，家庭内の早期の経験に影響される。それでも，新しい軌道の可能性を開くことのできる新たな影響は出てくる。メンタルヘルスの心配は，思春期の間，最も顕著になる。一般に，抑うつ，不安障害，精神病，摂食困難のほか，反社会的行動や暴力といった問題がすべて頭をもたげる時期である。思春期の脳は，改革と再編成の途上にある。ストレスや不安のレベル，ホルモンと心理的，身体的な困難の混合状況に対するのと同様に，アルコールや大麻のような物質の衝撃に対しても脆弱である。それでもやはり，思春期は刺激的な発達の可能性の期間でもある。多くの者にとって，人生の中で最も強烈で忘れられない期間である。思春期はもはや，単に移行期であるとは考えられない。そうではなく，心理的，情緒的，そして社会的成長にとっての中核的な時期であり，これからやってくる成人としての人生を作り上げるときなのである。

Part 4

早期の体験の結末

第11章 | トラウマ，ネグレクト，そしてその影響

Trauma, neglect, and their effects

　本章では，子どもの頃の虐待，ネグレクト，そしてトラウマの影響について検討する。第5章では，ストレス下で乳児が頼ることになる防衛プロセスに注目した。本章では，その記述に基づいて，いかに虐待やネグレクトが子どもの人生とこころに影響を及ぼすのかについて論じる。ここでは，ネグレクトと虐待は異なる影響を持つ，異なる経験であるために区別するが，ソーシャルワーカーの定義においては，ネグレクトは虐待の一つであるとされている。ここではネグレクトを，子どもが安定した養育，もしくは安全なアタッチメント対象の存在などを受け取る経験の欠如と定義する。ネグレクトされた子どもは，他者よりもむしろ，自身の限られた情緒的資源に頼ることを学習する傾向があり，他者に影響を与えたり良い経験を他者と共有するのが困難になりうる。対照的に，主に虐待を受けた子どもにとっては，この世界はよりいっそう恐ろしい場所である。彼らは相当な不安定さと，次に何が起こるのか分からないという恐怖とともに生きている。

　トラウマは，私たちの通常の防衛では保護することができない圧倒的な経験であり，虐待とネグレクトのいずれもがこうした影響を持ちうる。虐待とネグレクトの両方を経験している子どももおり，私が考えるに，トラウマという言葉はこのどちらにも適合する。トラウマの医学的な本来の意味は，文字どおり皮膚を刺し通すというものであり，心理学的なトラウマはこころの皮膚もしくは膜を刺し通すものとして考えられよう。虐待とネグレクトは，ナチスの強制収容所での暮らしのように，子どもに傷を残してしまう恐れがある。出来事によっては，ある人にはそうではなくても別の人にとってはト

ラウマティックなものになりうる。たとえば，素早く回復するような出来事の後に**心的外傷後ストレス障害（PTSD）**の深刻な徴候が現れる人もいる。

ネグレクト

　ネグレクトは明らかにすることが非常に難しく，容易に発見できるとは限らない。ソーシャルワーカーは，痣や骨折，親の薬物使用や暴力に対しては働きかけやすいが，行動がネグレクト的であるということは，常に明らかになるとは限らないが，特にネグレクトは，その存在ではなく何かが不在であるという状態である。ある程度は判断の問題であり，タイミングの問題でもある。乳児には思春期の子どもは必要としないような，抱かれること，触れ合い，そして慰められることが必要である。つまり，ある年頃の子どもにとってはネグレクトであっても，他の年頃の子どもにとってはそうではないといった類のものである。私たちは，ルネ・スピッツ（Spitz, 1945）が1940年代に紹介した施設での生活についての先駆的研究から，基本的な養育の欠如が，深刻な心理的，情緒的，そして身体的な遅れや死すらも招くということを知っている。スピッツは，施設という環境の中で，何もない空間をじっと見つめたり，揺れたり，左右に動いたり，長期間とろんとした表情で横たわり続けているといった，耐え難い行動を見せる乳児を撮影した。この乳児らは，人との接触を期待するのを諦めており，接触することが非常に困難な自己包容の世界へと退却していた。

　スピッツの示した見捨てられた孤児たちは，期待される最低限の基本的インプットが届かなければ何が生じるのかという例である。社会的インプットがまったくないか非常に少ない乳児は，通常の言語や他のさまざまな能力が発達しない。彼らは期待するべきインプットの経験を受けることができていない。これは，子宮内で髪が伸びたり目が形作られたりするような，外部からのインプットをほとんど必要としない非経験依存的要因とは異なるものである。やはり経験依存的な能力はそれとは異なり，経験した関係性の種類によって，異なる相互作用のパターンを発達させるものなのである。

　おそらく，研究されてきた中で最も極度なネグレクトの形態は，施設で見られるものであろう。1980年代のルーマニアでは，約6万5,000人の乳児が

孤児院に措置され、その大半は生後1カ月であった。これらの悲劇的な子どもたちの様子は、世界にショックを与える光景となった。彼らの発達は、通常の養育を受ける子どもたちとの比較において、重要な科学的情報源にもなった。これらの乳児は、1日20時間もベビーベッドに放置されていた。多くの子どもに深刻な認知発達の遅れが見られ、その多くは後年まで遅れが続いた。また、常同的、もしくは自己刺激的行動にふける子どももいた。

ブルース・ペリーら（Perry et al., 1995）は、さまざまなネグレクトを経験した子どもの頭囲が、平均よりもかなり小さいことを発見した。生後12～18カ月の間に養子になった子どもの頭のサイズは基準近くまで育った。しかし、養子になるのが遅いほど追いつくのは難しく、6歳以降に養子になった子どもの巻き返しは特に良くなかった。「ちょうど良いとき」の一定の経験の欠如は、ある能力が適切に発達しないかもしれないことを意味する。早期に深刻なネグレクト状態の環境にいた場合、医学的問題や認知および言語能力、そして社会性やコミュニケーションスキル、情緒調整にさえも障害を及ぼす可能性を引き起こす。行動面やアタッチメントの困難は、しばしばネグレクトの結果として生じ、最悪の場合、常同的な揺れや自己を落ち着かせるなどの自閉症の症状に似た状態を導く可能性がある（MacLean, 2003）。早期のネグレクトは統制群と比較して、IQとともに脳の発達やホルモン作用、全般的な情緒発達に相当な影響を与えることが示されている（De Bellis, 2005）。

人間以外の種においても、同様のことが発見されている。ネズミを母親から引き離すと、成長に深刻な障害が生じる。接触の欠如こそが、成長ホルモンの作用を抑制するのである（Kuhn & Schanberg, 1998）。未熟児をマッサージで刺激すると、保育器に入れられたままの子どもと比較して成長が増すことが示されている（Dieter et al., 2003）。ハーローら（Harlow et al., 1965）によるアカゲザルの早期研究は、母親の養育なしに比較的孤立して育てられたアカゲザルが後に他のアカゲザルに引き合わされると、怖がりで、たやすく驚き、他のサルと交流したり遊んだりすることがなく、全般に慢性的な困難を示したことを明らかにしている。アカゲザルも、人間の孤児院において見られたように、揺れたり、無表情でじっと空を見つめたり、円状にぐるぐる歩いたり、自傷したりするなどの行動にふけっていた。

一般に剥奪がより過酷なものであるほど、その影響はいっそう深刻なもの

になる。ルーマニアからイギリスに養子に出された子どものグループを，マイケル・ラター（Rutter, M.）と同僚らが長期にわたり調査している（O'Connor et al., 1999）。6歳時には，多くが無差別の社交性のような深刻なアタッチメントの問題を示したが，施設での養育を2倍もの期間受けていた子どもたちが，最も深刻な症状を呈していた。重要な研究の一つに，ブカレストの孤児を二つの群に分けて比較したものがある。一つのグループは，約30名の子どもが暮らす20名の職員のシフト制の標準的な施設での養育を受けた。並行して，子ども10人に対して4人の職員が世話をするという，グループの大きさを縮小する実験計画を行った（Smyke et al., 2002）。実験グループ群は，より良い生活を送り，より援助を受け入れ，テスト・バッテリーにおいては多くの項目で，施設に入所したことのない子どもと変わらないことが示された。職員の比率がより少なくインプットが乏しい施設の子どもは，高水準の反応性アタッチメント障害を呈したり，引きこもりがちで反応に乏しく，脱抑制状態にあることが明らかになった。

初期の，今では代表的な，良い養育とネグレクトフルな養育の影響を比較した記録が，1951年に『ランセット（*The Lancet*）』誌に掲載された（Widdowson, 1951）。これは，ドイツの2カ所の孤児院に関するものである。この実験では，一つの孤児院では子どもたちに配給食を食べさせつつ，6カ月後に栄養補助食品を導入してその影響を観察した。最初の6カ月の間，同一の配給食であったときには，その孤児院の子どもたちはもう一つの孤児院の子どもたちよりも良く成長した。その孤児院には，子どもを養育する親切な寮母がいた。彼女は子どもと共に過ごすのを楽しみ，遊び，笑い，心地良さを与えていた。もう一つの孤児院の寮母は，ほとんど情緒的温もりや関心を与えず，容赦のない厳格な人で，子どもたちを抱き上げるのを禁じるなど，子どものことが嫌いなようだった。彼女のお気に入りの少人数の子どもを除いて，ここの子どもの成長はゆっくりで，全般的に十分に発達できていなかった。興味深いのは，最初の孤児院に栄養補助食品が導入されたと同時に，「優しい」寮母が容赦のない厳格な寮母と交代したことである。その際，彼女はお気に入りの子どもたちを連れて行った。驚くべきことに，成長し続けたお気に入りの子どもたちを除いて，栄養補助食品にもかかわらずこの孤児院での成長比率は下がり，栄養補助食品なしのほうの孤児院の子どもたちは成長し始め

たのである。厳格で処罰的な寮母が子どもたちの成長比率に不利益な影響をもたらしたのである。つまり，彼女の存在が，潜在的に助けになるはずの栄養補助食品の効果を上回ったのだと思われる。これは，他の調査・研究にも裏打ちされた注目すべき例であり，細やかで慈愛的な養育（実際，厳格な寮母が彼女のお気に入りの子どもたちに与えていた良い養育でさえも）が，かなり良い結果を導いたのである。今日，このような状況は専門的に「非器質性発育障害」として知られている（Block & Krebs, 2005）。

　ネグレクトは，脳の発達と神経系の発達に影響を及ぼす。ルーマニアの孤児院から養子になった子どもたちの多くは，前頭前皮質と側頭葉の脳の活動性がはるかに少ないことが明らかになった。これらの子どもたちは神経学的欠損とともに，認知や情緒の障害，集中困難や，身体的・情緒的状態の調整に困難があった（Eluvathingal et al, 2006）。他の調査・研究では，孤児院から養子になった子どもは，バソプレシンやオキシトシンのような，愛する感情を促進するホルモンの生産が低水準であることが明らかになっている（Fries et al, 2005）。ネグレクトは，こうした深刻な問題を残すのである。ユニセフは，中部および東部ヨーロッパでは，150万人の子どもたちが施設で生活していると推定している（Browne et al., 2006）。

　ソーシャルワーカーなどの専門家は，極端ではないネグレクトの形態をしばしば見ている。ホウ（Howe, 2005, p. 113）は「身体的にも心理的にも，慢性的に発達上のニーズを満たすことに失敗した（中略）ネグレクトフルな親は，養育が情緒的に重荷になる状態のもと，近寄らなくなったり関係を断ったり不活発になったりする傾向がある」と述べている。驚くことではないが，失業や社会的剥奪があるところでは，ネグレクトの割合が相当に高くなっている（Barnett et al., 2005）。そのような子どもは，しばしば非常に受け身で無気力である。これはホウ（Howe, 2005, p. 137）が生々しく明言しているように，「こころとこころの間の心理的なやり取りが本当にすべて止まって」おり，自身の空虚な世界で迷い子になっていると考えることができるだろう。養育者もまた応答性がなく，子どもの出すどんなサインにも気がつかず，子どもに対して敗北してしまっているように見える。アタッチメント研究者であるパトリシア・クリッテンデン（Crittenden, 1993）は，情緒的にネグレクトフルな親について研究し，ネグレクトは，乳児のサインに気がつかな

いか気がついていても反応する必要がないと考える，あるいは単に対応が分からないなどさまざまな形態がとられることを発見している。

　ネグレクトされた子ども，特に施設での養育を受けている子どもは，受け身的で，仲間や職員との交流をほとんど望まないようである。脱抑制的な子どもは，ほぼ誰彼かまわず膝の上に座り，恐怖や危険といった感覚なしにまったく知らない人について行ったりする。そのような接触は，概して表面的なものである。精神科診断マニュアルでは，抑制型および脱抑制型反応性アタッチメント障害の両方を記述しているが，ひどく剥奪的な施設で養育された子どもは，しばしば脱抑制型に分類される。このような子どもは，不安なときに安心を与えてくれる大人という概念を持っていない。たとえば，ストレンジ・シチュエーション法（第5章）においては，概してかなり独特で分類不可能なあり方で振る舞う。ブカレストから養子に出された孤児の研究では，この型の子どもたちはその後の養育者と正常なアタッチメント関係を形作ることができなかった（Zeanah & Smyke, 2005）。

　これらの研究は，情緒的に支えとなる家族のところに養子に行っても，友人関係を作ったり関係性を続けたりすることができないなど，施設養育の影響が青年期後期まで続くという早期の調査・研究と呼応するものである（Tizard & Hodges, 1978）。ネグレクトされた子どもは，概して他の子どもとの交流が少なく攻撃性を示すことも少ないが，ストレス下ではより受動的になる。このように予後が良くないにもかかわらず，ネグレクトは，明白に不適切な養育を受ける子どもほどには専門家の注意を引かない。こうした子どもは，周囲の注意を引かず容易に背景に「消えて」しまうため，専門家や他の大人からさらにネグレクトされることになる。ネグレクトの予後は，しばしば積極的な虐待の後よりも悪い。こうした現状は，このような子どもにとって不運なことである。しかし，最も剥奪された孤児院から早期に養子に出された子どもの多く，特に幼い子どもは，アタッチメントのパターンに不安な徴候を残しながらも健康な回復を果たしたという，希望に満ちた情報もある（Rutter, 1998）。

　ネグレクトされた子どもは，心理的な包容や模倣，仕草に調子を合わせてもらうなど，親から身体的・情緒的状態に細やかに気を配ってもらう体験をしていない。しばしば乳児と養育者の間に見られるような，目を大きく見開

いて喜ぶというような経験から学ぶことができない。また，不安であったり怯えていたりするときに，誰も助けてくれない。自分の出すサインが他者から読み取られないため，伝えることを止め，自身の情緒的な状態に接触しなくなる。ネグレクトされた子どもは，しばしば自分が他者に影響を与えうるとは考えていない。悲劇的なことに，起伏がなく漫然とした世界で生きてきた深刻にネグレクトされた子どもには，情緒的な信頼やレジリエンスを築き上げるのを支えられるという経験がしばしば欠如しているのである。

不適切な養育，トラウマ，そして虐待

　虐待や不適切な養育の経験と影響は，あらゆる意味で深刻なものである。ストレス水準を高め，関心を向けたり集中したりすることの困難さ，情緒調整や実行機能の問題，リラックスするのを困難にするような過覚醒状態，そして対人関係における多くの困難などをもたらす。信頼できる安全な大人のいない，虐待の犠牲者である幼い子どもは，しばしば生き残るために絶望的な手段に頼る。たとえば，虐待する親や養育者に同一化し，暴力的になる子どもがいる。あるいは，トラウマの犠牲者によく見られるように，極度にこころの状態を麻痺させる一形態である解離により，生き残る子どももいる。

　トラウマを受けた人が後に恐ろしいイメージにさらされると，小脳扁桃のような原初的な脳の領域が極度に覚醒し，思考するための脳の領域が不活発になり，強い情緒を抑制したり感情を言語化したりする能力をほとんどなくしてしまうことが明らかになっている (Rauch et al, 1996)。また，子どもの頃に性的虐待を受けた大人の脳は，トラウマティックな物語にさらされると統制グループとは異なる反応を生じることが示されている (Bremner, 2006)。より「原初的な」脳の部分が，刺激に対する反応経路の欠損を導きうる。トラウマや虐待がより早期に起こるほど，そうした困難な体験を扱う範囲が制限される。トラウマや虐待を受けてきた子どもや大人は，概して安全かそうでないかの判断の手引きとして，情緒や身体反応を効果的に用いることができない。危険が生じたときに生き延びるための有益な反応として，身体は危険を回避するために素早く行動するよう調整されるようになるが，あまり過度にそれに頼ると，通常の社会的交流においては助けにならない。

交感神経系は，一般には闘争・逃走といった行動のために身体を準備する。脅威に直面した際，血圧を上げるよう心拍数は上昇し，アドレナリンが神経系の至るところに噴出し，ストレスホルモンが解放される。その間，食べ物の消化や免疫組織といった他の系統は不活発になる。早急な生存のためのニーズが，身体の他の機能を無効にするのである。トラウマの被害者によっては，動物の「死んだふり」のような凍結反応に見られる副交感神経系の活性化が生じる。

このように，一見非常に異なった緊急反応のいずれもが，同時に同じ人に生じることもある。心的外傷後ストレス障害（PTSD）に苦しむ人は，悲劇的なことに，過覚醒とより低い心拍数の両方を示し，これに苦しめられる（Sahar et al., 2001）。トラウマの犠牲者はしばしば実行機能の能力が抑制されており，将来のために計画したり，強い情緒を扱ったりすること，もしくは自身の行動の結果を意識することに困難を極める。

より自己洞察を促すような，大脳皮質に伴う脳の機能の発達に明確にねらいを定めた治療的実践は，脳をも変化させるため，トラウマを受けた人の生活を改善できるという希望をもたらす。たとえば，サラ・レイザーら（Lazar et al, 2005）は，心理的，情緒的，身体的感覚への気づきを導く**マインドフルネス瞑想**によって，実際に大脳皮質の発達が密になることを発見している。変化は可能である。たとえトラウマが脳の構造に影響を及ぼすとしても，その同じ脳が，その後のより良い経験によって健康的に体系化されうるのである。

多くのトラウマ犠牲者が，フラッシュバックや侵入的思考などのPTSDの症状に苦しんでいる。最も悪影響を与えるトラウマの形態は対人関係に関するものであり，これは交通事故のような他のトラウマよりもずっと心的外傷症状を引き起こす（Van der Kolk, 1989）。おそらく対人関係のトラウマの中でも最悪の形態は，養育者によって加えられたものである。養育者が虐待者になったとき，世界は安全ではなくなり何が起こるのか予測できないものになる。深刻な虐待は，しばしば恐怖，無力感，恥，怒り，裏切り，そして諦めを導く。驚くことではないが，不適切な養育を受けた子どもの多くは，学校などさまざまな場面で「問題がある」と見なされ，敵対的で攻撃的である。このような子どもは，容易に過覚醒状態になり，とりわけ構造化された学び

の環境である教室や，無秩序な運動場でうまく適応できないようである。教師の大きな声，同級生から注目されること，あるいは何か分からないことがあったときに恥をかくなどの刺激が，すぐに問題行動の引き金となる。トラウマを受けた子どもは容易に過覚醒状態になり，脅威のないところでも脅威を感じ，それがまた試し行動の拡大へとつながっていくのである。

　早期のストレスとトラウマは，脳の回路やホルモン組織の変化の原因となり，それがパターン化する。もしくはペリーらが記述するように，「そうした状態が特徴になる」(Perry et al., 1995, p. 271)。このようにトラウマは，子どもが日々の生活を過ごしていくための能力を損ない，大人であれ子どもであれ，特に他者との関係性から恩恵を受ける能力に影響を与える。どうしても必要な援助をしばしば悲劇的に拒絶することで，さらなる剥奪を受ける子どもの現象については，子どもの心理療法士のジアンナ・ヘンリーが二重の剥奪（Henry, 2004）として記述している。不適切な養育を受けた子どもは，友人関係に困難を呈し，他の子どもよりも攻撃的で，困っている他の子どもに対して共感を示すことが少ない。このような子どもは，自身の傷つきや混乱に触れることができず，そのため他の困った子どもへの共感も起こりにくいのだという仮説が立てられるであろう。

長期に及ぶ影響

　早期のトラウマやネグレクトは，生涯を通してその影響が続くというエビデンスが増加している。子どもの頃にトラウマを受けた大人は，他の人よりも心理的，身体的な問題を抱えがちであり，薬物やアルコールの乱用に陥りやすく，最終的には刑務所や精神科病棟に入ることになりやすい。また，安定した関係性を持ったり，良い学業成績を修めたり，安定して職を維持したりすることが少ない。子どもの頃に虐待やネグレクトを受けてきた場合，大人になってから境界性パーソナリティ障害や大うつ病などの深刻な精神障害にはるかにかかりやすい（Zanarini, 1997）。たとえば，アメリカの大規模な縦断研究（Shea et al, 2004）では，パーソナリティ障害を持つ人が，非常に高い割合で子どもの頃に深刻な性的トラウマを経験していたことが示された。およそ20年にわたってニューヨーク出身の600人以上の子どもを追跡した研

究では，幼少期に虐待，もしくはネグレクトの経験があると証明された子どもは，大人になってパーソナリティ障害になる率が4倍以上であることが明らかになった（Judd & McGlashan, 2003）。他にも，裁判所から幼少期に虐待があったと認められた少年グループの研究がある。それによると，彼らが30歳になったとき，うつ病になる可能性は平均よりも75％高かった（Widom, 2007）。深刻なトラウマや不適切な養育は，若者が学業的にも社会的にも困難を呈しやすく，薬物乱用や犯罪に巻き込まれる可能性を大いに増すのである（Gilbert et al., 2009）。

幼少期のトラウマの形態として最もよく知られているのは，おそらく性的虐待であろう。これは，多くの性的パートナーを持つこと，性感染症にかかる機会の増加，10代の妊娠のほか，永続的に心理的な傷跡を残すなど，多くの長期にわたる影響を与える。たとえば性的虐待の犠牲者は，自殺や精神保健上の問題，また有害な対人関係に入っていくリスクが高いことが明らかになっている（Dube et al., 2005）。

最も大規模な研究の一つは，アメリカでの ACE（有害な子ども時代の経験）と呼ばれているものである（Dube et al., 2003）。これは，一つのトラウマではなく，悪い体験の組み合わせの影響に焦点を当てたものである。驚くことではないが，親が精神的な病気にかかっていたり，身体的にネグレクトをされていたり，暴力や薬物乱用の大人にさらされたりするといった要因は，一度にまとまって生じる傾向にある。より多くの不適切な体験があるほど，後により深刻な身体的，心理的結果をもたらすことになる。研究者の一人であるフェリッツィ（Felliti, 2002）は，ACE スコアが6の男児と0の男児とを比較すると，後に静脈注射薬物使用者になる可能性が46倍も増すと述べている。この1万8,000人以上を対象とした研究は，いかに子どもの頃の不適切な体験が，平均余命を減じ，暴力や自殺によるものと同様に，心疾患や癌などの身体的要因から生じる早期の死の可能性すらも増すのかを示している。

無秩序・無方向型アタッチメント

子どもが不適切な養育や虐待を受けるという事実は，それを考えるだけでも十分に耐え難いことであるが，それを行った大人が，子どもに慰めや世話

を与えるべき人だとすれば事態はよりいっそう悲惨である。メアリー・メイン（Main, M.）は，こうした状態にある子どもの一群を，アタッチメント用語で無秩序・無方向型と定義した。彼らは，予測できない養育者に対処するための一貫した方略を発達させておらず，多くの奇妙で風変わりな行動を示す。ストレンジ・シチュエーション法（第5章）においては，母親のほうに移動はするかもしれないが，次には向きを変えるか呆然となり，まるで母親に接近したいかどうか確信がないかのようである。行動はたいていまとまりがなく，タイミングの悪い不器用な行動を見せたり，転んだり，方向感覚を失ったりする。他に，凍りついたようになったり床で体を丸めたりするといった反応が含まれる。たとえば，メインとソロモンは「母親の呼びかけが聞こえると，上半身と肩を丸め，前方への興奮した動きとともに，大げさに笑うような甲高い声を上げた。身体を前方に丸めながら発したけたたましい笑い声は，新しく息を吸い込むことなしに，泣き声と苦痛の表情になっていった。それから突然沈黙し，無表情で呆然とした状態になった」（Main & Solomon, 1986, p. 119）と記述している。

　トラウマに苦しめられてきた子どもはかなり無秩序な状態になりうるが，周囲をコントロールしたり頑固であったりもする。里子や養子になった子どもとその養育者に関わる仕事をする専門家は，いかにこのような子どもたちが日常生活の変化や場面の転換を困難だと感じるのか，またいかに相互の関わりを支配する必要があるのかにしばしば驚かされる。休日や旅行などの大半の子どもが楽しみにするイベントは，すべての瞬間を手中に収めておきたいという差し迫ったニーズを常に感じているこうした子どもにとっては，当惑させられるものなのである。

　このような子どもは，人生早期にかなりの予測できなさや複雑さを体験しており，不安定な世界を予測するための絶望的な試みとして，支配的方略を発達させている（Solomon et al., 1995）。しかし，こうした子どもの表面下での思考や想像がどのようなものなのかを見てみると，その世界は恐ろしく，無秩序で，予測できないものである。物語や遊びに関する調査・研究において，無秩序な子どもは，子どもと養育者が互いに信頼できず，危険で悪影響をもたらすというような場面を演じる傾向があることが明らかになっている。このような遊びの中では，自己は力強く危険なもの，もしくはとても

弱々しく絶望的なものとして描写される傾向がある。支配的で頑固な様相の奥で，これらの子どものこころは危険で恐ろしい考えや不運，悲劇，そして世界は安全ではなく予測不能だという信念で満たされているのである（Hodges et al., 2003）。

親からトラウマを受けた子どもの多くは，親のサインに対する過敏さを示す。重要なのは，暴力的な父親が怒っているのか，疲れているのか，酔っ払っているのか，それとも珍しく良い気分でいるのかを理解することである。闘争・逃走とは異なる，非常に一時的な対処方法の一つは「世話と友情」反応と呼ばれるものである（Taylor et al., 2000）。これは，普通の親-子の役割を逆にするほうが安全かもしれないときの結末である。このような子どもは，親のこころの状態を敏感に意識することで安全感を保つ。親の気分をより良い状態に保とうと努め，どんな極端な情緒的温度の変化にも敏感になる傾向がある。このような子どもはときに，「親化した」と呼ばれることがあるが，これは恐ろしい家庭状況に対する一般的な反応の一つである（Chase, 1999）。

アダルト・アタッチメント・インタビュー（第5章）は，無秩序・無方向型のアタッチメントを持つ子どもの親の語りが「未解決型」であることを示している。自分自身や自分の幼少期について，矛盾していたり一貫性のない語りをし，自分の子どもに対しては「怯える，もしくは怯えさせる」行動を示すことが多い。つらく恐ろしい感情を統合し，消化することがなかなかできない。驚くことではないが，このような親の多くは自身もかなりのトラウマに苦しんだ幼少期について語る。このような親は，矛盾した一貫性のないあり方によって，自分でも気がつかないうちに自分の子どもに高水準の恐怖を引き起こしうるのである。

無秩序・無方向型（D）アタッチメントには，無秩序・無方向不安定型，あるいは無秩序・無方向安定型という第二の分類がある（Lyons-Ruth et al., 2003）。D安定型に分類される子どもは，より攻撃的で敵対的であろうD不安定型の子どもよりも，引きこもるような行動を示しやすい。どちらも養育者をひどく意識し，信頼感の持てない大人の存在を前に安全を確保しようと奮闘する。先述のとおり，無秩序・無方向型に分類される子どもが，後に必ずしもアタッチメント障害の精神科的診断を受けるというわけではない。それ

でも，無秩序・無方向型は後の精神病理を予測するものではある。これらの子どもは，自分を安全にしておく一貫した方略を見つけることが難しいことが分かっている。過覚醒と支配的行動に頼るが，諦めてしまってまったくどんな方略も持てなくなることもある。安全なアタッチメント対象を持つという子どものニーズは，残酷，あるいは虐待的な養育者から逃れるという葛藤状況に置かれる。悲劇的なのは，援助や慰め，そして支援のために頼るべきその対象が，まさに自分を危険にさらす人だということである。

まとめ

　調査・研究は，トラウマとネグレクトのいずれもが，まさに現実に，しばしば長期にわたって情緒・心理・社会性の発達，また脳の発達や免疫組織と身体的健康に影響を及ぼすことを示している。本章では，ネグレクトと虐待とを区別した。明らかにトラウマを受けていても，誰からもその体験に気づいてもらえないままの子どもは，自分自身や他者のそうした感情を処理する能力を発達させられない。主な体験が虐待よりもネグレクトである場合，子どもは大人から援助してもらう，あるいは楽しい人間関係の経験を持つという希望をほとんど発達させることができず，最終的には人との関係がかなり取りにくくなってしまう。虐待を受けた子どもと異なり，彼らは用心深くなる必要がなく，関心はさほど危険ではなく，外部の援助がなくても自己調整を試みる。ネグレクトの結果は，虐待よりもそのダメージは大きなものとなりうる。パーソナリティの基本的形成，特に認知と社会性の形成がなされない (Music, 2009a)。

　不適切な養育を受けた子どもの遊びからは，世界は危険で恐ろしく予測できないものであり，大人は保護してくれる対象ではなく，物事がうまくいくことはめったにないという思いが明らかになる。虐待を受けた子どもは，ネグレクトされた子どもと同様に，人間関係において支配的方略に頼る傾向がある。彼らは，遊び心や相互に交代するような遊びを学んでいない。また，交流の断裂が相互に回復できるという考えをも学んでいない。彼らは，人間の交流は満足を与えてくれ，人はお互いの考えや気持ちを理解することができるという信頼をほとんど発達させていない。安定し，愛され，自分のこと

を考えてもらっている子どもは，より情緒を調整し，こころに関心を向ける能力を持ち，自信を持って世界に関わっていく傾向にある。不適切な養育を受けた子どもは，これをほとんど持ち合わせていない。彼らは過剰なシステム下にあり，用心深く，不信に満ち，自身の情緒に接触していないようである。侵害され，虐待された子どもは，しばしば他者のこころを読み取ろうと努力するが，それは他者に対しての純粋な興味や共感，あるいは思いやりというよりは，恐ろしい場所での危険を避けるためである。虐待を受けた子どもは，とんでもないことがその身に起こったのだが，おそらくいっそう悪いことには，我慢せねばならなかった経験についてほとんど意味づけができていないということである。彼らは，こうした経験を理解するための認知や語りの手段を発達させることすら，かなり困難なのである。

　子どもの頃に虐待を受け，どうにかして虐待の連鎖を断ち切った親は，自分の人生を意味づける語りと，物語を形作る能力を発達させている（Roisman et al., 2002）。そのような内省機能，もしくはメンタライゼーションは，主要な回復要因だと考えられ，セラピストの仕事を通して発達させることが期待できるものである。一般にトラウマや虐待が内省機能のより低い水準の家庭内で生じがちであることから，虐待を受けた子どもも自己内省能力をほとんど示さない傾向を持つことになる。脳の発達やストレス，免疫組織に影響を与えられつつも，トラウマに耐え，生き残ろうとするのは，それだけで十分に困難なことである。そのうえトラウマに直面することで，多くの心理的能力を発達させることができないのである。悲しいことだが，情緒調整や内省機能，そして対人関係の能力は，しばしば幼いときに非常に苦しんだ子どもにとっては，はるか彼方の手の届かないものなのである。

第12章 遺伝子，素質と養育

Genes, nature, and nurture

　本書では人というものがいかにしてその行動に行きつくのかに関して，広範囲にわたる影響を見てきた。特に，パーソナリティを形成するうえであらゆる早期の経験が与える影響に焦点を当ててきた。遺伝子と遺伝的な気質についても随所で触れたが，本章ではこれを一つのテーマとして注目する。近年，特にヒト・ゲノムプロジェクトの到来以降，このテーマについての理解には大きな進歩があった。多くの刺激的で新しい展望が開かれたのである。
　しかし，なかには疑念の残る遺伝子関連の調査・研究グループもある。すべてではないが，過去には調査・研究のエビデンスが不十分なままに，疑わしい目的のために使用されたこともあった。マイケル・ラター（Rutter, M.）が示した例に，イギリスのカリブ系の人が統合失調症になる可能性が平均よりはるかに高いという事実に対して，遺伝子的説明を与えていたというものがある。遺伝子は，統合失調症の発症にある一定の役割を果たしはするが，この場合，民族的にカリブ系に近い人の発症割合ははるかに低いため，遺伝子は適切な説明にはならないのである（Fung et al., 2006）。不平等，人種差別，あるいは社会・経済的地位のような末端の要因が，こうした調査・研究に大きな影響を持つと考えておくべきである。遺伝子の調査・研究のより懸念される用いられ方は，異論の多いアイゼンクの人種とIQに関する研究（Eysenck, 1971），あるいは偽装データが使用されたと思われるシリル・バート（Burt, C.）によるIQの遺伝などの疑わしい主張に見られる（Ward, 1998）。さらなる懸念は，優勢学上，過度に単純化された遺伝に関する考えが用いられることである。たとえば1930年代のアメリカにおいて，約2万人の知的

障害者に対して不本意な大規模不妊手術が行われたことや，ヒトラー時代のドイツにおいて，考えられない大量殺戮といった事態を導いてしまったことなどである。

　このような事実にもかかわらず，重要かつ驚くべき発見によって，近年，遺伝子の影響の重要性については気づかされてきたことも多い。癌のタイプや特定の心因性の症状といったさまざまな病気の原因となる新たな遺伝子の発見について，新聞に書きたてられずに一週間が過ぎることはほとんどない。このような報告の多くは，過度に信じるべきものではない。遺伝子は通常，それのみでは作用しないか，あるいは単独で大きな影響を引き起こすことはない。一般には，ある特定の状況が遺伝的継承後に何らかの可能性を増大させるのであり，また，ほぼ常に遺伝子と環境の間の相互作用が存在しうるのである。一例を挙げてみよう。思春期の喫煙パターンに関するある研究では，行動に対する親の監視が低い場合に，遺伝的素因から喫煙につながる可能性が高くなり，親の監視が高い場合には喫煙が少なくなることが示されている（Dick et al., 2007）。ここでは，親の影響が遺伝子の可能性を消しているのである。

　遺伝子は，これまで多くの人が認識してきたよりも重要であり，遺伝子の調査・研究によっていくつかの驚くべき結果が出ている。たとえば，一部の男性が良い「結婚候補」であるという考えは，これに懐疑的な人を憤慨させるかもしれない。しかしながら，スウェーデンの新たな研究では，非常に良好な関係性を築く可能性のある男性の遺伝的変異あるいは**対立遺伝子**（対立遺伝子334）の分離に成功したようである（Walum et al., 2008）。この対立遺伝子を持つ男性は，2倍近く未婚の傾向があった。この対立遺伝子を持つことは，妻たちの結婚に対する満足度をも予測した。スウェーデンでは，結婚に金銭面あるいは税金面での優遇はない。このサンプルのすべての男性が結婚していたか，少なくとも10年間同棲をしていたことはさらに驚くべきことである。にもかかわらず，この特別な遺伝子を持っている場合，統計的には結婚よりも同棲をする傾向を示した。

　これはむしろオキシトシンのように，愛情をもたらすことに関与するホルモンであるバソプレシンの生産に関係するのと同じ遺伝子である。これはかつて，ハタネズミのような哺乳類で研究されたことがある。草原地帯のハタ

ネズミには，一夫一婦制とそうではない2種類が存在し，その主要な違いは，人間の男性に認められるのと非常に似た遺伝的変異にある。一夫一婦制のハタネズミは，既婚のスウェーデン男性がそうであるように，より多くのバソプレシンを放出する機能を持っているのである。

人は経験よりも生物学的な継承に多くの影響を受けることが示されるとすれば，早期の経験が長期にわたり極めて重要な影響力を持つという考えは，ほとんど成立しなくなる。このことは，素質と養育という問題の核心部である。とはいえ，ほとんどの調査・研究が，その答えが素質だけでも養育だけでもないということを結論づけている。すべての人は，たしかに特定の遺伝的傾向を持って生まれてくる。たとえば，抑うつの素因をより多く有する思春期の女の子であっても，これは生活上の困難が起こってはじめて気がつかれるものである（Kendler & Greenspan, 2006）。同様に，他より喘息の傾向が強い性質の人もいる。遺伝子は関係はするが，経験が遺伝子をオンにもオフにもする。慢性的にストレスの多い家族状況が，喘息に対する保護的な遺伝子の表出を妨げるかもしれない（Miller & Chen, 2006）。振る舞い，障害，あるいはパーソナリティタイプの遺伝子素因は，一般に特定の経験の引き金なしには現実のものにはならない。遺伝子を用いた調査・研究の多くは，現在も早期の段階にとどまっている。素質と養育は相互に作用するものであり，そのどちらかがすべての答えを出すわけではないことは明白である。

上記のスウェーデンの例のように，主要因が遺伝子の遺伝的性質（養子に出された双子）なのか，あるいは環境の影響（養子関係にある家族）なのかを発見することを，つまり素質と養育のどちらがより大きな影響を与えるのかを理解するために，双子の養子縁組を用いた多くの研究が行われてきた。ただ，双子を引き離して養子に出す研究は，もはや双子を分けることの正当性が見いだされないため，二度と行われないであろう。一卵性双生児は，むろん遺伝的にはまったく同じである。そこで，もし異なる生活経験あるいは「環境を共有しないこと」が，異なるパーソナリティ特徴を引き起こすとするならば，遺伝子または環境の相対的重要性についてより多くを学ぶことができるであろう。しかしながら，多くの調査・研究は，これまでここに決定的な答えを出してこなかった。たとえばフィンランドで，遺伝的に統合失調症を発症する可能性を持つ養子の子どもに検査を行った。その際同時に，養

子家族における家族力動についても慎重に検討したところ，遺伝子的問題と家族の機能不全の両方が存在した場合に，統合失調症の症状が発現する可能性が高まった。しかし，遺伝的潜在性か機能的な家族のいずれかが欠けている場合には，症状は発現しなかったのである（Wynne et al., 2006）。

　これは，いかに生活経験が遺伝的可能性に対して保護的になりうるか，あるいはそのような可能性を現実のものとするのかについての好例である。先に，セロトニンの役割は「幸せな」感情であると言及したが，セロトニン伝達遺伝子に関する多くの調査・研究が行われてきた。この5HT遺伝子には二つの型がある。「短い」型を持つ者は，行動上の問題を起こしやすく，高い不安を抱きやすく，また抑うつ傾向に陥りやすい。しかしながら，良い経験がこの影響を和らげる。ある研究において，1万人以上の参加者を23年間追跡調査した（Caspi et al., 2003）。生活上経験した出来事に対するストレスの数という観点からは，一見したところ遺伝子型の長短に違いはなかった。しかし，短い対立遺伝子を持つ群は，早期の不利な経験に続いて，成人期には抑うつ，あるいは子どもの頃には行動上の問題といった症状を呈する傾向があった。長い対立遺伝子を持つ群は，同じように悪い体験をしても，同様の深刻な徴候は示さなかった。興味深いことに，これら短い型を持つ人は，脳のスキャンにおいて恐ろしいイメージに対して強く反応する扁桃体をより活発化させることが示された（Hariri et al., 2006）。この5HT遺伝子は，セロトニン系に影響を及ぼすものの一つであることが知られている。もう一つはTPH2と呼ばれる遺伝子で，これには別の効果があり，ADHDからパニック障害，双極性障害，そして自殺傾向に至るまで，幅広い症状に作用する可能性が考えられている（Shamir & Sakowski, 発行年不明）。繰り返すが，遺伝子の可能性と経験との組み合わせこそが重要なのである。

　同様に，もし子どもがトラウマや激しいネグレクトを受けており，また脳内のエンザイムやモノアミン，オキシダーゼA（MAOA）のレベルが低いという特定の遺伝子を持っているとすれば，同じ遺伝子を持ちながらも不適切な扱いを受けなかった人たちに比べると，9倍も，暴力あるいは反社会的行動をとる傾向にあることが示された（Alia-Klein et al., 2008）。子どもに対して不適切な扱いをすることはとても大きな影響を与えるが，同じ不適切な扱いに対して，すべての子どもが必ずしも似たような影響を受けるというわけで

はない。1,000人以上の子どもを対象としたある研究においては，MAOAが低レベルで深刻な虐待を受けた男児の85%が，後に反社会的になっているという (Foley et al., 2004)。

同じくこれに関連して，短い型より長い型のDRD4と呼ばれる遺伝子を持つことで，子どもは物珍しいことを探しまわり，ADHDになる可能性を増す (Faraone et al., 2001)。この遺伝子を持つことはまた，無秩序・無方向型アタッチメントの可能性をも増大させるが，これはむろん，トラウマ的で恐ろしく，非常に一貫性のない養育を受けた子どもにも見られる。もし，子どもがよりハイリスクの長い対立遺伝子を持ち，敏感ではなく非共感的に育てられたとしたら，このような具現化された行動を示すであろうし，さらに無秩序・無方向型のアタッチメントのサインをより多く示すことになるだろう (Bakermans-Kranenburg et al., 2008)。しかし，もしこの同じ子どもが，敏感で調和的な養育を受けたなら，このような影響は見られない。ここで再度，経験と遺伝子，素質と養育が，その影響を及ぼすうえでの相互作用を目の当たりにすることになる。

DRD4は，ドーパミン生産と脳の報酬系に関わるが，同様にこのシステムに影響を及ぼす遺伝子は他にもある。たとえば，D2DR遺伝子の二つの遺伝的変異のうちの一つは，人の報酬回路のさらなる活性化を引き起こす (Cohen et al., 2005)。そのうち，環境的インプットに対する感受性の量を変えるのに貢献するようなより多くの遺伝子が発見されることになるであろう。

このような発見は，客観的にどの治療を提供するのかにも影響するかもしれない。たとえば服用量の多い薬物治療は，長い型のDRD4遺伝子を持つ子どものADHDの症状を軽減するために必要であろう (Hamarman et al., 2004)。育児介入の効果もまた，この同じ遺伝子のどの型を持っているかに左右されることになるだろう。行動化がより激しくADHD傾向の行動を示す子どものグループで，子どものストレスとコルチゾールレベルを減らすために育児介入が計画された。しかしこの育児プログラムは，長い型のDRD4が7回繰り返される対立遺伝子を持つ子どもには成功したが，短い対立遺伝子を持つ子どもにはほとんど功を奏さなかった (Bakermans-Kranenburg et al., 2008)。

それでもなぜ，素質あるいは進化が，ADHDの予後を引き起こす遺伝子型の子どもが生まれることを決定するのかという問いが起こるかもしれない。

しかしこうした気質が，ある環境においては有利であろうという進化論的理由から選ばれてきたのではないかと思われる。大規模移住に関与した人に関する膨大な検証では，平均より高い割合で子どもをADHDに導くのと同じ「新奇探索」遺伝子の変形を有していたことが示された（Chen et al., 1999）。新領土の発見に生存をかけていた人々にとって，このような新奇探索は助けになったと推測できる。ケニアのある部族，アリアル族の7分の1は，長い型のDRD4遺伝子を持っていたというまた別の説もある。アリアル族は，遊牧民のようにあちらこちらに移住するか，定着して田園生活を送るかのいずれかである。これら新奇探索の対立遺伝子を持つ遊牧生活の人々は，ヒツジやヤギとともに縄張り間を行き来し，よく肥え，健康的であったのに対して，同じ対立遺伝子を持ちながらも定住して田園生活を送っていた人々は，それほど栄養が十分ではなかった（Eisenberg et al., 2008）。定着しない生活を送る場合，「ADHD誘発」の変形遺伝子を持つほうがより良い選択かもしれない。それぞれの遺伝的変異は，それぞれの環境での生存と順応を助けるのだといえよう。

　このように，私たちが見ているのは，遺伝的には特定の障害がより生じやすく生まれる子どもはいるものの，子どもの行動を密接に見守るというある種の育児はまた，しばしば行為障害のような徴候を引き起こす遺伝子の潜在的表出を大いに減少させるということである（Dick et al., 2009）。ベルスキー（Belsky, 2005）が考察してきたように，このような調査・研究について考える一つの方法は，一部の子どもは他よりも「養育的影響」，または育児的インプットの影響を受けやすいということである。もし，短い型の5HT遺伝子を持っているならば，おそらく悪い育児により影響を受けやすい。彼はこのことについて，進化論的な理解が可能だとする。なぜなら，現在の環境に影響を受ける子どもと，環境を変えることで活躍するであろう子どもがいる場合，親はより多くの子どもが生き残ることのできるチャンスを増やそうとするからである。

遺伝子は自分と他者の行動に影響を及ぼす

　遺伝子は，養育スタイルにも一定の影響を及ぼす。たとえば，すでに言及

した5HTの短い対立遺伝子を持つことが，共感的ではない育児を引き起こしてしまう。しかし，これもまた社会的支援あるいは夫婦間の調和といった要因によって軽減される（Bakermans-Kranenburg & van IJzendoorn, 2008）。出生時に引き離されたスウェーデンの双子の研究もまた，母親の温かさと夫婦間の調和の比率の違いが，遺伝的要因によって説明できることを示している（Neiderhiser & Lichtenstein, 2008）。

むろん，双子ときょうだいの研究から引き出される結論については，多少の注意を払わねばならない。一般的な仮定は，同じ家族の子どもは同じ環境にあり，同じ影響を受けるため，もし子どもが違った様相を呈するとすれば，それは子どもの素質の違いに依拠するはずであるというものである。実はこれは事実ではない。ピオンテッリ（Piontelli, 1992）が行ったような，子宮内の双子についての研究者による超音波検査は，双子は子宮の中においてさえ，互いに異なる経験をしていることを示している。他の研究では，親にどう扱われるかによって，同じ家族内の同性の思春期の子どもの行動と結果が異なることが明らかになっている。それぞれの子どもは，まったく違った扱いを受けていた（Reiss et al., 1996）。たしかに，もし一人の子どもが厳しい扱いを受けるなら，他方は保護的影響を持ちうる。これは，ライス（Reiss, D.）が「きょうだいのバリケード」と呼んだ現象である。同様に，カスピら（Caspi et al., 2004）は，明らかに遺伝子の100%を共有する600組の一卵性双生児の研究において，双子それぞれに対する母親の肯定的あるいは否定的な情緒表現の度合いが，後の反社会的行動を予測することを発見した。

その一方で，子どもによっては，親や仲間そして他の大人に異なる反応を喚起しうるというのもまた事実である。親は二卵性より一卵性の双子に対して，より同じように接する。たとえば，他者の敵対的な反応を喚起したり，他の子どもよりも反社会的になる傾向がある子どもがいる（Reiss et al., 2000）など，子どもの遺伝子は環境からの反応を喚起しうる。にもかかわらず，遺伝子と環境というこうした二者の相互作用は依然として残る。親が一貫して穏やかで情緒的に不安定ではないなら，このような挑発的な子どもの遺伝的影響を「鈍らせ」，より穏やかな家族生活を導くことになるようである（Feinberg et al., 2007）。

生後5カ月という早期においては，母親による敵対的行動の30%は乳児

の気質に起因するものであると主張する研究者もいる（Forget-Dubois et al., 2007）。また別の養子縁組研究では，生物学的親に反社会的傾向あるいは薬物やアルコールの乱用があった養子の子どもは，厳しく一貫性のない養父母を持つ傾向があることを示している。これらの発見は，周囲に怒りの反応を引き出すという，こういった子どもが受け継いだ気質によって説明されるとするものである（Ge et al., 1996a）。他の研究でも同じく，反社会的な母親から生まれた子どもは，養父母からの否定的な育児を経験する傾向にある（O'Connor et al., 1998）ことが示されるなど，子どもの破壊的な行動や気質が，より厳しい育児を引き起こすといえるようである。ただここでも再度，注意を促したい。養父母が明白な心理的問題を示すなどのリスクのある環境下では，このような影響が低リスクの環境下におけるよりも起こりがちなのである（Riggins-Caspers et al., 2003）。

一卵性双生児についてのある大規模研究では，自身の結婚生活上の葛藤がなくとも，一卵性の双子のきょうだいに葛藤があった場合，自身の葛藤のレベルとは無関係にその子どもに反社会的行動が予測されることが示された（Harden et al., 2007）。言い換えると，双子が共有する遺伝子は，彼ら自身だけではなく，彼らの子どもたち（ここでのいとこ関係は実質上，半分きょうだいである）にも，遺伝的に突き動かされた行動をとらせるということである。これは結婚生活上の葛藤と，遺伝的ルーツを持つ反社会的行動の間の関係性を示唆するものである。

他にも，より驚く調査・研究がある。一卵性と二卵性の双子女性と結婚した夫の大規模サンプルに対して，結婚についてどのくらい満足しているかという質問を行った。妻が一卵性の双子の夫の回答は，二卵性の双子の夫の回答よりも類似点が多かった。これは，遺伝的な影響が妻の結婚生活における態度だけではなく，それに対する夫の見解，そして双子姉妹の夫の反応にさえ影響を及ぼすことを示唆するものである（Spotts et al., 2004）。

最後に，遺伝子-環境の相互作用は，家族の相互作用のレベルと同様に，マクロ社会的なレベルでも理解される必要があることを強調しておきたい。たとえば，フィンランドにおける約1万人の双子の大規模研究（Rose & Kaprio, 2008）では，思春期のアルコールとタバコの使用には，明らかに遺伝性の要素があることが示された。しかし，異なる育児スタイルやきょうだい

との相互作用とともに，学校や地域によってもこの影響は左右された。都会か地方かの環境によってもまた異なった。このように，さまざまなレベルの相互作用と分析が繰り返し必要とされるのである。

遺伝子がすべてではない

さまざまな遺伝子研究と同様に，非遺伝子的発見もまた遺伝とは何なのかということに一石を投じうる。たとえば，エビデンスの多くが，IQ はある程度は遺伝するが環境要因によってもまた非常に大きな影響を受けることを示唆している。その典型的な例が，フランスの大規模研究に見られる。それは，養子になった剥奪児の IQ は養子縁組の後に際立って向上したが，恵まれた家庭の養子になると IQ はさらに向上したというものである (Duyme & Capron, 1992)。つまり，知能については，遺伝には関係なく環境の違いが重要な役割を持つことが立証されているのである。

同様に，ルーマニアの孤児研究では，これらの子どもが明らかに自閉症に類似した症状，認知障害，脱抑制型アタッチメント，そして注意や情緒調整の問題という共通の徴候を示すとともに，そのすべてが一般的な養子縁組の子どもより非常に高い割合で見られることが示された。このような影響の多くは，新しい環境に入って何年か後にも相変わらず存在したのである (Rutter et al., 2007)。

他の領域では，遺伝が特に広く影響を及ぼすことは示されていない。母親から子どもへのうつ病の伝播について，遺伝的要因と環境要因の両方から検討した養子群と非養子群の大規模比較研究がある (Tully et al., 2008)。その研究では，遺伝的要因を持つ子どもと持たない子どもの両方が，母親（父親ではなく）がうつ病であった場合に思春期に抑うつに陥りやすいことを明らかにした。つまり，子どもが養子かそうでないかにかかわらず，環境のみ（すなわち実母か養母かにかかわらず，うつ病の母親）が主因だったということである。

同様にアタッチメントの型も，子どもが親から受ける異なった扱い，特に親の感受性とこころへの関心の違いに影響を受ける (Fearon et al., 2006)。遺伝は，母親の感受性と子どものアタッチメントの型の間のつながりにはほと

んど影響がないようである。双子に関するある研究は、遺伝的要素は、子どものアタッチメントの安全性を必ずしも予測するわけではないことを明らかにしている。この研究では母親の感受性が測定された。母親は双子のそれぞれに対して、異なった敏感さで接する。つまり、これが、双子それぞれのアタッチメントの安全性の独立変数となったのである（Bokhorst et al., 2003）。双子であっても、共有しない環境は膨大にある。デビッド・ライスら（Reiss et al., 2000）が指摘するように、実際いくつかの双子研究では、親が双子のうちの一人に強いアタッチメントを持つことで、もう一人に対するアタッチメントを妨げることを示している。同じ家族の子どもでも、必ずしも情緒的に同じ環境を共有するわけではない。何らかの影響を共有することもあれば、また非常に異なる経験もする。子どもは家族の中で異なる扱いも同様の扱いも受けるが、その微妙さを十分にすくい上げる測定法が必要である。

まとめ

現在、膨大な数の遺伝子に関する調査・研究が行われているが、まだ分からないことが多いため、多くの結論を出すにはあらゆる意味でむしろ時期尚早である。複雑な要因の一例は、虐待の連鎖のような世代間の影響に関して見られる。私たちは、環境的インプットが重要であることを知っている。たとえば、感受性が高い、あるいは低い養育が、ネズミの子孫がいかに自分の子どもの世話をするのかに影響を与える（Cameron et al., 2005）。子ネズミとして愛情を込めて舐められて育ったネズミは、後に自分の子ネズミにも同じことをする親になる。遺伝子はある程度の違いを生む。緊張の高い母ネズミは、世代を超えて落ち着きなく感受性の良くないネズミを生み出し、たいていは養育力の乏しい親になる。しかしながら、保護的で穏やかな血統の母ネズミに育てられると、それらの子どもはやはり穏やかでまったく神経質ではなくなる。遺伝子-環境の相互作用の問題をさらに複雑にするのだが、過去数年の間に明るみに出てきたのは、優れた、あるいは劣った養育が遺伝子レベルの分子に影響を及ぼすかもしれないというラマルク（Lamarck, J-B.）[訳注†12]

訳注†12　個体が後天的に身につけた形質（獲得形質）が子孫に遺伝するという進化論を提唱した。

以降，多くの批判も集まった考えである。当初の調査・研究によると，ネズミの場合，万全の世話をされたという記憶がその子孫の脳中枢に刻まれるだけではなく，まさしくその遺伝子そのものが影響を受け，次の世代に影響を及ぼすことが可能である（Champagne & Curley, 2009）という。この調査・研究は，いまだ証明されてはいないが，養育が特定の遺伝子の潜在能力の表出をオンあるいはオフに切り替えるばかりか，次世代が受け継ぐであろうまさにその遺伝子の型すらも，変えることができるということを示唆している。これは，遺伝子と素質／養育についての議論において，今後，明らかにされるべきことの一つである。

　乳児あるいは胎児でさえも，自分自身の存在する世界の手がかりを見つけ，そこに適応するだけではなく，（非意識的に）後の環境が類似しているかもしれないと予測さえするというのは理解できる。また，遺伝の程度が長い年月をかけながら発達するかもしれないことも理解できる。たとえば，他の人種よりも糖尿病にかかりにくく進化したと思われる人種は，溜まった遺伝子が一定の経験に引き続いて変更されたためである（Diamond, 2003）。しかし，人間を含むほとんどの動物は，これら早期の予測が間違っていた場合に備えて，ある程度の適応性を保持している。相互養子研究がその一例である（Champagne & Meaney, 2007）。

　遺伝子の調査・研究は，近年，非常に進歩してきており，現在では単純化されすぎた知見をよりうまく回避するようになっている。今や私たちは，遺伝子の重要性を知っている。また，環境と経験の影響が重要であることも知っている。さらに，特定の経験が遺伝的要因の影響に勝るであろうことも分かってきている。受け継いだ遺伝子が一因となり，特定の環境的ストレッサーに対して，他者と比べてより大きな影響を受ける人がいることもまた知っている。おそらく現時点で導くことのできる包括的な結論は，遺伝子と環境の両方が重要であり，遺伝子の潜在力は環境的インプットによってオンにもオフにも切り替えられるということである。これからまだまだ大変興味深い調査・研究が出てくることは確かである。それは，特定の状況における，遺伝子と環境のより詳細な相対的影響についての理解を助けてくれるものになるであろう。

第13章 本書のまとめ：早期の体験とその長期的な結末

Conclusions: earlier experience and its longer-term consequences

　本書では，まだ見ぬ将来にあらゆる可能性を秘めた人間の乳児が，いかに固有の人物になっていくのかについての根源的な事柄を描写することを目指した。この試みの中核にあるのは，このテーマについて近年ますます光明を投げ続けてくれている調査・研究の知見である。人がこれまでに生きてきた人生は，他に可能性のあった人生を生きなかったことを意味する。ある特定の家族，文化，時代背景，そして社会集団の中に生まれてくること，そしてそこで独特の出来事を体験するということは，その人物を形作る素材を提供する遺伝との組み合わせとともに起こる偶然である。

　幼い子どもへの影響の度合いについて考えるときに人々が口にする主な問いは，どの程度，人生早期からの連続性が避けられないものなのか，そして時間の経過とともにどれほどの変化が可能なのかということである。これは，早期の体験が良いものではなかった人に違いをもたらそうとする際に極めて重要な問いとなる。私たちは，早期の体験に影響を受けつつも，過去に学習したことと並行して新たな体験を積み上げることができる子どもや，関係性に対する新たな期待や内的作業モデルを発達させることができる多くの子どもと出会ってきた。この最終章では，これらの問題のいくつかに立ち戻ることにする。ここまで，生態学的観点（Bronfenbrenner, 2004）から発達について記述してきたが，これは個人，家族，近隣地域，そして社会的要因とそれらが相互に影響し合うさまを考慮に入れるものである。第10章で思春期について考えたように，人生を通じて影響の「雪崩現象」があるということ（Masten, 2006）を考えさせられる。このような観点は，人生の経過の中にはあ

らゆるレベルの影響と介入の潜在的ポイントがあることを示唆するものである。

アタッチメントと早期の体験の影響

　本書では常にアタッチメント理論を呈示してきたが，この最終章でも再度，早期のアタッチメントが持つ長期的影響について見てみたい。1歳時に測定するストレンジ・シチュエーション法（第5章）のみでは，たとえそこに興味深い連続性が見られるとしても，後の発達の良い予想指標にはならない。子どもがどのような種類のアタッチメントを形作るのかは，主たる養育者との体験に影響を受ける。遺伝子と気質は，ストレスに反応しやすく生まれてくるなどといったかたちで影響を及ぼしはするが（Frigerio et al., 2009），アタッチメントの状態は子どもの気質よりも子どもが受ける養育の種類の機能に関わるものである（Fearon et al., 2006）。

　早期からの連続性の典型的な例として，乳児期に不適切な養育を受けた子どもが，幼稚園や保育園で弱い者いじめをしたり，困っている子どもに対して共感的な態度を見せたりすることが少ないといったことが挙げられる。家庭で共感的な扱いを受けた子どもは，困っている子どもに対して親切にし，関心を寄せる（Sroufe, 2005）。ここに，早期の非意識的な関係性のパターンが引き継がれているのが分かる。不適切な扱いを受けた子どもが，保育スタッフから不適切な扱いを受けるわけではない。しかしどういうわけか，こうした子どもは結果的に他の子どもと比べてあまり好かれなかったり，遠ざけられたりしてしまうのである。研究者らは，このような態度の連続性は，思春期に至るまで見られると指摘している（Carlson et al., 2004）。早期のアタッチメントが継続的に影響を及ぼすとするこうした考えの前提にあるのは，人間が，経験と関係性の内的心的モデルに対する反応の中で発達し，それが後の関係性でも用いられるということである。不適切な養育を受けた子どもは，他の子どもが好意的に受け止めるような行為に対しても，攻撃的な意図を読み取りがちである。手続き記憶に基づくこうした非意識的な内的モデルは，新たな種類の体験によって変更されもすれば，経験の連続性によって確認されもする。つまり内的モデルは，常に現在と早期の体験の組み合わせを反映

するものなのである。

　母親の繊細さがアタッチメントの安全性を予期することを示唆する膨大なエビデンスが存在する。しかし、親がアタッチメントの安定性を子どもに伝えるメカニズムが何なのかについては、まだあまり分かっていない。これは、しばしば伝達の隙間といわれる知識の欠如である（Van Zeijl et al., 2006）。第一線の児童発達研究者の間では、母親の繊細さが重要な役割を果たすということで意見の一致をみているようであるが（Steele et al., 1996）、こうした安定性についての、単独で正確な、そして信頼性のある測定方法についてはまだ同意されたものがない。調査・研究が発見した予測因子としては、メインズら（Meins et al., 2001）が定義した乳児のこころへの母親の関心が、現時点での候補であろう。

　1歳時点で安定したアタッチメントを確立していた子どもでも、外的要因に変化が起これば、そうした健康的な情緒状態のままでいられることはまれである。ベルスキーとフィアロン（Belsky & Fearon, 2002）は、安定した環境がそうではなくなるときと、その反対の状況において何が起こるのかを検討した。学校に登校する準備性、言語能力、そして社会的スキルといった要因に関して、15カ月時点では不安定であっても後に非常に繊細な養育を受けた子どもは、1歳時点では安定していたが後に養育体験が悪化した子どもよりも実際に良い結果を出した。つまり、家庭内のストレスや社会状況の悪化が親の繊細さを減少させ、良くない軌道を導きうるということである。

　大変なリスクがあるにもかかわらず、有害な体験を驚くほどよく生き抜いて、非常によくやっている子どももいる。ワーナーとスミス（Werner & Smith, 1992）は、たとえば子ども時代の甚大な有害体験を乗り越えて大人になった人は、心身症という問題にさいなまれながらもあらゆる面で良く機能しているようだと発表している。これと同じことが、早期の分離を体験し後にうまくやれているように思われるアカゲザルにも見られることが分かっている。アカゲザルは、ストレスの高い状況に置かれてたときにのみ、以前の奇妙な行動に退行するという（Suomi et al., 1996）。過去は、その痕跡を残しうる。これは、精神分析家のマイケル・バリント（Balint, 1968）が、パーソナリティの断層と述べたものである。能力があり、かつ肯定的な養育を受けた子どもは、人生のスタートが悪かった子どもに比べて、ストレス状況下に置かれた

ときに問題行動を示すことが少ない傾向にある。

　子どもは常に，すでに形成された非意識的な関係性の型を使って，現在の状況に適応する。善良な稼ぎ手である父親を失う，あるいは暴力的な父親を持つことになるなどによって子どもの状況は変化するが，子どもはそれに適応する。早期のアタッチメントの安定性は，こうした社会的・情緒的打撃を和らげてくれる。言い換えると，15ヵ月時に安定していた子どもは，不安定であった子どもよりも良いスタートを切れるであろうし，2年，4年，10年後にも安定し，自信を持ったままでいられる可能性が高いであろう。しかしそれは，繊細で思慮深い養育が保ち続けられた家庭にいたからなのである。言うまでもないことだが，最善の環境とは早期の良い体験が後の良い体験に引き継がれることである。そしてそれは，むろん正しい気質とともに，である。

　早期のアタッチメントの型は続きうるし，世代を超えて伝達されることすらありうる。ミリアム・スティール（Steele, M.）とハワード・スティール（Steele, H.）は，初めて母親になる妊娠期間中にアダルト・アタッチメント・インタビューを受けた女性の追跡を行った（第5章参照）。妊娠中に安定－自律型のスコアを取った母親の子どもは，11歳時点で，複雑な情緒により良く対処し，他者の感情をより良く理解し，他のあらゆるスコアにおいてもより有能であるという結果が出ている（Steele & Steele, 2005）。私たちは，抑うつ（Martins & Gaffan, 2000）や境界性パーソナリティ障害（Levy et al., 2005）といった診断可能な精神保健上の問題を抱える親が，子どもと安定したアタッチメントを築くのが難しいということを見てきた。不安定なアタッチメントを持つ子どもは，成長するにつれて問題行動を起こしやすかったり，人間関係の困難に陥りやすかったりするなど，あらゆる面でリスクが高い。安定した子どもは，より良い社会的スキル，仲間関係，そして認知能力を持つ傾向があり，より共感的でもある（Prior & Glaser, 2006）。

　ドイツのグロスマンら（Grossmann et al., 2005）やミネソタのスルーフ（Sroufe, 2005）によるアタッチメントに関する膨大な長期研究は，早期体験の長期にわたる影響に関するエビデンスを明確に示している。たとえば，スルーフによるミネソタにおける研究では，10歳まで安定していた子どもは，夏のキャンプにおいて，回避型やアンビバレント型の子どもに比べて大人に対す

る依存性が低かった。これらの研究はまた，12～18カ月時のアタッチメントの質と思春期の社会的機能の関係性についても，明らかにしている（Sroufe, 2005）。興味深いことに，安定から不安定へと機能が変化した子どもは，変化のなかった子どもに比べてより多くのストレス体験があったことが分かっている。スルーフのミネソタ研究は，多くの要因を測定し，可変要因に入れ，多くの人生の瞬間をデータとして検証することで，どのように人間が今ある人間になったのかということの意味づけをしている。アタッチメントに関して，早期の子ども時代と後の人生の間にはたしかにある連続性がある。しかし，それは膨大な他の要因や後の影響によって変化し，ある方向にもまた別の方向にもその軌道は変化しうるのである。

子ども時代のトラウマと良い体験の欠如

人生早期に極端な虐待やネグレクトを体験したとするならば，懐疑論者ですらもそれが長期的な影響を及ぼすことに同意するであろう。これまでに，ストレスとトラウマが，いかに脳の伝達経路のみならず，ホルモンのシステムやコルチゾールのレベルに顕著な影響を及ぼすのかを見てきた。第11章では，不適切な養育が後の結果に及ぼす破壊的な影響について示した。たとえば，境界性パーソナリティ障害が，いかに密接に子ども時代の不適切な養育と関係しているのかといった例である。早期の虐待や子ども時代の深刻なアタッチメントの問題は，実行機能や関係を形成する能力などといった幅広い力に影響を及ぼす（Minzenberg et al., 2006）。こうした子どもは，悪い体験をしたというだけではない。トラウマを抱える子どもの多くは，たいていの安定したアタッチメントに見られるような，内省機能を持つ大人からの良い養育という「予防接種」を受けられるような幸運には，決して恵まれてこなかったのである（Bateman & Fonagy, 2004）。

長期にわたる極端な虐待やネグレクトの結果は，それほどひどくはない逆境で育った子どもと比べてもはるかに希望が持てないものであり，そうした子どもは変化に対する潜在力も十分に備えていない。ルーマニアから引き取られた孤児の集団についての幅広い研究からは，その孤児院に長くいればいるほど，その後にうまくいかないことが分かっている。また，これらの子

もたちは皆，社会的機能か認知機能，あるいはその両方に何らかの障害があることが示されている。子どもたちの多くは，非常に面倒見の良い家庭に養子に入っており，その多くは非常によく成長したのだが，それでもやはり可能な変化には限界があったのである（Rutter et al., 2007）。

一般に，最悪の体験をした子どもほど最も長期的につらい思いをする。特に気がかりなのは，その多くが虐待やネグレクトのために自身の家族とは暮らしておらず，国が保護した子どもである。そのうちの50％が精神保健上の困難を抱えており，教育的にも心理的にもこうした子どもの全般的な予後は良くない。受刑者の1/4以上は，もとは「公的保護下」にあった子どもである。良くないことは同時に起こる傾向がある。もし，子どもが五つ以上の有害な要因，たとえば，家庭内での薬物乱用，暴力，失業，障害，精神保健上の問題，あるいは乏しい住環境を経験したならば，こうした子どもは退学(訳注†13)になる可能性が36倍も増え，警察の厄介になったり，あるいは公的保護システムに入ったりする可能性はさらに高い（Richardson & Lelliott, 2003）。アメリカのACE研究でも同様の結果が出ている（Dube et al., 2003）。悪い経験は悪い結果を生み出し，概して経験が悪いほどその結果もより悪くなるのである。

どのような変化が可能なのか

しかし，変化は可能である。介入は子どもの未来に間違いなく影響を与えうる。早期の体験の影響と後の体験が，いかにその後の人生の軌道を変えうるのかという劇的な例は，子どもがトラウマや虐待を受けた後に養子という根本的な介入を行った際に見られる。ストーリー・ステム法を用いた調査・研究（Hodges et al., 2003）では，トラウマを受けた子どものこころは壊滅的なシナリオに満ち，大人が信頼するに足る存在であり，生活に秩序，日課，あるいは安全な境界が存在しうるといったことがほとんど信じられない傾向にある。そうした子どもが養子になった時点での物語は，しばしば血，死，暴力，また未熟な子どものように振る舞う大人や安全ではない世界に暮らす人々で満ちあふれているが，安全な家庭に養子に入ると，早くて3ヵ月目か

訳注†13　イギリスでは，義務教育期間であっても停学や退学の処分を受けることがある。

ら変化が見られ始める。語りに壊滅的なシナリオが少なくなり，物語はより秩序だった構成を見せ始める。そして，大人が面倒を見てくれることをあてにできる世界を描き始める。しかし，古い物語も残り続け，元々の世界観にも頼り続ける。つまり，古いバージョンと並行して新しいバージョンが育ち始めるのである。子どもはその時々によって，異なる現実の理解に頼る。つまり，ストレス下に置かれたときには古いモデルが再び前面に出てきやすくなる。この研究で最も改善を示した子どもは，アダルト・アタッチメント・インタビュー（第5章参照）で安定-自律型のスコアを示した親のもとに養子に入っている。言い換えると，こうした親は，情緒の消化，内省的自己機能，あるいはメンタライジングに関して優れた能力を持つ親だということだが，これは本書に流れるもう一つのテーマでもある。

　同様に希望が持てるのは，人生早期に里子になった子どものアタッチメントの状態の変化である。メアリー・ドジエールと共同研究者ら（Dozier et al., 2001）は，深刻なトラウマを受け，虐待的な背景を持ちながら里子になった子どもに関する膨大な調査・研究を行った。彼らは，1歳までに里子に入った乳児は，新しい養育者との関係性の型に合うよう自らの関係の取り方を再構築する傾向が見られるという衝撃的な発見をしている。安定-自律型に分類された養育者に引き取られた里子は，それ以前に虐待を受けていたにもかかわらず，安定型のアタッチメントを形成する。養子に入った子どものストーリー・ステム法の調査・研究にも見られるように，子どもの心理的状態に対して敏感な養育者に措置されるのは，明らかに有利なのである。良き家庭に措置された子どもの表象世界は，より良性で希望に満ちたものになるばかりではなく，措置が失敗に終わったり難しい問題を呈したりすることもまたまれである。

　虐待的な早期体験の後に，安全な家庭に養子に入ったり里子に入ったりするというのは，こうした子どもが持つ多くの体験よりもずっと劇的な介入である。私たちは，子どもをある軌道から別の可能性へと向け変えるには，あらゆる影響と要因があることを知っている。こうした人生の変化には，たとえば母親が抑うつ的になる，家計が危機に陥る，支持的な継父に出会う，子どもが良い学校または悪い学校に入る，あるいはこれまでとは非常に異なる地域に転居するなどといったことも含まれよう。その他の重要な要因には，

教師，ソーシャルワーカー，あるいはセラピストといった専門家が行うことや地域や社会的介入といったことも含まれる。本書の読者の多くは，子どもや家族の軌道を変化させるような活動に携わっているはずである。

子どもの精神保健に関していえば，早期介入は，成人に至るまで直に影響を及ぼしうるというエビデンスが増加している。治療から得られる長期的利得には，ADHD治療のための向精神薬使用のリスクの低下，神経性無食欲症における死亡率の低下，そして自閉症スペクトラム障害における言語障害に対して早期介入が行われた際のより良い成長の結果などが挙げられる（Hazell, 2007を参照）。

近年の子どもの精神保健の世界においては，介入がいかに違いをもたらしうるのかについてのエビデンスがますます増加している。ここではどの方法がどの問題に効くのかといったことには深入りしないことにするが，これに関しては，カジンとヴァイス（Kazdin & Weisz, 2009），ロスとフォナギー（Roth & Fonagy, 2005）といった専門家が詳しく報告している。たとえば，深刻な行為障害や反抗的行動は種々の親トレーニングによって成功裏に扱えること，思春期抑うつは対人関係療法によって効果が得られること，また認知行動療法（CBT）が不安障害と強迫症状に効果的であるといったことが挙げられる。

こうした知見は大きな希望をもたらしてはくれるが，ある形態の治療が他のものよりも効果的であるといった議論に用いられる際には注意が必要である。他の諸要因が入り込み，結果をゆがめてしまうことは避けられない。まだエビデンスを持たない多くの治療形態もある。CBTのようなある種のセラピーは，特に**無作為抽出法（RCTs）**のような承認された調査・研究フォーマットに馴染みやすく，またCBTの実践家は調査・研究財源を獲得することに長けている。精神分析的アプローチやシステムズ・アプローチといった治療は，RCTsによる調査・研究が十分になされていないが，エビデンスは増加しつつある（Trowell et al., 2007; Kennedy, 2004）。RCTにより集積されたエビデンスがないことが，治療に効果がないということを意味するものではない。

さらに，実験的臨床試験における良好な治療結果を，多くのクライエントが受けている通常の臨床へと転換するには，かなりの困難が伴う。調査・研究試験の考案者の熱意と信念は，そう容易には日常の臨床に移行できないで

あろうし，ある治療が必ず結果に効果をもたらすという一貫した信念もその理由の一部である（Beutler, 2009）。また，多くの調査・研究試験は，単一の障害（不安あるいはうつなど）を呈する子どもの治療を比較するものであるが，この領域の実践家は単一の障害のみを扱うことで済むような子どもにはめったに出会わない。実際，援助を求めて紹介されてくる子どもの多くは，深刻で多岐にわたる疾患（comorbidity）と呼ばれる，幅広い問題を抱えているため調査・研究試験の対象となる可能性すら低いのである。

　より重要なことは，おそらく治療形態とは別の要因が違いをもたらすというエビデンスの増加である。提供される治療の形態よりも，クライエントとセラピストの間の治療同盟と呼ばれるものの質がしばしばエビデンスとして提示される（Green, 2006）。これは言い換えると，同じ障害を持つ子どもや若者に対して異なる形態の治療を行った際に，治療形態にかかわらず，セラピストとクライエントの間の治療同盟が良好であればより改善が見込まれるということである。さらに結果は，クライエントがセラピストのことを好きであるかどうかには特に影響されず，むしろセラピストのスキルの程度と重要なつながりがあることも示している（Scott, 2008）。事実，優れたセラピストにはいくらか共通の要因があるようである（Lambert, 2005）。それは，良い同盟を作ることができること，一貫性があること，改善およびセラピストの有効性に対する希望と期待を持っていることである（Messer & Wampold, 2002）。セラピストの人となりとクライエントの人となりといった関係性の要因は，提供される治療の形態に大きな影響をもたらす（Beutler, 2009）。それでもなお，優れたセラピストは効果的な治療を用いる必要があり，これか，そうでなけばあれか，というのでは十分ではない（Sexton et al., 2004）。

　これは，本書の主要なテーマにとっても大いに意味のあることである。親の心理的態度とスキル，そして親が子どもとどのように関わるのかが大きな違いをもたらすわけだが，それはセラピスト，教師，あるいはソーシャルワーカーといった専門家の姿勢と能力についても同様である。本書で紹介した調査・研究は，いかに母親の感受性が重要であるのか，特に子どものこころへの関心とメンタライゼーションが，子どもの安定したアタッチメントを保証することを強調している。この領域にのみ絞って取り組むセラピストもおり，成功を収めているが，子どものアタッチメントは，親が子どもに対して敏感

に応じられるように援助を受けることで改善される（Bakermans-Kranenburg et al., 2003）。このことは，親の階級によるものであれ，乳児の気質によるものであれ，ハイリスク乳児の母親にとっては特に重要なことになりうる。ある研究では，援助を受けなかった統制群の78%が1年後に不安定型の子どもであると分類されたのに対して，援助を受けた群ではそれが38%にとどまった。母親が応答的で思慮深くなれるよう，また子どもの情緒的サインを読めるよう援助を受けた場合，子どものアタッチメントの型に真の変化がもたらされうるのである（Cooper et al., 2003）。

同様に，産後うつに対するリン・マレー（Murray, L.）や，他の臨床家らの介入も成功をみている。こうした援助なしには，子どもはより受け身的で主体の感覚が乏しくなり，8歳までには行為障害を呈するようになる。マレーのサンプルでは，抑うつ的な母親の娘は，15歳までに平均値以上の抑うつ傾向を示すことが分かっている（Murray et al., 2006）。

また最近では，ウェブスター－ストラットン（Webster-Stratton et al., 2004），あるいはトリプル P（Triple P）（Prinz et al., 2009）のような，あらゆる親介入の影響に関する調査・研究も印象的である。こうした知見は，良くない早期体験の影響について考える際に陥りがちな，陰鬱な悲観主義に立ち向かわせてくれる。監禁されていた子どものような最も深刻な事例においてさえ（Woolfenden et al., 2001），アタッチメント理論の原則を基礎に置く効果的な援助を含む介入が，真の違いをもたらしうるという明確なエビデンスがある（Juffer et al., 2008）。

上述のとおり，介入は異なるレベルで行われうるし，またどこに向けて行うのか（子ども，家族，学校システムなど），タイミング，子どもの個人的要因，セラピストのスキルと介入の質，そしてその他の多数の要因によって異なる影響を与えうる。たとえば，抑うつ的な母親の子どもが，支持的グループあるいは親プログラム，母親の心理療法，あるいは家族全体や子どもの心理療法，または地域介入といったことの結果として良くなることもあるだろう。心理療法のみが母親の抑うつを援助するのではない。ここでより重要なことは，抑うつの治療を受けている母親の子どもは，治療を受けていない母親の子どもよりも良い成長を遂げるということである（Pilowsky et al., 2008）。つまり母親の抑うつの改善が，子ども本人が直接には治療を受けなくても，

子どもを援助することになるのである。また，子どもの生活は，貧困，社会・経済的立場，そして社会的ケアプログラムといった文脈的要因を通して劇的に変化しうる。ここでの主要なポイントは，多くの介入があるということ，そしてあらゆるレベルの介入があるということであり，それが憂慮すべき人生を軌道修正し，変化が可能であるという希望を与えてくれるということである。

おわりに

近年，私たちは子どもの発達調査・研究について，膨大な量を学んできた。本書では，私の個人的な判断や見解は避けるように努めたが，あまりにも多くの子どもが，最適からはほど遠い情緒的経験を生き抜く状況にあることは否定できない。おそらく，イギリスではこうしたことがより深刻な問題なのかもしれない。なぜなら，他のヨーロッパ諸国と比べてイギリスは，子どもの経験のほとんどすべてのスコアの結果が一貫して悪いからである。その典型が10代の妊娠で，これはオランダの5倍の高さである（Stone & Ingham, 2002）。イギリスでは，10人に1人の子どもが診断可能な精神保健上の障害を抱えており（Green et al., 2005），そこまではいかなくても多くの子どもが困難を抱えているのである。このような深刻な問題は，治療なくしては解決しないため，重大なことである。一つの典型例は，8歳で行為障害のある子どもの40％が思春期に犯罪行為で有罪となっているというものである。逆から見れば，有罪となった90％の思春期青少年が，子どもの頃に行為障害を有していたということである。早期の問題は，この他にも後の憂慮すべき結果を予測する。それはたとえば，10代の妊娠，薬物の使用，あるいは学習到達度の低さなどである（Romeo et al., 2006）。

これらの数字を，単に心理学的観点からのみ理解しようとするのは単純すぎるであろう。精神的健康の結果は西洋の中でもかなり異なり，まさに全世界を通じて多様であるという膨大なエビデンスが蓄積されている。これらの違いは，どのように社会が構成されているのかを反映する重要な目安である。一貫していえることは，収入の格差が大きければ大きいほど，最上層と最下層の両方の群の精神的健康が良くない状況にあるということである。膨

大な国際的サンプルによる疫学研究（Marmot, 2005; Wilkinson & Pickett, 2009）によると，より不平等で個人主義的な文化では，平均して他者に対する信頼が低く，精神的健康も含めた健康状態が悪く，全体的な予後も悪化するという。社会における不平等のレベルが高ければ高いほど，一般的な信頼のレベルが下がり（Uslaner, 2008），地域生活が脆弱になる（Putnam, 2000）といえそうである。こうした文化では，社会的サポートシステムが機能せず，そのために地域はより暴力的になり，家族が一つにまとまりにくくなり，その結果として全般的に悪化することになってしまうのである。消費者文化がこうした変化に油を注いでいることは，多くが同意するところである（James, 2008）。

家庭生活についての調査・研究は，結婚は良いものであり家族の生活が中心だといった考えを支持する政治家やその他の人々のスローガンとしてしばしば用いられる。こうした人々が用いる事実はおおむね正しいが，それでも議論に必ずしも筋が通っているとは限らない。たとえば，イギリスでは16歳のおよそ1/3が生物学的父親と一緒に暮らしておらず，アメリカの若者の半数もそうである（Bumpass & Lu, 2000）。また，両親が共に暮らしていない子どもの50%が，より多くの問題を抱えているのも事実である（Pryor & Rodgers, 2001）。子どもの精神保健のために，より良い家庭生活は非常に重要ではあるが，イギリス国内と国際的な疫学的エビデンスは，それがより幅広い要因によることを示唆している。心理学的問題に直接取り組むことは大切であるが，社会的問題に取り組むことも同様に大切であり，その両方が求められる。母親の抑うつと経済的貧困が組み合わされた場合とそうではない場合の，子どもへの影響についてみた重要な研究がある（Kiernan & Huerta, 2008）。その両方がある場合，子どもの認知発達および情緒発達には困難が見られるが，貧困あるいは養育のいずれかのみが影響を及ぼすのではないことが分かっている。貧困は大きな影響を持つが，養育の要因もまた子どもの生活に大きな違いをもたらす。やはり，システムの中の複数のレベルに介入することができるわけである。

現在の調査・研究の収穫のうちで最も刺激的なものの一つは，個々の子どもの経験とよりマクロな全人口の経験の間につながりを見いだせることであろう。ミクロのレベルでは，私たちは子どもがいかに世界を体験するのかについて多くのことを知っている。大人の保護がないストレスフルで苦痛な状

況に対する反応として、乳児が自分の中に引きこもったり自分をなだめたりするなどのある種の防衛を築き上げるのを見てきた。子どもとの直接の治療的関わりやストーリー・ステム法を用いた調査・研究を通して、子どもが世界をいかに安全ではないと感じるものなのかを理解することができる。たとえばfMRIスキャンからは、恐怖が扁桃部をより活発にすることで脳に影響を与えるということや、ストレス状況下にある子どものコルチゾール濃度がより高くなるといったことを知ることができる。同様に、家族の雰囲気や養育スタイルが子どもに及ぼす影響についても学んできた。近隣地域や文化的価値観、そしてあらゆる社会的・経済的構成もがさまざまな影響を与えるということも学んだ。

　また、こうした発見についての解釈もより進んでいる。ラター (Rutter, 2005) が指摘したように、私たちは以前は「崩壊家庭」と定義されていたようなリスクを示す要因と、単に親が別れたという事実よりも家庭内の不和や暴力といったことがより真のリスクになるといった要因とを、いとも簡単に混同してきたのである。子どもに影響を及ぼす親の抑うつといった直接の影響と、養育をより困難にし、そうした親の精神疾患の発生を増加しやすくさせる貧困といった直接的ではない影響の両方を考慮に入れる必要があることを私たちは学んだ。このことは「非難」、特に母親に対する非難を取り除くのに役立ちうる。親は子どもに影響を与えるが、それはしばしば暴力的な地域、あるいは虐待的なパートナーといった親のコントロールを超えたところに理由がある。同様に、親と子どもの間の影響の方向性もまた一方通行ではなく、子どもも親に影響を及ぼす (Rutter, 2005)。直接的な影響と、より直接的ではない影響の関係性は、まだまだより良く理解される必要がある。遺伝と環境の間の関係性についてはまだ分からないことが多く、この研究領域はいまだその乳児期にある。

　興味深いことに、ワーナーとスミス (Werner & Smith, 1992) の古典的研究における子どものレジリエンスの最善の予測因子は、2歳時にその子どもがどれだけ他者にとって「愛おしく感じられるか」である。この衝撃的な意見は、かなり詳細に解説する必要があろう。愛おしく感じてもらえるかどうかは、その子どもが生まれ持った気質と関係するものかもしれない。あるいは、その子どもがその時点までにどれだけ愛され慈しまれてきたか、また親

がどれほど自分のこころに沿ってくれたかといった，より直接的ではない要因に影響されることかもしれない。この知見はしかし，この調査・研究が，個人的な経験と，子どもが愛されているという経験や感情についてのものだという事実に私たちを引き戻す。

　このような包括的な分析は可能ではあるが，人間を誰一人として影響の集合体へと単純化することはできない。本書は，一般的な原則と，より広い外的要因について理解することを目的とする一方で，究極的には生かされている命，人が世界について考え，感じ，経験することについて記述しようとした。子どもも大人もそれぞれに発達軌道の上にあり，その軌道の理解とは，当然ながら行動を理解することを意味する。しかしそれはまた，その人の生物学的，心理学的，情緒的状態をも理解することであり，いかにその全体が環境と相互作用をし，環境に反応するのかということである。個人のレベルでは，個々の人間を能動的な行為の主体であると意識することを意味する。個人は，現在の外的状況と同時に，生育歴，先の経験，そして自らの情緒的，生物学的な一連の能力といった制約の中で新たな瞬間に入っていく。しかしその次の瞬間は，常に可能性に開かれている。たとえある人がある種のパターンを持っていたとしても，そのようなパターンは新たな経験と機会によって，確認されもすれば修正されもするのである。

　この数十年は，いかに子どもが発達するのかという理解に関して，とてつもなくエキサイティングな時代であったといえる。この先の数十年もまた同じように革命的であろうが，私たちは息をひそめてそれを待つ。現時点で確かなこと，そして調査・研究が明らかに示していることは，気質と遺伝は重要であり，それがより良く理解されるようになった一方で，どのような養育を受けるのかということや，子どものときにどのような環境にいるのかということもまた，大きな影響を及ぼしうるということである。むろん，子どもによってその影響の受けやすさに違いはある。こうした調査・研究は，私たちがどのような社会を作っていきたいのか，子どもと家族に対してどのようなサポートと援助を設けることができるのかといった議論の出発点になりえ，また，次の世代に大きな違いをもたらすものでもある。

用 語 集

足場 *Scaffolding*
　早期の学習を慎重に積み重ね，以前の学習を統合するために振り返ることによって学習が促進されるというブルーナー（Bruner, 1960）の理論。

アタッチメント障害 *Attachment disorder*
　反応性アタッチメント障害（reactive attachment disorder）を参照。

アダルト・アタッチメント・インタビュー *Adult Attachment Interview*（*AAI*）
　成人に情緒的体験について問い，内省的自己機能の能力と，自身の人生についてまとまりのある物語を展開することができるかどうかを評価する半構造化面接。

アンドロゲン *Androgen*
　男性ホルモン。

アンビヴァレント型アタッチメント *Ambivalent attachment*
　過剰なまとわりつきが見られるアタッチメントの一形態。一般に，一貫性のない養育スタイルと関連する。

乳母 *Wet nurse*
　自身の母乳によって他の母親の子どもを育てることを生業とする女性。

エピソード記憶 *Episodic memory*
　しばしば特定の人や場所と結びつく，個人的経験を含んだ記憶。

オキシトシン *Oxytocin*
　主として人と人の間の，良い感情に含まれるホルモン。特につがいの絆を持つ種に見られる。

外在化 *Externalising*
　劣悪な経験の結果，劇的な行動化や問題行動，あるいは暴力行為など，女児よりも男児に多く見られる行動。内在化された障害と対比される。

回避型アタッチメント *Avoidant attachment*
　養育者が近くにいようといまいと，ほとんど気にしないように見える子どものアタッチメントスタイル。子どもに対する「拒絶」的養育スタイルと関連する。

解離 *Dissociation*
　経験のある側面を切り離すためのこころの分裂。トラウマによく見られる。

環境予測 *Experience expectant*
　大人から世話を受けることや話しかけられることなど，人間が期待して生まれてくる経験。

間主観性 *Intersubjectivity*
二者もしくはそれ以上の人との間で，主観的状態を共有すること。

気質 *Temperament*
少なくともある程度遺伝的なもので，ある特定のあり方に反応する傾向のこと。

境界性パーソナリティ障害 *Borderline personality disorder*
不安定な人間関係のパターンと，明確な自己認識の欠如と気分が定期的または恒常的に変化する人々について記述する精神医学的診断。

共同注意 *Joint attention*
ジェスチャーや指さしを通して，出来事や対象についての自分の体験を他者と共有すること。

経験依存 *Experience dependent*
特定の経験をすることに依存する，脳内の発達や変化。

原-会話 *Proto-conversations*
言語習得以前の最早期の乳児と，その養育者とのコミュニケーションの形態。

顕在記憶 *Explicit memory*
日付のような事実の記憶（宣言的記憶〈declarative memory〉を参照）。

原-叙述の指さし *Proto-declarative pointing*
関心を共有するために，誰かの注意をその対象に引くことを目的とした指さし。

原-要求の指さし *Proto-imperative pointing*
欲しいものに向けた指さし。

交感神経系 *Sympathetic nervous system*
心拍数の増加や血圧の上昇，また浅い呼吸などに見られる，危険への覚醒反応を示すもの。

こころの理論 *Theory of mind*
他者のこころ，精神状態，感情について理解したり推測したりする能力。通常は4歳頃までに完全に発達する。

こころへの関心 *Mind-mindedness*
乳児の心理的，精神的状態に触れ，そのことについて言葉にすることのできる母親の能力。

コルチゾール *Cortisol*
最もよく知られているストレスホルモンの一種。副腎から分泌される。

コンテインメント *Containment*
母親やセラピストに情緒的経験を消化してもらうことによって，それを理解できるものにしてもらうことを記述したビオン（Bion, W. R.）の用語。

査読論文 *Peer review*
その分野の専門家による匿名の査読がなされた後に，受理刊行される論文。

自己中心的 *Egocentric*
　個人主義と自主性に高い価値を置く文化的信念。また，他者の視点を理解できない子どもの思考の早期段階についてのピアジェの理論（Piaget, 1976）においても言及されている。

視床下部-下垂体-副腎軸 *Hypothalamus- pituitary- adrenal（HPA）axis*
　視床下部，下垂体，副腎を経由して，身体のストレスシステムを調整する。

実行機能 *Executive functioning*
　状況を分析し，行動を計画し，課題遂行のために集中を維持することができる能力の範囲を記述するもの。

質的調査・研究 *Qualitative research*
　非数的データに基づく調査・研究。しばしば調査・研究対象についての考えや思考についての解釈に依存する。

社会資本 *Social capital*
　経済学から取った比喩。あらゆる文脈において機能することを支える社会的能力や利点が，いかに生じるのかを指す言葉。

社会志向 *Sociocentric*
　強い向社会的な価値観を持ち，個人よりも属する社会集団の必要性を優先する文化。

社会的参照 *Social referencing*
　非言語的合図を用い，他者の承認の有無を確かめること。

習慣化 *Habituation*
　新しいこと，興奮するようなこと，あるいは心配なことなどの刺激にいかに慣れていくのかということ。

条件づけ *Conditioning*
　一つの刺激（ベルが鳴るなど）ともう一つの刺激（エサが出てくるのでよだれを垂らすなど）が，関連づけられることを学習するように条件づけること。

小脳扁桃 *Amygdala*
　脳の小さなアーモンド型の領域であり，脳の他の多くの領域とつながっている。特に，恐怖反応や他の情緒的反応に関わる。

神経伝達物質 *Neurotransmitter*
　神経細胞間で情報を伝達する化学物質。

心的外傷後ストレス障害 *Post-traumatic stress disorder（PTSD）*
　外傷体験後の悪夢やフラッシュバック，極度の不安感やその他の情緒的苦痛といった，幅広い症状を呈する人々を指す精神医学的診断。

髄鞘形成 *Myelination*
　素早い伝達を可能にする，神経細胞の周りを覆う白い絶縁体。

ストレス *Stress*
環境変化に対する身体的,心理的な反応。しばしば,不安やストレスホルモンのコルチゾール放出と関連する。

ストレンジ・シチュエーション法 *Strange Situation Test*
養育者と分離された際の1歳児の反応により,アタッチメントを検証するテスト。

セロトニン *Serotonin*
主として肯定的な感情に関与する神経伝達物質。

宣言的記憶 *Declarative memory*
顕在記憶としても知られている,日付のような事実の長期記憶の一形態。

対立遺伝子 *Allele*
異なる形質の遺伝子。

注意欠如・多動性障害 *Attention-deficit hyperactivity disorder(ADHD)*
衝動性や,行動を調整したり,課題に集中したり取り組んだりすることができない状態を記述する診断分類。

テストステロン *Testosterone*
男性に多く見られるホルモン。性的願望や攻撃性に関連し,他の身体機能をも調整する。

手続き記憶 *Procedural memory*
記憶の最も基本的な形態。自転車に乗ることなど,何を「どのように」するのかを学ぶこと。

デュシェンヌ・スマイル *Duchenne smile*
目元と口元の両方の筋肉を使った,こころからの幸せを表す笑顔。

投影 *Projection*
実際には自分に属するものを他者の中に見ること(自分が実際に怒っているとき,相手が怒っているとすることなど)。

ドーパミン *Dopamine*
主として報酬システムやポジティブな影響に関わる神経伝達物質。

内在化 *Internalising*
抑うつや自傷行為,あるいは摂食障害のような,劣悪な環境に対して内に向かう形で現れる反応。男児よりも女児に多く見られ,一般に外在化された障害と対比される。

内省的自己機能 *Reflective self-functioning*
自分自身の考えや感情を内省する能力。

内的作業モデル *Internal working model*
以前の経験に基づき,関係性のなかで起こるであろうことを予測するこころのモデル。

二次的間主観性 *Secondary intersubjectivity*
　生後9カ月頃の乳児が，対象の認識を共有できるようになること。社会的参照（social referencing），共同注意（joint attention），原-叙述の指さし（proto-declarative pointing）において見られる。

乳児に向けられる発話 *Infant-directed speech*
　世界中で見られる，赤ん坊に合わせた大人の話し方。しばしば，マザリーズあるいはペアレンティーズと呼ばれる。

ニューロン *Neuron*
　軸索突起と樹枝状の連結を経由して他の神経細胞に情報を伝達する，脳の基本的な細胞。

脳梁 *Corpus callosum*
　大脳半球の左右を結ぶ神経細胞の束。

バソプレシン *Vasopressin*
　さまざまな機能を持つホルモン。愛情に関する役割を持ち，セックスの後には増加する。

発達の最近接領域 *Zone of proximal development*
　一つの学習段階を単独で達成できる子どもが，いかに次の段階に促され得るのかを記述した，ヴィゴツキー（Vygotsky, 1962）の概念。

反応性アタッチメント障害 *Reactive attachment disorder*（RAD）
　早期の深刻なネグレクトの影響から，養育者とのアタッチメントの絆を形成する能力に影響が及ぼされるようになることを示唆する精神医学的分類。

フェロモン *Pheromones*
　コミュニケーションに用いられる，匂いのある化学物質。異性を惹きつける役割を持つ。

副交感神経系 *Parasympathetic nervous system*
　心拍数を下げ，血圧を下げることに関わる自律神経。特にトラウマに対する反応として見られる。

不測の事態 *Contingency*
　一つの出来事や行為が，他の予測可能な出来事や行為の要因になったり，それを引き起こしたりすること。

プライミング *Priming*
　先行する刺激にさらされることによって，ある特定の行動が引き起こされること。

フラッシュバルブ記憶 *Flashbulb memories*
　情緒を刺激されるような出来事（有名な人の死の知らせを聞いたときに何をしていたかなど）の後に蓄えられる記憶。

プロラクチン *Prolactin*
出産後，母乳の生成を促進するホルモン。この生成は，子どもに対する保護的な感情の増進とも関連する。

防衛 *Defence*
とてつもない不安や耐えられないほどの感情を生み出すような経験の影響から自己を守る，一つのあり方。

マインドフルネス *Mindfulness*
こころの過程に気づく能力。しばしば瞑想実践を通して育くまれる。

マーキング *Marking*
他者のこころや感情状態に対するアチューンメントについての誇張した表現。

マザリーズ *Motherese*
世界中で見られる，赤ん坊に合わせた大人の話し方。しばしば，ペアレンティーズ，あるいは乳児に向けられる発話（IDS）と呼ばれる。

ミラーリング *Mirroring*
他者のこころや情緒状態について，相手に映し返すこと。

無作為抽出法 *Randomised control trials*（*RCTs*）
一つ以上の治療についての効果を検証するために，統制された集団や偽薬を用いる臨床試験。

無秩序・無方向型アタッチメント *Disorganised attachment*
主要な養育者との間で恐れを抱く経験をし，一貫した反応方策を放棄するか，あるいは絶えず警戒状態を取るようになった子どものアタッチメントスタイル。

メンタライゼーション *Mentalisation*
自分自身や他者の経験を内省する能力。

幼児期健忘 *Infantile amnesia*
人間が，乳児期の記憶をまったく，あるいはほとんど保持していないことを表す言葉。

量的調査・研究 *Quantitative research*
統計や数字に基づく調査・研究。しばしばグラフや数的処理を用いて示される。

レジリエンス *Resilience*
逆境状態にほとんど影響を受けないか，相対的に無傷で通り抜けることができる能力。

文　献

Adam, K.S., Keller, A.E.S., & West, M. (1995). Attachment organization and vulnerability to loss, separation, and abuse in disturbed adolescents. In S. Goldberg, R. Muir, & J. Kerr (Eds.), *Attachment theory: Social, developmental, and clinical perspectives* (pp. 309-341). London: Routledge.

Adams, H.E., Wright, L.W., & Lohr, B.A. (1996). Is homophobia associated with homosexual arousal? *Journal of Abnormal Psychology, 105(3)*, 440-445.

Ahnert, L., Gunnar M.R., Lamb, M.E., & Barthel, M. (2004). Transition to child care: Associations with infant-mother attachment, infant negative emotion, and cortisol elevations. *Child Development, 75(3)*, 639-650.

Ahnert, L., Pinquart, M., & Lamb, M. E. (2006). Security of children's relationships with nonparental care providers: A meta-analysis. *Child Development, 77(3)*, 664-679.

Ainsworth, M.D.S. (1978). Patterns of attachment: *A psychological study of the strange situation.* Hillsdale, NJ: Lawrence Erlbaum Associates, Inc.

Ainsworth, M.D., & Bell, S.M. (1977). Infant crying and maternal responsiveness: A rejoinder to Gewirtz and Boyd. *Child Development, 48(4)*, 1208-1216.

Akhtar, N., & Tomasello, M. (1998). Intersubjectivity in early language learning and use. In S. Braten (Ed.), *Intersubjective communication and emotion in early ontogeny* (pp. 316-335). New York: Cambridge University Press.

Alber, E. (2003). Denying biological parenthood: Fosterage in Northern Benin. *Ethnos, 68(4)*, 487-506.

Alexander, G.M., & Hines, M. (1994). Gender labels and play styles: Their relative contribution to children's selection of playmates. *Child Development, 65(3)*, 869-879.

Alexander, G.M., & Hines, M. (2002). Sex differences in response to children's toys in nonhuman primates (Cercopithecus aethiops sabaeus). *Evolution and Human Behavior, 23(6)*, 467-479.

Alia-Klein, N., Goldstein, R.Z., Kriplani, A., Logan, J., Tomasi, D., Williams, B., Telang, F., Shumay, E., Biegon, A., Craig, I. W., Henn, F., Wang, G.J., Volkow, N.D., & Fowler, J. S. (2008). Brain Monoamine oxidase-A Activity Predicts Trait Aggression. *Journal of Neuroscience, 28(19)*, 5099-5104.

Allen, J.P., & Hauser, S.T. (1996). Autonomy and relatedness in adolescent-family interactions as predictors of young adults' states of mind regarding attachment. *Development and Psychopathology, 8*, 793-810.

Allen, J.P., Moore, C., Kuperminc, G., & Bell, K. (1998). Attachment and adolescent psychosocial functioning. *Child Development, 69(5)*, 1406-1419.

Almeida, D.M., Wethington, E., & McDonald, D.A. (2001). Daily variation in paternal engagement and negative mood: Implications for emotionally supportive and conflictual interactions. *Journal of Marriage and the Family, 63(2)*, 417-429.

Alvarez, A. (1992). *Live company.* London: Routledge.

Anderson, A. (2004). Adoption and belonging in Wogeo, Papua New Guinea. In F. Bowie (Ed.), *Cross-cultural approaches to adoption* (pp. 111-126). London: Routledge.

Andersson, G., Hank, K., Ronsen, M., & Vikat, A. (2006). Gendering family composition: Sex preferences for children and childbearing behavior in the Nordic countries. *Demography,*

43(2), 255–267.
Andrews, J.A., Foster, S.L., Capaldi, D., & Hops, H. (2000). Adolescent and family predictors of physical aggression, communication, and satisfaction in young adult couples: A prospective analysis. *Journal of Consulting and Clinical Psychology, 68(2)*, 195–208.
Appleyard, K., Egeland, B., van Dulmen, M.H., & Sroufe, L.A. (2005). When more is not better: The role of cumulative risk in child behavior outcomes. *Journal of Child Psychology and Psychiatry, 46(3)*, 235–245.
Argyle, M. (1988). *Bodily communication.* London: Routledge.
Arnett, J.J. (2004). *Emerging adulthood: The winding road from the late teens through the twenties.* New York: Oxford University Press.
Astington, J., & Gopnik, A. (1991). Theoretical explanations of children's understanding of the mind. *British Journal of Developmental Psychology, 9*, 7–31.
Ayers, S., Eagle, A., & Waring, H. (2006). The effects of childbirth-related post-traumatic stress disorder on women and their relationships: A qualitative study. *Psychology, Health & Medicine, 11(4)*, 389.
Babinski, L.M., Hartsough, C.S., & Lambert, N.M. (1999). Childhood conduct problems, hyperactivity-impulsivity, and inattention as predictors of adult criminal activity. *Journal of Child Psychology and Psychiatry and Allied Disciplines, 40(3)*, 347–355.
Bader, A.P., & Phillips, R.D. (1999). Fathers' proficiency at recognizing their newborns by tactile cues. *Infant Behavior and Development, 22(3)*, 405–409.
Bagwell, C.L., Newcomb, A.F., & Bukowski, W.M. (1998). Preadolescent friendship and peer rejection as predictors of adult adjustment. *Child Development, 69(1)*, 140–153.
Bakermans-Kranenburg, M.J., & van IJzendoorn, M.H. (2008). Oxytocin receptor (OXTR) and serotonin transporter (5-HTT) genes associated with observed parenting. *Social Cognitive and Affective Neuroscience, 3(2)*, 128–134.
Bakermans-Kranenburg, M.J., van IJzendoorn, M.H. & Juffer, F. (2003). Less is more: meta-analyses of sensitivity and attachment interventions in early childhood. *Psychological Bulletin, 129(2)*, 195–215.
Bakermans-Kranenburg, M.J., van IJzendoorn, M.H., Mesman, J., Alink, L.R., & Juffer, F. (2008). Effects of an attachment-based intervention on daily cortisol moderated by dopamine receptor D4: A randomized control trial on 1- to 3-year-olds screened for externalizing behavior. *Development and Psychopathology, 20(3)*, 805–820.
Bakhtin, M.M. (1982). *The dialogic imagination.* Texas: University of Texas.
Balint, M. (1968). *The basic fault: Therapeutic aspects of regression.* London: Tavistock.
Banks, M.L., Czoty, P.W., & Nader, M.A. (2007). The influence of reinforcing effects of cocaine on cocaine-induced increases in extinguished responding in cynomolgus monkeys. *Psychopharmacology, 192(4)*, 449–456.
Barker, D.J.P., Forsén, T., Uutela, A., Osmond, C., & Eriksson, J.G. (2001). Size at birth and resilience to effects of poor living conditions in adult life: longitudinal study. *British Medical Journal, 323(7324)*, 1261–1262.
Barker, G., Nascimento, M., Segundo, M., & Pulerwitz, J. (2004). How do we know if men have changed? Promoting and measuring attitude change with young men. Lessons from Program H in Latin America. In S. Ruxton (Ed.), *Gender equality and men: Learning from practice* (pp. 147–161). Oxford: Oxfam.
Barnes, J., Leach, P., Sylva, K., Stein, A., & Malmberg, L. (2006). Infant care in England: Mothers' aspirations, experiences, satisfaction and caregiver relationships. *Early Child Development and Care, 176(5)*, 553–573.
Barnett, O.W., Miller-Perrin, C.L., & Perrin, R.D. (2005). *Family violence across the lifespan: An introduction.* Newbury Park, CA: Sage.
Barnett, W., Jung, K., Yarosz, D.J., Thomas, J., Hornbeck, A., Stechuk, R., & Burns, S. (2008). Educational effects of the Tools of the Mind curriculum: A randomized trial. *Early*

Childhood Research Quarterly, 23(3), 299–313.
Baron, A.S., & Banaji, M.R. (2006). Evidence of race evaluations from ages 6 and 10 and adulthood. *Psychological Science, 17(1)*, 53–58.
Baron-Cohen, S. (2003). *The essential difference: The truth about the male and female brain.* New York: Perseus Books Group.
Barr, R.G., Hopkins, B., & Green, J.A. (2000). *Crying as a sign, a symptom and a signal: Clinical, emotional and developmental aspects of infant and toddler crying.* London: Mac Keith Press.
Bartels, A., & Zeki, S. (2004). The neural correlates of maternal and romantic love. *Neuroimage, 21(3)*, 1155–1166.
Bateman, A., & Fonagy, P. (2004). *Psychotherapy for borderline personality disorder: Mentalization-based treatment.* New York: Oxford University Press.
Bateson, G. (1972). *Steps to an ecology of mind.* Northvale, NJ: Jason Aronson.
Bateson, M.C. (1971). The interpersonal context of infant vocalization. *Quarterly Progress Report of the Research Laboratory of Electronics, 100*, 170–176.
Bauer, J.J., & Bonanno, G.A. (2001). I can, I do, I am: The narrative differentiation of self-efficacy and other self-evaluations while adapting to bereavement. *Journal of Research in Personality, 35(4)*, 424–448.
Bauer, P.J. (2006). *Remembering the times of our lives: Memory in infancy and beyond.* Hillsdale, NJ: Lawrence Erlbaum Associates, Inc.
Bauer, P.J., Kroupina, M.G., Schwade, J.A., Dropik, P.L., & Wewerka, S.S. (1998). If memory serves, will language? Later verbal accessibility of early memories. *Development and Psychopathology, 10(4)*, 655–679.
Beckerman, S., Lizarralde, R., Ballew, C., Schroeder, S., Fingelton, C., Garrison, A., & Smith, H. (1998). The Bari partible paternity project, phase one. *Current Anthropology, 39(1)*, 164–167.
Beebe, B., & Lachmann, F.M. (2002). *Infant research and adult treatment: Co-constructing interactions.* New York: Analytic Press.
Beebe, B., Lachmann, F.M., & Jaffe, J. (1997). Mother–infant interaction structures and presymbolic self-and object representations. *Psychoanalytic Dialogues, 7(2)*, 133–182.
Begley, S. (2009). *The plastic mind.* London: Constable.
Beitchman, J., Davidge, K.M., Kennedy, J.L., Atkinson, L., Lee, V., Shapiro, S., & Douglas, L. (2003). The serotonin transporter gene in aggressive children with and without ADHD and nonaggressive matched controls. *Annals of the New York Academy of Sciences, 1008(1)*, 248–251.
Bekoff, M., & DiMotta, M.J. (2008). *Animals at play: Rules of the game.* Philadelphia, PA: Temple University Press.
Belsky, J. (1996). Parent, infant, and social-contextual antecedents of father-son attachment security. *Developmental Psychology, 32(5)*, 905–913.
Belsky, J. (2005). Differential susceptibility to rearing influence. In B. Ellis & D. Bjorklund (Eds.), *Origins of the social mind: Evolutionary psychology and child development* (pp. 139–163). New York: Guilford.
Belsky, J., Bakermans-Kranenburg, M., & van IJzendoorn, M. (2007a). For better and for worse: Differential susceptibility to environmental influences. *Current Directions in Psychological Science, 16(6)*, 300–304.
Belsky, J., & Fearon, R.M.P. (2002). Early attachment security, subsequent maternal sensitivity, and later child development: Does continuity in development depend upon continuity of caregiving? *Attachment & Human Development, 4(3)*, 361–387.
Belsky, J., Steinberg, L., & Draper, P. (1991). Childhood experience, interpersonal development, and reproductive strategy: An evolutionary theory of socialization. *Child Development, 62(4)*, 647–670.
Belsky, J., Vandell, D.L., Burchinal, M., Clarke-Stewart, K.A., McCartney, K., Owen, M.T., &

NICHD Early Child Care Research Network (2007b). Are there long-term effects of early child care? *Child Development, 78(2)*, 681–701.

Bem, S.L. (1974). The measurement of psychological androgyny. *Journal of Consulting and Clinical Psychology, 42(2)*, 155–162.

Bennett, M., & Lengacher, C. (2009). Humor and laughter may influence health 4. Humor and immune function. *Evidence Based Complementary and Alternative Medicine, 6(2)*, 159–164.

Berglund, H., Lindström, P., & Savic, I. (2006). Brain response to putative pheromones in lesbian women. *Proceedings of the National Academy of Sciences, 103(21)*, 8269–8274.

Bernier, A., & Dozier, M. (2003). Bridging the attachment transmission gap: The role of maternal mind-mindedness. *International Journal of Behavioral Development, 27(4)*, 355–365.

Beši, N., & Kerr, M. (2009). Punks, Goths, and other eye-catching peer crowds: Do they fulfill a function for shy youths? *Journal of Research on Adolescence, 19(1)*, 113–121.

Bester, G. (2007). Personality development of the adolescent: peer group versus parents. *South African Journal of Education, 27(2)*, 177–190.

Beutler, L.E. (2009). Making science matter in clinical practice: Redefining psychotherapy. *Clinical Psychology: Science and Practice, 16(3)*, 301–317.

Bevins, R.A. (2001). Novelty seeking and reward: Implications for the study of high-risk behaviors. *Current Directions in Psychological Science, 10(6)*, 189–193.

Bick, E. (1968). The experience of the skin in early object relations. *International Journal of Psycho-Analysis, 49*, 484–486.

Biller, H.B. (1993). *Fathers and families: Paternal factors in child development*. Westport, CT: Greenwood.

Bion, W.R. (1977). *Second thoughts*. New York: Jason Aronson.

Birdwhistell, R.L. (1970). *Kinesics and context*. Philadelphia, PA: University of Pennsylvania Press.

Bjorklund, D.F. (2007). *Why youth is not wasted on the young: Immaturity in human development*. Oxford: Blackwell.

Black, B., & Logan, A. (1995). Links between communication patterns in mother–child, father–child, and child–peer interactions and children's social status. *Child Development, 66(1)*, 255–271.

Blakemore, S.J., & Choudhury, S. (2006). Development of the adolescent brain: Implications for executive function and social cognition. *Journal of Child Psychology and Psychiatry, 47(3–4)*, 296–312.

Block, R.W., & Krebs, N.F. (2005). Failure to thrive as a manifestation of child neglect. *Pediatrics, 116(5)*, 1234–1237.

Blum, D. (2002). *Love at Goon Park: Harry Harlow and the science of affection*. New York: Perseus Publishing.

Bock, J. (2002). Evolutionary demography and intrahousehold time allocation: Schooling and children's labor among the Okavango Delta peoples of Botswana. *American Journal of Human Biology, 14(2)*, 206–221.

Bogdan, R., & Pizzagalli, D.A. (2006). Acute stress reduces reward responsiveness: Implications for depression. *Biological Psychiatry, 60(10)*, 1147–1154.

Bokhorst, C.L., Bakermans-Kranenburg, M.J., Fearon, R.M., van IJzendoorn, M.H., Fonagy, P., & Schuengel, C. (2003). The importance of shared environment in mother–infant attachment security: A behavioral genetic study. *Child Development, 74(6)*, 1769–1782.

Bolger, K.E., Patterson, C.J., Thompson, W.E.W., & Kupersmidt, J.B. (1995). Psychosocial adjustment among children experiencing persistent and intermittent family economic hardship. *Child Development, 66(4)*, 1107–1129.

Bond, R., & Smith, P.B. (1996). Culture and conformity: A meta-analysis of studies using Asch's (1952b, 1956) line judgment task. *Psychological Bulletin, 119(1)*, 111–137.

Booth, A., Johnson, D.R., Granger, D.A., Crouter, A.C., & McHale, S. (2003). Testosterone and child and adolescent adjustment: The moderating role of parent-child relationships. *Developmental Psychology, 39(1)*, 85–98.

Bourdieu, P. (1977). *Outline of a theory of practice* (R. Nice, Trans.). New York: Cambridge University Press.

Bowie, F. (2004). *Cross-cultural approaches to adoption*. London: Routledge.

Bowlby, J. (1969). *Attachment and loss* (Vol. 1 Attachment). London: Hogarth.

Bowlby, R. (2007). Babies and toddlers in non-parental daycare can avoid stress and anxiety if they develop a lasting secondary attachment bond with one carer who is consistently accessible to them. *Attachment & Human Development, 9(4)*, 307–319.

Boyce, W.T., & Chesterman, E. (1990). Life events, social support, and cardiovascular reactivity in adolescence. *Journal of Developmental and Behavioral Pediatrics, 11(3)*, 105–111.

Bradburn, N.M., & Noll, C.E. (1969). *The structure of psychological well-being*, Chicago, IL: Aldine.

Bradley, R.M., & Mistretta, C.M. (1975). Fetal sensory receptors. *Physiology Review, 55*, 352–382.

Bradmetz, J., & Schneider, R. (1999). Is Little Red Riding Hood afraid of her grandmother? Cognitive vs. emotional response to a false belief. *British Journal of Developmental Psychology, 17(4)*, 501–514.

Brazelton, T.B., & Nugent, J.K. (1995). *Neonatal behavioral assessment scale*. London: Mac Keith Press.

Breakwell, G., Hamond, S., Fife-Schaw, C., & Smith, J. (Eds.) (2006). *Research methods in psychology* (3rd ed.). Newbury Park, CA: Sage.

Bremner, J. (2006). The relationship between cognitive and brain changes in posttraumatic stress disorder. *Annals of the New York Academy of Sciences, 1071(1)*, 80–86.

Brenneis, C.B. (2000). Evaluating the evidence: Can we find authenticated recovered memory? *Psychoanalytic Psychology, 17(1)*, 61–77.

Bronfenbrenner, U. (2004). *Making human beings human: Bioecological perspectives on human development*. Newbury Park, CA: Sage.

Bronson, P., & Merryman, A. (2009). *Nurture Shock: New thinking about children*. New York: Twelve.

Browne, J.V. (2003). New perspectives on premature infants and their parents. *Zero to Three, 24(2)*, 4–12.

Browne, K., Hamilton-Giachritsis, C., Johnson, R., & Ostergren, M. (2006). Overuse of institutional care for children in Europe. *British Medical Journal, 332(7539)*, 485–487.

Bruner, J.S. (1966). *Toward a theory of instruction*. Cambridge, MA: Harvard University Press.

Bryant, J. (2008). *Media effects: Advances in theory and research*. London: Routledge.

Bryant, W.K., & Zick, C.D. (1996). An examination of parent-child shared time. *Journal of Marriage and the Family, 58(1)*, 227–237.

Bumpass, L., & Lu, H.H. (2000). Trends in cohabitation and implications for children's family contexts in the United States. *Population Studies, 54(1)*, 29–41.

Buranasin, B. (1991). The effects of rooming-in on the success of breastfeeding and the decline in abandonment of children. *Asia-Pacific Journal of Public Health/Asia-Pacific Academic Consortium for Public Health, 5(3)*, 217.

Burck, C. (2005). *Multilingual living*. New York: Palgrave.

Burman, E. (2007). *Deconstructing developmental psychology*. London: Routledge.

Butler, J.P. (1997). *Excitable speech: A politics of the performative*. London: Routledge.

Butler, J. (1999). *Gender trouble: Feminism and the subversion of identity*. London: Routledge.

Butt, J., & Box, L. (1998). *Family centred: A study of the use of family centres by black families*. London: Race Equality Unit.

Byrnes, J.P., Miller, D.C., & Schafer, W.D. (1999). Gender differences in risk taking: A meta-analysis. *Psychological Bulletin, 125(3)*, 367–383.

Cain, M.E., Saucier, D.A., & Bardo, M.T. (2005). Novelty seeking and drug use: Contribution of an animal model. *Experimental and Clinical Psychopharmacology, 13(4)*, 367–375.

Cameron, D. (2007). *The myth of mars and venus: Do men and women really speak different languages?* New York: Oxford University Press.

Cameron, N.M., Champagne, F.A., Parent, C., Fish, E.W., Ozaki-Kuroda, K., & Meaney, M.J. (2005). The programming of individual differences in defensive responses and reproductive strategies in the rat through variations in maternal care. *Neuroscience and Biobehavioral Reviews, 29(4–5)*, 843–865.

Campbell, D.W., & Eaton, W.O. (1999). Sex differences in the activity level of infants. *Infant and Child Development, 8(1)*, 1–17.

Campbell, F.A., Wasik, B.H., Pungello, E., Burchinal, M., Barbarin, O., Kainz, K., Sparling, J.J., & Ramey, C.T. (2008). Young adult outcomes of the Abecedarian and CARE early childhood educational interventions. *Early Childhood Research Quarterly, 23(4)*, 452–466.

Campbell, R.S., & Pennebaker, J.W. (2003). The secret life of pronouns: Flexibility in writing style and physical health. *Psychological Science, 14(1)*, 60–65.

Canli, T., Zhao, Z., Desmond, J.E., Kang, E., Gross, J., & Gabrieli, J.D. (2001). An fMRI study of personality influences on brain reactivity to emotional stimuli. *Behavioral Neuroscience, 115(1)*, 33–42.

Carlson, E.A., Sroufe, L.A., & Egeland, B. (2004). The construction of experience: A longitudinal study of representation and behavior. *Child Development, 75(1)*, 66–83.

Carlson, S.M. (2009). Social origins of executive function development. *New Directions for Child and Adolescent Development, 123*, 87–98.

Carlson, V.J., & Harwood, R.L. (2003). Attachment, culture, and the caregiving system: The cultural patterning of everyday experiences among Anglo and Puerto Rican mother–infant pairs. *Infant Mental Health Journal, 24(1)*, 53–73.

Carter, C.S. (2007). Sex differences in oxytocin and vasopressin: Implications for autism spectrum disorders? *Behavioural Brain Research, 176(1)*, 170–186.

Carter, C.S., & Keverne, E.B. (2002). The neurobiology of social affiliation and pair bonding. *Hormones, Brain and Behavior, 1*, 299–337.

Carver, C.S. (1997). Adult attachment and personality: Converging evidence and a new measure. *Personality and Social Psychology Bulletin, 23(8)*, 865–883.

Carver, K., Joyner, K., & Udry, J.R. (2003). National estimates of adolescent romantic relationships. In P. Florsheim (Ed.), *Adolescent romantic relations and sexual behavior: Theory, research, and practical implications* (pp. 23–56). Hillsdale, NJ: Lawrence Erlbaum Associates, Inc.

Carver, L.J., & Vaccaro, B.G. (2007). 12-month-old infants allocate increased neural resources to stimuli associated with negative adult emotion. *Developmental Psychology, 43(1)*, 54–69.

Caspi, A., Moffitt, T.E., Morgan, J., Rutter, M., Taylor, A., Arseneault, L., Tully, L., Jacobs, C., Kim-Cohen, J., & Polo-Tomas, M. (2004). Maternal expressed emotion predicts children's antisocial behavior problems: Using MZ-twin differences to identify environmental effects on behavioral development. *Developmental Psychology, 40(2)*, 149–161.

Caspi, A., Sugden, K., Moffitt, T.E., Taylor, A., Craig, I.W., Harrington, H., McClay, J., Mill, J., Martin, J., Braithwaite, A., & Poulton, R. (2003). Influence of life stress on depression: Moderation by a polymorphism in the 5-HTT gene. *Science, 301(5631)*, 386–389.

Cassidy, J., & Mohr, J.J. (2001). Unsolvable fear, trauma, and psychopathology: Theory, research, and clinical considerations related to disorganized attachment across the life span. *Clinical Psychology: Science & Practice, 8(3)*, 275–298.

Castelli, F., Frith, C., Happé, F., & Frith, U. (2002). Autism, Asperger syndrome and brain mechanisms for the attribution of mental states to animated shapes. *Brain, 125(8)*, 1839–1849.

Catalano, R., Bruckner, T., Anderson, E., & Gould, J.B. (2005). Fetal death sex ratios: A test of the economic stress hypothesis. *International Journal of Epidemiology, 34(4)*, 944–948.

Caudill, W., & Plath, D.W. (1966). Who Sleeps by whom? Parent–child involvement in urban

Japanese families. *Psychiatry, 29*, 344–366.
Caudill, W., & Weinstein, H. (1969). Maternal care and infant behaviour in Japan and America. *Psychiatry, 32*, 12–43.
Champagne, F.A., & Curley, J.P. (2009). Epigenetic mechanisms mediating the long-term effects of maternal care on development. *Neuroscience & Biobehavioral Reviews, 33(4)*, 593–600.
Champagne, F.A., & Meaney, M.J. (2007). Transgenerational effects of social environment on variations in maternal care and behavioral response to novelty. *Behavioral Neuroscience, 121(6)*, 1353–1362.
Chase, N.D. (1999). *Burdened children: Theory, research and treatment of parentification*. Cambridge, MA: Sage.
Chasiotis, A., Kiessling, F., Hofer, J., & Campos, D. (2006). Theory of mind and inhibitory control in three cultures: Conflict inhibition predicts false belief understanding in Germany, Costa Rica and Cameroon. *International Journal of Behavioral Development, 30(3)*, 249–260.
Chavajay, P., & Rogoff, B. (2002). Schooling and traditional collaborative social organization of problem solving by Mayan mothers and children. *Developmental Psychology, 38(1)*, 55–66.
Chen, C., Burton, M., Greenberger, E., & Dmitrieva, J. (1999). Population migration and the variation of dopamine D4 receptor (DRD4) allele frequencies around the globe. *Evolution and Human Behavior, 20(5)*, 309–324.
Chen, X., Hastings, P.D., Rubin, K.H., Chen, H., Cen, G., & Stewart, S.L. (1998). Child-rearing attitudes and behavioral inhibition in Chinese and Canadian toddlers: A cross-cultural study. *Developmental Psychology, 34(4)*, 677–686.
Cheng, Y., Lin, C-P., Liu, H-L., Hsu, Y-Y., Lim, K-E., Hung, D., & Decety, J. (2007). Expertise modulates the perception of pain in others. *Current Biology, 17(19)*, 1708–1713.
Chisholm, J.S. (1996). Learning 'respect for everything': Navajo images of development. In C. Hwang, M. E. Lamb, & I. Sigel (Eds.), *Images of childhood* (pp. 167–183). Hillsdale, NJ: Lawrence Erlbaum Associates, Inc.
Chugani, H.T., Behen, M.E., Muzik, O., Juhász, C., Nagy, F., & Chugani, D.C. (2001). Local brain functional activity following early deprivation: A study of postinstitutionalized Romanian orphans. *Neuroimage, 14(6)*, 1290–1301.
Cicchetti, D., & Lynch, M. (1995). Failures in the expectable environment and their impact on individual development: The case of child maltreatment. In D. Cicchetti & D. Cohen (Eds.), *Developmental psychopathology. Risk, disorder and adaptation* (pp. 32–71). New York: Wiley.
Cillessen, A.H.N., & Rose, A.J. (2005). Understanding popularity in the peer system. *Current Directions in Psychological Science, 14(2)*, 102–105.
Cirulli, F., Francia, N., Berry, A., Aloe, L., Alleva, E., & Suomi, S.J. (2009). Early life stress as a risk factor for mental health: Role of neurotrophins from rodents to non-human primates. *Neuroscience and Biobehavioral Reviews, 33(4)*, 573–585.
Clark, C.D. (2003). *In sickness and in play: Children coping with chronic illness*. New Brunswick, NJ: Rutgers University Press.
Clarke-Stewart, A., & Dunn, J. (Eds.) (2006). What have we learned. In *Families count: Effects on child and adolescent development*. New York: Cambridge University Press.
Clarke-Stewart, K.A. (1973). *Interactions between mothers and their young children: Characteristics and consequences. Monographs of the society for research in child development* (Vol. 38, pp. 1–109). Ann Abor, MI: SRCD.
Coates, J. (1993). *Women, men and language: A sociolinguistic account of gender differences in language*. London: Longman.
Cohen, M.X., Young, J., Baek, J.M., Kessler, C., & Ranganath, C. (2005). Individual differences in extraversion and dopamine genetics predict neural reward responses. *Cognitive Brain Research, 25(3)*, 851–861.
Cohen, S., Alper, C.M., Doyle, W.J., Treanor, J.J., & Turner, R.B. (2006). Positive emotional style

predicts resistance to illness after experimental exposure to rhinovirus or influenza a virus. *Psychosomatic medicine, 68(6)*, 809–815.

Collishaw, S., Maughan, B., Goodman, R., & Pickles, A. (2004). Time trends in adolescent mental health. *Journal of Child Psychology and Psychiatry, 45(8)*, 1350–1362.

Connolly, J.A., & Johnson, A.M. (1996). Adolescents' romantic relationships and the structure and quality of their close interpersonal ties. *Personal Relationships, 3(2)*, 185–195.

Coolican, H. (2009). *Research methods and statistics in psychology*. London: Hodder and Stoughton.

Cooper, G., Hoffman, K., & Marvin, R.S. (2003). The circle of security intervention: Pathways to healthier attachment-caregiving bonds. In *Enhancing early attachments*: Conference of the Duke Series in Child Development and Public Policy, Durham, NC.

Cooper, M.L., Shaver, P.R., & Collins, N.L. (1998). Attachment styles, emotion regulation, and adjustment in adolescence. *Journal of Personality and Social Psychology, 74(5)*, 1380–1397.

Costello, E.J., Compton, S.N., Keeler, G., & Angold, A. (2003). Relationships between poverty and psychopathology: A natural experiment. *JAMA, 290(15)*, 2023–2029.

Cowan, P.A., & Cowan, C.P. (2003). Normative family transitions, normal family processes, and healthy child development. In F. Walsh (Ed.), *Normal family processes* (pp. 424–459). New York: Guilford.

Cowan, P.A., Cowan, C.P., Pruett, M.K., Pruett, K., & Wong, J.J. (2009). Promoting fathers' engagement with children: Preventive interventions for low-income families. *Journal of Marriage and Family, 71(3)*, 663–679.

Craig, L. (2006). Does father care mean fathers share? A comparison of how mothers and fathers in intact families spend time with children. *Gender Society, 20(2)*, 259–281.

Crews, F., He, J., & Hodge, C. (2007). Adolescent cortical development: A critical period of vulnerability for addiction. *Pharmacology, Biochemistry and Behavior, 86(2)*, 189–199.

Crittenden, P.M. (1993). Characteristics of neglectful parents: An information processing approach. *Criminal Justice and Behavior, 20(1)*, 27–48.

Crocker, W.H., & Crocker, J. (1994). *The Canela: Bonding through kinship, ritual, and sex*. Fort Worth, TX: Harcourt Brace College Publishers.

Cronk, L. (1993). Parental favoritism toward daughters. *American Scientist, 81(3)*, 272–279.

Cunningham, W.A., Johnson, M.K., Raye, C.L., Chris Gatenby, J., Gore, J.C., & Banaji, M.R. (2004). Separable neural components in the processing of black and white faces. *Psychological Science, 15(12)*, 806–813.

Curtis, W.J., & Nelson, C.A. (2003). Toward building a better brain: Neurobehavioral outcomes, mechanisms, and processes of environmental enrichment. In S. Luthar (Ed.), *Resilience and vulnerability: Adaptation in the context of childhood adversities* (pp. 463–488). New York: Cambridge University Press.

Cusson, R., & Lee, A. (1994). Parental interventions and the development of the preterm infant. *Journal of Obstetric, Gynecologic, & Neonatal Nursing, 23(1)*, 60–68.

Cutting, A., & Dunn, J. (1999). Theory of mind, emotion understanding, language, and family background: Individual differences and interrelations. *Child Development, 70(4)*, 853–865.

Dabbs, J.M.B., & Dabbs, M.G. (2000). *Heroes, rogues, and lovers: Testosterone and behavior*. New York: McGraw-Hill.

Daly, M., & Wilson, M. (1999). *The truth about Cinderella: A Darwinian view of parental love*. London: Weidenfield and Nicholson.

Damasio, A.R. (1999). *The feeling of what happens: Body, emotion and the making of consciousness*. London: Heineman.

Danner, D.D., Snowdon, D.A., & Friesen, W.V. (2001). Positive emotions in early life and longevity: Findings from the nun study. *Journal of Personality and Social Psychology, 80(5)*, 804–813.

Danner, F., & Phillips, B. (2008). Adolescent sleep, school start times, and teen motor vehicle crashes. *Journal of Clinical Sleep Medicine: JCSM: Official Publication of the American*

Academy of Sleep Medicine, 4(6), 533.
Davidson, R.J. (2000). Affective style, psychopathology, and resilience: Brain mechanisms and plasticity. *The American Psychologist, 55(11)*, 1196–1214.
Davidson, R.J. (2008). Asymmetric brain function, affective style, and psychopathology: The role of early experience and plasticity. *Development and Psychopathology, 6(04)*, 741–758.
Davidson, R.J., Kabat-Zinn, J., Schumacher, J., Rosenkranz, M., Muller, D., Santorelli, S.F., Urbanowski, F., Harrington, A., Bonus, K., & Sheridan, J.F. (2003). Alterations in brain and immune function produced by mindfulness meditation. *Psychosomatic Medicine, 65*, 564–570.
Davies, D. (1989). The effects of gender-typed labels on children's performance. *Current Psychology, 8(4)*, 267–272.
Davila, J., Steinberg, S.J., Kachadourian, L., Cobb, R., & Fincham, F. (2004). Romantic involvement and depressive symptoms in early and late adolescence: The role of a preoccupied relational style. *Personal Relationships, 11(2)*, 161–178.
Dawson, G., Carver, L., Meltzoff, A.N., Panagiotides, H., McPartland, J., & Webb, S.J. (2002). Neural correlates of face and object recognition in young children with autism spectrum disorder, developmental delay, and typical development. *Child Development, 73(3)*, 700–717.
Day, R.D., Lewis, C., O'Brien, M., & Lamb, M.E. (2005). Fatherhood and father involvement: Emerging constructs and theoretical orientations. In A. Bengston, A.C. Acock, K.R. Allen, P. Dilworth-Anderson, & D.M. Klein (Eds.), *Sourcebook of family theory and research* (pp. 341–366). Thousand Oaks, CA: Sage.
De Bellis, M.D. (2003). The neurobiology of posttraumatic stress disorder across the life cycle. In D. Moore & J. Jefferson (Eds.), *The handbook of medical psychiatry* (pp. 449–466). London: Elsevier.
De Bellis, M.D. (2005). The psychobiology of neglect. *Child Maltreatment, 10(2)*, 150.
De Casper, A., & Spence, M. (1986). Prenatal speech influences newborns perception of speech sound. *Infant Behaviour and Development, 9*, 133–150.
Deci, E.L., & Ryan, R.M. (2000). The 'what' and 'why' of goal pursuits: Human needs and the self-determination of behavior. *Psychological Inquiry, 11(4)*, 227–268.
Dehaene-Lambertz, G. (2000). Cerebral specialization for speech and non-speech stimuli in infants. *Journal of Cognitive Neuroscience, 12(3)*, 449–460.
Delobel-Ayoub, M., Arnaud, C., White-Koning, M., Casper, C., Pierrat, V., Garel, M., Burguet, A., Roze, J.C., Matis, J., Picaud, J.C., Kaminski, M., Larroque, B., & EPIPAGE Study Group (2009). Behavioral problems and cognitive performance at 5 years of age after very preterm birth: The EPIPAGE Study. *Pediatrics, 123(6)*, 1485–1492.
Demaree, H.A., Everhart, D.E., Youngstrom, E.A., & Harrison, D.W. (2005). Brain lateralization of emotional processing: Historical roots and a future incorporating dominance. *Behavioral and Cognitive Neuroscience Reviews, 4(1)*, 3–20.
Dentan, R.K. (1968). *The Semai: A nonviolent people of Malaya*. New York: Holt, Rinehart, and Winston.
de Tychey, C., Briançon, S., Lighezzolo, J., Spitz, E., Kabuth, B., de Luigi, V., Messembourg, C., Girvan, F., Rosati, A., Thockler, A., & Vincent, S. (2008). Quality of life, postnatal depression and baby gender. *Journal of Clinical Nursing, 17(3)*, 312–322.
Dex, S., & Ward, K. (2007). Parental care and employment in early childhood. *Equal Opportunities Commission Working Papers Series*, 57. London: Equal Opportunities Commission.
Diamond, J. (2003). The double puzzle of diabetes. *Nature, 423(6940)*, 599–602.
Diamond, L.M., & Lucas, S. (2004). Sexual-minority and heterosexual youths' peer relationships: Experiences, expectations, and implications for well-being. *Journal of Research on Adolescence, 14(3)*, 313–340.
Dick, D., Latendresse, S.J., Lansford, J.E., Budde, J.P., Goate, A., Dodge, K.A., Pettit, G.S., & Bates, J.E. (2009). Role of GABRA2 in trajectories of externalizing behavior across develop-

ment and evidence of moderation by parental monitoring. *Archives of General Psychiatry, 66(6)*, 649–657.

Dick, D.M., Viken, R., Purcell, S., Kaprio, J., Pulkkinen, L., & Rose, R.J. (2007). Parental monitoring moderates the importance of genetic and environmental influences on adolescent smoking. *Journal of Abnormal Psychology, 116(1)*, 213–218.

Dieter, J.N.I., Field, T., Hernandez-Reif, M., Emory, E.K., & Redzepi, M. (2003). Stable preterm infants gain more weight and sleep less after five days of massage therapy. *Journal of Pediatric Psychology, 28(6)*, 403–411.

Dieter, J.N.I., Field, T., Hernandez-Reif, M., Jones, N.A., Lecanuet, J.P., Salmanm, F.A., & Redzepi, M. (2001). Maternal depression and increased fetal activity. *Journal of Obstetrics & Gynaecology, 21(5)*, 468–473.

Dittmann, R.W., Kappes, M.E., & Kappes, M.H. (1992). Sexual behavior in adolescent and adult females with congenital adrenal hyperplasia. *Psychoneuroendocrinology, 17(2–3)*, 153–170.

Dodge, K.A., Bates, J.E., & Pettit, G.S. (1990). Mechanisms in the cycle of violence. *Science, 250(4988)*, 1678–1683.

Dodge, K.A., Greenberg, M.T., & Malone, P.S. (2008). Testing an idealized dynamic cascade model of the development of serious violence in adolescence. *Child Development, 79(6)*, 1907–1927.

Doidge, N. (2008). *The brain that changes itself: Stories of personal triumph from the frontiers of brain science*. London: Penguin.

Domes, G., Heinrichs, M., Michel, A., Berger, C., & Herpertz, S.C. (2007). Oxytocin improves 'mind-reading' in humans. *Biological Psychiatry, 61(6)*, 731–733.

Dozier, M., Stovall, K.C., Albus, K.E., & Bates, B. (2001). Attachment for infants in foster care: The role of caregiver state of mind. *Child Development, 72(5)*, 1467–1477.

Dube, S.R., Anda, R.F., Whitfield, C.L., Brown, D.W., Felitti, V.J., Dong, M., & Giles, W.H. (2005). Long-term consequences of childhood sexual abuse by gender of victim. *American Journal of Preventive Medicine, 28(5)*, 430–438.

Dube, S.R., Felitti, V.J., Dong, M., Giles, W.H., & Anda, R.F. (2003). The impact of adverse childhood experiences on health problems: Evidence from four birth cohorts dating back to 1900. *Preventive Medicine, 37(3)*, 268–277.

Dubowitz, H., Black, M.M., Cox, C.E., Kerr, M.A., Litrownik, A.J., Radhakrishna, A., English, D.J., Schneider, M.W., & Runyan, D.K. (2001). Father involvement and children's functioning at age 6 years: A multisite study. *Child Maltreat, 6(4)*, 300–309.

Dunbar, R. (1998). *Grooming, gossip, and the evolution of language*. Cambridge, MA: Harvard University Press.

Dunn, J. (2004). *Children's friendships*. Oxford: Wiley-Blackwell.

Dunn, J., & Brophy, M. (2005). Communication, relationships, and individual differences in children's understanding of mind. In J. Astington (Ed.), *Why language matters for theory of mind* (pp. 50–69). Oxford: Oxford University Press.

Duyme, M., & Capron, C. (1992). Socioeconomic status and IQ: What is the meaning of the French adoption studies? *Cahiers de psychologie cognitive, 12(5–6)*, 585–604.

Dwyer, C. (2000). Negotiating diasporic identities: Young British South Asian Muslim women. *Women's Studies International Forum, 23(4)*, 475–486.

Egeland, B., & Hiester, M. (1995). The long-term consequences of infant day-care and mother–infant attachment. *Child Development, 66(2)*, 474–485.

Einarrson, C., & Granstrom, K. (2002). Gender-biased interaction in the classroom: The influence of gender and age in the relationship between teacher and pupil. *Scandinavian Journal of Educational Research, 46(2)*, 117–127.

Eisenberg, D.T.A., Campbell, B., Gray, P.B., & Sorenson, M.D. (2008). Dopamine receptor genetic polymorphisms and body composition in undernourished pastoralists: An exploration of

nutrition indices among nomadic and recently settled Ariaal men of northern Kenya. *BMC Evolutionary Biology, 8(1)*, 173.
Ekman, P. (1989). The argument and evidence about universals in facial expressions of emotion. In H. Wagner & A. Mansted (Eds.), *Handbook of social psychophysiology* (pp. 143–164). Chichester: Wiley.
Ekman, P., Friesen, W.V., O'Sullivan, M., Chan, A., Diacoyanni-Tarlatzis, I., Heider K., Krause, R., LeCompte, W.A., Pitcairn, T., & Ricci-Bitti, P.E. (1987). Universals and cultural differences in the judgments of facial expressions of emotion. *Journal of Personality and Social Psychology, 53(4)*, 712–717.
Elfenbein, H.A., & Ambady, N. (2003). Universals and cultural differences in recognizing emotions. *Current Directions in Psychological Science, 12(5)*, 159–164.
Elfer, P. (2006). Exploring children's expressions of attachment in nursery. *European Early Childhood Education Research Journal, 14(2)*, 81–95.
Ellis, B., & Essex, M. (2007). Family environments, adrenarche, and sexual maturation: A longitudinal test of a life history model. *Child Development, 78(6)*, 1799–1817.
Eluvathingal, T.J., Chugani, H.T., Behen, M.E., Juhász, C., Muzik, O., Maqbool, M., Chugani, D.C., & Makki, M. (2006). Abnormal brain connectivity in children after early severe socio-emotional deprivation: A diffusion tensor imaging study. *Pediatrics, 117(6)*, 2093–2100.
Emanuel, R. (1996). Psychotherapy with children traumatized in infancy. *Journal of Child Psychotherapy, 22(2)*, 214–239.
Epstein, M.A., & Bottoms, B.L. (2002). Explaining the forgetting and recovery of abuse and trauma memories: Possible mechanisms. *Child Maltreatment, 7(3)*, 210–225.
Essex, M.J., Klein, M.H., Cho, E., & Kalin, N.H. (2002). Maternal stress beginning in infancy may sensitize children to later stress exposure: Effects on cortisol and behavior. *Biological Psychiatry, 52(8)*, 776–784.
Eysenck, H.J. (1971). Race, intelligence and education. *New Society, 17(455)*, 1045–1047.
Eysenck, H.J. (1988). Eysenck personality questionnaire. In M. Hersen & A. Bellack (Eds.), *Dictionary of behavioral assessment techniques* (p. 207). New York: Pergamon.
Fagan, J.F., & Singer, L.T. (1983). Infant recognition memory as a measure of intelligence. In L. Lipsitt (Ed.), *Advances in infancy research* (pp. 31–78). Norwood, NJ: Ablex.
Faraone, S.V., Doyle, A.E., Mick, E., & Biederman, J. (2001). Meta-analysis of the association between the 7-repeat allele of the dopamine D4 receptor gene and attention deficit hyperactivity disorder. *American Journal of Psychiatry, 158(7)*, 1052–1057.
Farber, E.A., & Egeland, B. (1987). Invulnerability among abused and neglected children. In E. Anthony & B. Cohler (Eds.), *The invulnerable child* (pp. 253–288). New York: Guilford.
Fearon, R.M., van IJzendoorn, M.H., Fonagy, P., Bakermans-Kranenburg, M.J., Schuengel, C., & Bokhorst, C.L. (2006). In search of shared and nonshared environmental factors in security of attachment: A behavior-genetic study of the association between sensitivity and attachment security. *Developmental Psychology, 42(6)*, 1026–1040.
Fein, S., & Spencer, S.J. (1997). Prejudice as self-image maintenance: Affirming the self through derogating others. *Journal of Personality and Social Psychology, 73(1)*, 31–44.
Feinberg, M.E., Button, T.M., Neiderhiser, J.M., Reiss, D., & Hetherington, E.M. (2007). Parenting and adolescent antisocial behavior and depression: Evidence of genotype x parenting environment interaction. *Archives of General Psychiatry, 64(4)*, 457–465.
Feinstein, L., Hearn, B., Renton, Z., Abrahams, C., & MacLeod, M. (2007). *Reducing inequalities: Realising the talents of all.* London: National Children's Bureau.
Feldman, R. (2003). Infant-mother and infant-father synchrony: The coregulation of positive arousal. *Infant Mental Health Journal, 24(1)*, 1–23.
Feldman, R., Eidelman, A.I., Sirota, L., & Weller, A. (2002). Comparison of skin-to-skin (kangaroo) and traditional care: Parenting outcomes and preterm infant development. *Pediatrics,*

110(1), 16–26.
Felitti, V.J. (2002). The relation between adverse childhood experiences and adult health: Turning gold into lead. *Permanente Journal, 6(1)*, 44.
Felitti, V.J., Anda, R.F., Nordenberg, D., Williamson, D.F., Spitz, A.M., Edwards, V., Koss, M.P., & Marks, J.S. (1998). Relationship of childhood abuse and household dysfunction to many of the leading causes of death in adults. The Adverse Childhood Experiences (ACE) Study. *American Journal of Preventive Medicine, 14(4)*, 245–258.
Fergusson, D.M., Horwood, L.J., Ridder, E.M., & Beautrais, A.L. (2005). Sexual orientation and mental health in a birth cohort of young adults. *Psychological Medicine, 35(07)*, 971–981.
Fernald, A. (1985). Four-month-old infants prefer to listen to motherese. *Infant Behavior and Development, 8(2)*, 181–195.
Fernald, A. (1993). Approval and disapproval: Infant responsiveness to vocal affect in familiar and unfamiliar languages. *Child Development, 64(3)*, 657–674.
Ferreira, V.S., Bock, K., Wilson, M.P., & Cohen, N.J. (2008). Memory for syntax despite amnesia. *Psychological science: A Journal of the American Psychological Society/APS, 19(9)*, 940–946.
Feyerabend, P.K. (1993). *Against method*. London: New Left Books.
Field, T. (1981). Infant gaze aversion and heart rate during face-to-face interactions. *Infant behavior and development, 4*, 307–315.
Field, T. (2007). *The amazing infant*. London: Wiley.
Field, T., Diego, M., & Hernandez-Reif, M. (2006). Prenatal depression effects on the fetus and newborn: A review. *Infant Behavior and Development, 29(3)*, 445–455.
Field, T., Healy, B., Goldstein, S., Perry, S., Bendell, D., Schanberg, S., Zimmerman, E.A., & Kuhn, C. (1988). Infants of depressed mothers show 'depressed' behavior even with non-depressed adults. *Child Development, 59*, 1569–1579.
Field, T.M. (2002). Early interactions between infants and their postpartum depressed mothers. *Infant Behavior and Development, 25(1)*, 25–29.
Field, T.M., Cohen, C., Garcia, R., & Greenberg, R. (1984). Mother-stranger face discrimination by the newborn. *Infant Behavior and Development, 7(1)*, 19–25.
Fildes, V.A. (1988). *Wet nursing: A history from antiquity to the present*. New York: Basil Blackwell.
Finkelstein, J.W., Susman, E.J., Chinchilli, V.M., Kunselman, S.J., D'Arcangelo, M.R., Schwab, J., Demers, L.M., Liben, L.S., Lookingbill, G., & Kulin, H.E. (1997). Estrogen or testosterone increases self-reported aggressive behaviors in hypogonadal adolescents 1. *Journal of Clinical Endocrinology and Metabolism, 82(8)*, 2433–2438.
Finnegan, R.A., Hodges, E.V.E., & Perry, D.G. (1998). Victimization by peers: Associations with children's reports of mother-child interaction. *Journal of Personality and Social Psychology, 75(4)*, 1076–1086.
Fitzpatrick, K.M., Piko, B.F., Wright, D.R., & LaGory, M. (2005). Depressive symptomatology, exposure to violence, and the role of social capital among African American adolescents. *American Journal of Orthopsychiatry, 75*, 262–274.
Flouri, E. (2005). *Fathering and child outcomes*. New York: Wiley.
Foa, E.B., Molnar, C., & Cashman, L. (1995). Change in rape narratives during exposure therapy for posttraumatic stress disorder. *Journal of Traumatic Stress, 8(4)*, 675–690.
Foley, D.L., Eaves, L.J., Wormley, B., Silberg, J.L., Maes, H.H., Kuhn, J., & Riley, B. (2004). Childhood adversity, monoamine oxidase A genotype, and risk for conduct disorder. *Archives of General Psychiatry, 61(7)*, 738–744.
Fonagy, P. (2002). *Affect regulation, mentalization, and the development of the self*. New York: Other Press.
Fonagy, P., Steele, H., & Steele, M. (1991). Maternal representations of attachment during pregnancy predict the organization of infant-mother attachment at one year of age. *Child*

Development, 62(5), 891–905.
Fonagy, P., & Target, M. (1996). Playing with reality: I. Theory of mind and the normal development of psychic reality. *International Journal of Psycho-Analysis, 77(2)*, 217–233.
Fonagy, P., & Target, M. (1998). Mentalization and the changing aims of child psychoanalysis. *Psychoanalytic Dialogues, 8(1)*, 87–114.
Fonseca, C. (2004). The circulation of children in a Brazilian working-class neighborhood: A local practice in a globalized world. In F. Bowie (Ed.) *Cross-cultural approaches to adoption* (pp. 165–181). London: Routledge.
Forcada-Guex, M., Pierrehumbert, B., Borghini, A., Moessinger, A., & Muller-Nix, C. (2006). Early dyadic patterns of mother–infant interactions and outcomes of prematurity at 18 months. *Pediatrics, 118(1)*, 107–114.
Forget-Dubois, N., Boivin, M., Dionne, G., Pierce, T., Tremblay, R.E., & Pérusse, D. (2007). A longitudinal twin study of the genetic and environmental etiology of maternal hostile-reactive behavior during infancy and toddlerhood. *Infant Behavior and Development, 30(3)*, 453–465.
Foster, S., & Little, M. (1987). The vision quest: Passing from childhood to adulthood. In L. Mahdi, S. Foster, & M. Little (Eds.), *Betwixt and between: Patterns of masculine and feminine initiation* (pp. 165–81). Chicago: Open Court Publishing Company.
Fowler, J.H., Dawes, C.T., & Christakis, N.A. (2009). Model of genetic variation in human social networks. *Proceedings of the National Academy of Sciences, 106(6)*, 1720.
Fraiberg, S. (1974). Blind infants and their mothers: An examination of the sign system. In M. Lewis & L.A. Rosenblum (Eds.), *The effect of the infant on its caregiver. The origin of behavior series* (Vol. I, pp. 215–232). New York: John Wiley & Sons.
Fraiberg, S. (1982). Pathological defenses in infancy. *Psychoanalytic Quarterly, 51*, 612–635.
Francis, D., Diorio, J., Liu, D., & Meaney, M.J. (1999). Nongenomic transmission across generations of maternal behavior and stress responses in the rat. *Science, 286(5442)*, 1155–1158.
Freisthler, B., Merritt, D., & LaScala, E. (2006). Understanding the ecology of child maltreatment: A review of the literature and directions for future research. *Child Maltreat, 11(3)*, 263–280.
Freud, S. (1973). Beyond the pleasure principle. *The standard edition of the complete psychological works of Sigmund Freud*, 18. London: Vintage. (Original work published 1920)
Friedlmeier, W., Chakkarath, P., & Schwarz, B. (2005). *Culture and human development: The importance of cross-cultural research to the social sciences*. Hove: Psychology Press.
Fries, A.B.W., Ziegler, T.E., Kurian, J.R., Jacoris, S., & Pollak, S.D. (2005). Early experience in humans is associated with changes in neuropeptides critical for regulating social behavior. *Proceedings of the National Academy of Sciences, 102(47)*, 17237–17240.
Frigerio, A., Ceppi, E., Rusconi, M., Giorda, R., Raggi, M.E., & Fearon, P. (2009). The role played by the interaction between genetic factors and attachment in the stress response in infancy. *Journal of Child Psychology and Psychiatry, and Allied Disciplines, 50*, 1513–1522.
Fritz, T., Jentschke, S., Gosselin, N., Sammler, D., Peretz, I., Turner, R., Friederici, A.D., & Koelsch, S. (2009). Universal recognition of three basic emotions in music. *Current Biology, 19(7)*, 573–576.
Fromm, E., & Shor, R. (2009). *Hypnosis: Developments in research and new perspectives*. Chicago: Aldine.
Fung, W.L.A., Bhugra, D., & Jones, P.B. (2006). Ethnicity and mental health: The example of schizophrenia in migrant populations across Europe. *Psychiatry, 5(11)*, 396–401.
Furman, W., & Simon, V.A. (2004). Concordance in attachment states of mind and styles with respect to fathers and mothers. *Developmental Psychology, 40(6)*, 1239–1246.
Gaensbauer, T.J. (2002). Representations of trauma in infancy: Clinical and theoretical implications for the understanding of early memory. *Infant Mental Health Journal, 23(3)*,

259–277.
Ganong, L., & Coleman, M. (2003). *Stepfamily relationships*. New York: Springer.
Garber, J., Keiley, M.K., & Martin, C. (2002). Developmental trajectories of adolescents' depressive symptoms: Predictors of change. *Journal of Consulting and Clinical Psycholology, 70(1)*, 79–95.
Gardner, F., Johnson, A., Yudkin, P., Bowler, U., Hockley, C., Mutch, L., Wariyar, U., & Extremely Low Gestational Age Steering Group. (2004). Behavioral and emotional adjustment of teenagers in mainstream school who were born before 29 weeks' gestation. *Pediatrics, 114(3)*, 676–682.
Ge, X., Conger, R.D., Cadoret, R.J., Neiderhiser, J.M., Yates, W., Troughton, E., & Stewart, M.A. (1996a). The developmental interface between nature and nurture: A mutual influence model of child antisocial behavior and parent behaviors. *Developmental Psychology, 32(4)*, 574–589.
Ge, X., Conger, R.D., & Elder Jr, G.H. (1996b). Coming of age too early: Pubertal influences on girls' vulnerability to psychological distress. *Child Development, 67(6)*, 3386–3400.
Geertz, C. (2000). *The interpretation of cultures*. New York: Basic Books.
Geraerts, E., Schooler, J.W., Merckelbach, H., Jelicic, M., Hauer, B.J., & Ambadar, Z. (2007). The reality of recovered memories: Corroborating continuous and discontinuous memories of childhood sexual abuse. *Psychological Science, 18(7)*, 564–568.
Gergely, G., & Watson, J.S. (1996). The social biofeedback theory of parental affect-mirroring: The development of emotional self-awareness and self-control. *International Journal of Psycho-Analysis, 77*, 1181–1212.
Gergely, G., & Watson, J.S. (1999). Early socio-emotional development: Contingency perception and the social-biofeedback model. In Rochat, P. (Ed.), *Early socialization* (pp. 101–136). Hillsdale, NJ: Lawrence Erlbaum.
Gergen, K.J. (2009). *An invitation to social construction* (2nd ed.). Newbury Park, CA: Sage.
Gibson, E.J. & Walk, R.D. (1960). The visual cliff. *Scientific American, 202(4)*, 64–71.
Giedd, J.N., Blumenthal, J., Jeffries, N.O., Castellanos, F.X., Liu, H., Zijdenbos, A., Paus, T., Evans, A.C., & Rapoport, J.L. (1999). Brain development during childhood and adolescence: A longitudinal MRI study. *Nature Neuroscience, 2(10)*, 861–863.
Gilbert, R., Widom, C.S., Browne, K., Fergusson, D., Webb, E., & Janson, S. (2009). Burden and consequences of child maltreatment in high-income countries. *The Lancet, 373(9657)*, 68–81.
Gilmore, D.D. (1990). *Manhood in the making: Cultural concepts of masculinity*. New Haven, CT: Yale University Press.
Gingras, J.L., Mitchell, E.A., & Grattan, K.E. (2005). Fetal homologue of infant crying. *Archives of Diseases of Childhood (Fetal Neonatal Ed.), 90(5)*, 415–418.
Glaser, R., Kiecolt-Glaser, J.K., Marucha, P.T., MacCallum, R.C., Laskowski, B.F., & Malarkey, W.B. (1999). Stress-related changes in proinflammatory cytokine production in wounds. *Archives of General Psychiatry, 56(5)*, 450–456.
Gleason, T.R., Gower, A.L., Hohmann, L.M., & Gleason, T.C. (2005). Temperament and friendship in preschool-aged children. *International Journal of Behavioral Development, 29(4)*, 336–344.
Glover, V., & O'Connor, T. (2002). Effects of antenatal stress and anxiety: Implications for development and psychiatry. *British Journal of Psychiatry, 180*, 389–391.
Godden, D.R., & Baddeley, A.D. (1975). Context-dependent memory in two natural environments: On land and underwater. *British Journal of Psychology, 66(3)*, 325–331.
Goethals, G.R., & Reckman, R.F. (1973). The perception of consistency in attitudes. *Journal of Experimental Social Psychology, 9(6)*, 491–501.
Golinkoff, M. (1993). When is communication a 'meeting of minds?'. *Journal of Child Language, 20(1)*, 199–207.

Golombok, S., & Badger, S. (2010). Children raised in mother-headed families from infancy: A follow-up of children of lesbian and single heterosexual mothers, at early adulthood. *Human Reproduction, 25*, 150–157.

Göncü, A., & Gaskins, S. (2007). *Play and development: Evolutionary, sociocultural, and functional perspectives.* Hillsdale, NJ: Lawrence Erlbaum Associates, Inc.

Gonzales, N.A., Cauce, A.M., Friedman, R.J., & Mason, C.A. (1996). Family, peer, and neighborhood influences on academic achievement among African-American adolescents: One-year prospective effects. *American Journal of Community Psychology, 24(3)*, 365–387.

Goodlin, R., & Schmidt, W. (1972). Human fetal arousal levels as indicated by heart rate recordings. *American Journal of Obstetrics & Gynecology, 114(5)*, 613–621.

Gottlieb, A. (2004). *The afterlife is where we come from: The culture of infancy in West Africa.* Chicago: University of Chicago Press.

Gottman, J.M. (1994). *What predicts divorce?: The relationship between marital processes and marital outcomes.* Hillsdale, NJ: Lawrence Erlbaum Associates, Inc.

Grammer, K., Fink, B., & Neave, N. (2005). Human pheromones and sexual attraction. *European Journal of Obstetrics & Gynecology, 118(2)*, 135–142.

Greco, C., Rovee-Collier, C., Hayne, H., Griesler, P., & Earley, L. (1986). Ontogeny of early event memory. I: Forgetting and retrieval by 2- and 3-month-olds. *Infant Behavior & Development, 9(4)*, 441–460.

Green, H., McGinnity, A., Meltzer, H., Ford, T., & Goodman, R. (2005). *Mental health of children and young people in Great Britain.* London: Department of Health.

Green, J. (2006). Annotation: The therapeutic alliance – a significant but neglected variable in child mental health treatment studies. *Journal of Child Psychology and Psychiatry, 47(5)*, 425–435.

Grosser, B.I., Monti-Bloch, L., Jennings-White, C., & Berliner, D.L. (2000). Behavioral and electrophysiological effects of androstadienone, a human pheromone. *Psychoneuroendocrinology, 25(3)*, 289–299.

Grossmann, K.E., Grossmann, K., & Waters, E. (Eds.) (2005). *Attachment from infancy to adulthood: The major longitudinal studies.* New York: Guilford Press.

Grzywacz, J.G., & Bass, B.L. (2003). Work, family, and mental health: Testing different models of work-family fit. *Journal of Marriage and the Family, 65(1)*, 248–261.

Guastella, A.J., Mitchell, P.B., & Dadds, M.R. (2008). Oxytocin increases gaze to the eye region of human faces. *Biological Psychiatry, 63(1)*, 3–5.

Gunnar, M.R., Morison, S.J., Chisholm, K., & Schuder, M. (2001). Salivary cortisol levels in children adopted from Romanian orphanages. *Development and Psychopathology, 13(3)*, 611–628.

Gutek, B.A., & Gilliland, C. (2008). How much do you value your family and does it matter? The joint effects of family identity salience, family interference with work and gender. *Human Relations, 62(2)*, 189–213.

Hageman, I., Andersen, H.S., & Jorgensen, M.B. (2001). Post-traumatic stress disorder: A review of psychobiology and pharmacotherapy. *Acta Psychiatrica Scandinavica, 104(6)*, 411–422.

Hagen, E.H. (1999). The functions of postpartum depression. *Evolution and Human Behavior, 20(5)*, 325–359.

Hagenauer, M.H., Perryman, J.I., Lee, T.M., & Carskadon, M.A. (2009). Adolescent changes in the homeostatic and circadian regulation of sleep. *Developmental Neuroscience, 31(4)*, 276–284.

Haglund, M.E.M., Nestadt, P.S., Cooper, N.S., Southwick, S.M., & Charney, D.S. (2007). Psychobiological mechanisms of resilience: Relevance to prevention and treatment of stress-related psychopathology. *Development and Psychopathology, 19(3)*, 889–920.

Haig, D. (2004). Genomic imprinting and kinship: How good is the evidence? *Annual Review of*

Genetics, 38, 553–585.
Haley, D.W., & Stansbury, K. (2003). Infant stress and parent responsiveness: Regulation of physiology and behavior during still-face and reunion. *Child Development, 74(5)*, 1534–1546.
Hall, G.S. (1904). *Adolescence: Its psychology and its relations to physiology, anthropology, sociology, sex, crime, and religion*. New York: Appleton.
Hall, S.S. (2006). *Size matters: How height affects the health, happiness, and success of boys and the men they become*. Boston: Houghton Mifflin Company.
Hamarman, S., Fossella, J., Ulger, C., Brimacombe, M., & Dermody, J. (2004). Dopamine receptor 4 (DRD4) 7-repeat allele predicts methylphenidate dose response in children with attention deficit hyperactivity disorder: A pharmacogenetic study. *Journal of Child & Adolescent Psychopharmacology, 14(4)*, 564–574.
Hammer, M.F., Mendez, F.L., Cox, M.P., Woerner, A.E., & Wall, J.D. (2008). Sex-biased evolutionary forces shape genomic patterns of human diversity. *PLoS Genetics, 4(9)*, e1000202.
Hamond, N.R., & Fivush, R. (1991). Memories of Mickey Mouse: Young children recount their trip to Disneyworld. *Cognitive Development, 6(4)*, 443–448.
Han, J.J., Leichtman, M.D., & Wang, Q. (1998). Autobiographical memory in Korean, Chinese, and American children. *Developmental Psychology, 34(4)*, 701–713.
Harden, K.P., Turkheimer, E., Emery, R.E., D'Onofrio, B.M., Slutske, W.S., Heath, A.C., & Martin, N.G. (2007). Marital conflict and conduct problems in children of twins. *Child Development, 78(1)*, 1–18.
Hare, T.A., Tottenham, N., Galvan, A., Voss, H.U., Glover, G.H., & Casey, B.J. (2008). Biological substrates of emotional reactivity and regulation in adolescence during an emotional go-nogo task. *Biological Psychiatry, 63(10)*, 927–934.
Hariri, A.R., Bookheimer, S.Y., & Mazziotta, J.C. (2000). Modulating emotional responses: Effects of a neocortical network on the limbic system. *Neuroreport, 11(1)*, 43–48.
Hariri, A.R., Drabant, E.M., & Weinberger, D.R. (2006). Imaging genetics: Perspectives from studies of genetically driven variation in serotonin function and corticolimbic affective processing. *Biological Psychiatry, 59(10)*, 888–897.
Harlow, H.F., Dodsworth, R.O., & Harlow, M.K. (1965). Total social isolation in monkeys. *Proceedings of the National Academy of Sciences, 54(1)*, 90–97.
Harman, C., Rothbart, M.K., & Posner, M.I. (1997). Distress and attention interactions in early infancy. *Motivation and Emotion, 21(1)*, 27–44.
Harper, M.L., Rasolkhani-Kalhorn, T., & Drozd, J.F. (2009). On the neural basis of EMDR therapy: Insights From qEEG Studies. *Traumatology, 15(2)*, 81.
Harris, J.R. (2009). *The nurture assumption: Why children turn out the way they do, revised and updated*. New York: Free Press.
Harris, M., & Ross, E.B. (1987). *Food and evolution*. Philadelphia, PA: Temple University Press.
Harris, P.L. (2007). Hard work for the imagination. In A. Goncu & S. Gaskins (Eds.), *Play and development: Evolutionary, sociocultural, and functional perspectives* (pp. 205–226). Hove: Psychology Press.
Hart, B., & Risley, T.R. (1999). *The social world of children: Learning to talk*. Baltimore, MD: Paul H. Brookes Publishing Co.
Hart, S. (2008). *Brain Attachment personality: An introduction to neuro-affective development*. London: Karnac.
Haviland, J.M., & Lelwica, M. (1987). The induced affect response: 10-week-old infants. *Developmental Psychology, 23(1)*, 97–104.
Hawkes, K., O'Connell, J.F., & Blurton Jones, N.G. (1997). Hadza women's time allocation, offspring provisioning, and the evolution of long postmenopausal life spans. *Current Anthropology, 38(4)*, 551–577.
Hay, D.F., Payne, A., & Chadwick, A. (2004). Peer relations in childhood. *Journal of Child*

Psychology and Psychiatry, 45(1), 84–108.
Hazan, C., & Zeifman, D. (1994). Sex and the psychological tether. In K. Bartholomew & D. Perlman (Eds.), *Advances in personal relationships* (Vol. 5, p. 151). London: Jessica Kingsley.
Hazell, P. (2007). Does the treatment of mental disorders in childhood lead to a healthier adulthood? *Current Opinion in Psychiatry, 20(4)*, 315–318.
Hebb, D.O. (1949). *The organisation of behaviour*. New York: Wiley.
Helgeson, V.S., & Fritz, H.L. (1999). Unmitigated agency and unmitigated communion: Distinctions from agency and communion. *Journal of Research in Personality, 33(2)*, 131–158.
Hemenover, S.H., & Schimmack, U. (2007). That's disgusting! . . ., but very amusing: Mixed feelings of amusement and disgust. *Cognition and Emotion, 21(5)*, 1102–1113.
Hendin, H., & Haas, A.P. (2004). Wounds of war: The aftermath of combat in Vietnam. In D. Knafo (Ed.), *Living with terror, working with trauma: A clinician's handbook* (p. 155). New York: Jason Aronson.
Hendry, J. (1986). *Becoming Japanese: The world of the pre-school child*. Honolulu: University of Hawaii Press.
Henggeler, S.W., Schoemwald, S.K., Borduin, C.M., Rowland, M.D., & Cunningham, P.B. (2009). *Multisystemic therapy for antisocial behavior in children and adolescents*. New York: The Guilford Press.
Henry, G. (2004). Doubly deprived. In P. Barrows (Ed.), *Key papers from the journal of child psychotherapy* (p. 105). London: Routledge.
Herdt, G. (1994). *Guardians of the Flutes* (Vol. 1). Chicago: University of Chicago Press.
Herrenkohl, R.C., Egolf, B.P., & Herrenkohl, E.C. (1997). Preschool antecedents of adolescent assaultive behavior: A longitudinal study. *American Journal of Orthopsychiatry, 67(3)*, 422–432.
Hesse, E., & Main, M. (2000). Disorganized infant, child, and adult attachment: Collapse in behavioral and attentional strategies. *Journal of the American Psychoanalytic Association, 48(4)*, 1097–1127.
Hetherington, E.M., & Elmore, A.M. (2003). Risk and resilience in children coping with their parents' divorce and remarriage. In S. Luthar (Ed.), *Resilience and vulnerability: Adaptation in the context of childhood adversities* (pp. 182–212). New York: Cambridge University Press.
Hewlett, B.S. (1991). *Intimate fathers: The nature and context of Aka pygmy paternal infant care*. Ann Arbor: University of Michigan Press.
Hewlett, B.S., & Lamb, M.E. (Eds.) (2005). *Hunter-gatherer childhoods*. New York: Aldine.
Hewstone, M., Rubin, M., & Willis, H. (2002). Intergroup Bias. *Annual Review of Psychology, 53(1)*, 575–604.
Hinde, R.A. (1970). *Animal behaviour: A synthesis of ethology and comparative psychology*. New York: McGraw-Hill.
Hines, M., Ahmed, S.F., & Hughes, I.A. (2003). Psychological outcomes and gender-related development in complete androgen insensitivity syndrome. *Archives of Sexual Behavior, 32(2)*, 93–102.
Hines, M., & Collaer, M.L. (1993). Gonadal hormones and sexual differentiation of human behavior: Developments from research on endocrine syndromes and studies of brain structure. *Annual Review of Sex Research, 4*, 1–48.
Hobson, P. (2002). *The cradle of thought*. London: Macmillan.
Hobson, P., Patrick, M., Crandell, L., Garcia-Pérez, R., & Lee, A. (2005). Personal relatedness and attachment in infants of mothers with borderline personality disorder. *Development and Psychopathology, 17(02)*, 329–347.
Hodges, J., Steele, M., Hillman, S., Henderson, K., & Kaniuk, J. (2003). Changes in attachment

representations over the first year of adoptive placement: Narratives of maltreated children. *Clinical Child Psychology and Psychiatry, 8(3)*, 351–367.
Hodnett, E.D., Gates, S., Hofmeyr, G.J., & Sakala, C. (2005). Continuous support for women during childbirth. *Birth, 32(1)*, 72–72.
Hofferth, S.L., & Anderson, K.G. (2003). Are all dads equal? Biology versus marriage as a basis for paternal investment. *Journal of Marriage and the Family, 65(1)*, 213–232.
Hoffman, E. (1990). *Lost in translation: A Life in a new language*. London: Penguin.
Hofstede, G. (2001). *Culture's consequences: Comparing values, behaviors, institutions, and organizations across nations*. Newbury Park, CA: Sage.
Holmes, T.R., Bond, L.A., & Byrne, C. (2008). Mothers' beliefs about knowledge and mother–adolescent conflict. *Journal of Social and Personal Relationships, 25(4)*, 561.
Holowka, S., & Petitto, L.A. (2002). Left hemisphere cerebral specialization for babies while babbling. *Science, 297(5586)*, 1515–1515.
Horrocks, R. (1994). *Masculinity in crisis: Myths, fantasies and realities*. New York: Palgrave.
Horswill, M.S., Waylen, A.E., & Tofield, M.I. (2004). Drivers ratings of different components of their own driving skill: A greater illusion of superiority for skills that relate to accident involvement. *Journal of Applied Social Psychology, 34(1)*, 177–195.
Howe, D. (2005). *Child abuse and neglect: Attachment*. London: Palgrave.
Hrdy, S.B. (1999). *Mother nature: Natural selection and the female of the species*. London: Chatto & Windus.
Hsu, H.C., Fogel, A., & Messinger, D.S. (2001). Infant non-distress vocalization during mother–infant face-to-face interaction: Factors associated with quantitative and qualitative differences. *Infant Behavior and Development, 24(1)*, 107–128.
Huang, C.C., Garfinkel, I., & Waldfogel, J. (2000). *Child support and welfare caseloads*. Wisconsin, MA: Institute for Research on Poverty, University of Wisconsin-Madison.
Hubel, D.H., & Wiesel, T.N. (1970). The period of susceptibility to the physiological effects of unilateral eye closure in kittens. *Journal of Physiology, 206(2)*, 419–436.
Hulanicka, B. (1999). Acceleration of menarcheal age of girls from dysfunctional families. *Journal of Reproductive and Infant Psychology, 17(2)*, 119–132.
Hull, P., Kilbourne, B., Reece, M., & Husaini, B. (2008). Community involvement and adolescent mental health: Moderating effects of race/ethnicity and neighborhood disadvantage. *Journal of Community Psychology, 36(4)*, 534–551.
Hungerford, A., Brownwell, C., & Campbell, S. (2000). Child care in infancy: A transactional perspective. In C. H. Zeanah (Ed.), *Handbook of Infant Mental Health* (pp. 519–532). New York: Guilford.
Hungerford, A., & Cox, M.J. (2006). Family factors in child care research. *Evaluation Review, 30(5)*, 631–635.
Hyde, J.S. (2005). The gender similarities hypothesis. *American Psychologist, 60(6)*, 581–592.
Iacoboni, M. (2005). Understanding others: Imitation, language, empathy. In S. Hurley & N. Chater (Eds.), *Perspectives on imitation: From cognitive neuroscience to social science* (pp. 77–99). Cambridge, Mass: MIT Press.
Itard, J.M.G. (1802). *An historical account of the discovery and education of a savage man*. London: Richard Phillips.
Jacobs, S.E., Thomas, W., & Lang, S. (1997). *Two-spirit people: Native American gender identity, sexuality, and spirituality*. Illinois: University of Illinois Press.
Jacobson, B., & Bygdeman, M. (1998). Obstetric care and proneness of offspring to suicide as adults: Case-control study. *British Medical Journal, 317(7169)*, 1346–1349.
Jacques, S., & Zelazo, P.D. (2005). Language and the development of cognitive flexibility: Implications for theory of mind. In E. Astington & J. Baird (Eds.), *Why language matters for theory of mind* (pp. 144–162). Oxford University Press.
Jaffee, S.R., Moffitt, T.E., Caspi, A., & Taylor, A. (2003). Life with (or without) father: The benefits

of living with two biological parents depend on the father's antisocial behavior. *Child Development, 74(1)*, 109–126.
James, O. (2008). *Affluenza*. London: Ebury.
Jetten, J., Haslam, C., Haslam, A.S., & Branscombe, N.R. (2009). The social cure. *Scientific American Mind, 20(5)*, 26–33.
Ji, E.K., Pretorius, D.H., Newton, R., Uyan, K., Hull, A.D., Hollenbach, K., & Nelson, T.R. (2005). Effects of ultrasound on maternal-fetal bonding: A comparison of two- and three-dimensional imaging. *Ultrasound in Obstetrics and Gynecology, 25(5)*, 473–477.
Jones, S. (2002). *Y: The descent of men*. Boston: Little Brown.
Joyner, K., & Udry, J.R. (2000). You don't bring me anything but down: Adolescent romance and depression. *Journal of Health and Social Behavior, 41(4)*, 369–391.
Judd, P.H., & McGlashan, T.H. (2003). *A developmental model of borderline personality disorder: Understanding variations in course and outcome*. Arlington, Virginia, VA: American Psychiatric Publishing Inc.
Juffer, F., Bakermans-Kranenburg, M.J., & van IJzendoorn, M.H. (Eds.) (2008). *Promoting positive parenting: An attachment-based intervention*. New York: Taylor & Francis Group.
Kaitz, M., & Maytal, H. (2005). Interactions between anxious mothers and their infants: An integration of theory and research findings. *Infant Mental Health Journal, 26(6)*, 570–597.
Kansaku, K., & Kitazawa, S. (2001). Imaging studies on sex differences in the lateralization of language. *Neuroscience research, 41(4)*, 333–337.
Karsten, L. (2003). Children's use of public space: The gendered world of the playground. *Childhood, 10(4)*, 457–473.
Kasari, C., Sigman, M., Mundy, P., & Yirmiya, N. (1990). Affective sharing in the context of joint attention interactions of normal, autistic, and mentally retarded children. *Journal of Autism and Developmental Disorders, 20(1)*, 87–100.
Kazdin, A., & Weisz, J. (Eds.) (2009). *Evidence-based psychotherapies for children and adolescents*. New York: Guilford.
Keller, H. (2007). *Cultures of infancy*. Hillsdale, NJ: Lawrence Erlbaum Associates, Inc.
Keller, H., & Lamm, B. (2005). Parenting as the expression of sociohistorical time: The case of German individualisation. *International Journal of Behavioral Development, 29(3)*, 238–246.
Keller, H., Yovsi, R., Borke, J., Kärtner, J., Jensen, H., & Papaligoura, Z. (2004). Developmental consequences of early parenting experiences: Self-recognition and self-regulation in three cultural communities. *Child Development, 75(6)*, 1745–1760.
Kendler, K.S., & Greenspan, R.J. (2006). The nature of genetic influences on behavior: Lessons from 'simpler' organisms. *Am J Psychiatry, 163(10)*, 1683–1694.
Kennedy, A., Burger, H., Ormel, J., Huisman, M., Verhulst, F.C., & Oldehinkel, A.J. (2009). Socioeconomic position and mental health problems in pre- and early-adolescents. *Social Psychiatry and Psychiatric Epidemiology, 44(3)*, 231–238.
Kennedy, E. (2004). *Child and adolescent psychotherapy: A systematic review of psychoanalytic approaches*. London: North Central London Strategic Health Authority.
Kenrick, J., Lindsey, C., & Tollemache, L. (2006). *Creating new families: Therapeutic approaches to fostering, adoption, and kinship care*. London: Karnac Books.
Kerr, M. (2001). Culture as a context for temperament: Suggestions from the life courses of shy Swedes and Americans. In T. Wachs, G. Kohnstamm, & R. McCrae (Eds.), *Temperament in context* (pp. 139–153). London: Routledge.
Kiecolt-Glaser, J.K., Loving, T.J., Stowell, J.R., Malarkey, W.B., Lemeshow, S., Dickinson, S.L., & Glaser, R. (2005). Hostile marital interactions, proinflammatory cytokine production, and wound healing. *Archives of General Psychiatry, 62(12)*, 1377–1384.
Kiernan, K.E., & Huerta, M.C. (2008). Economic deprivation, maternal depression, parenting

and children's cognitive and emotional development in early childhood 1. *British Journal of Sociology, 59(4)*, 783–806.

Kim, Y.K., & Lee, Y. (1995). Cultural differences in Korean-and Anglo-American preschoolers' social interaction and play behaviors. *Child Development, 66(4)*, 1088–1099.

Kimata, H. (2007). Laughter elevates the levels of breast-milk melatonin. *Journal of Psychosomatic Research, 62(6)*, 699–702.

Kimball, M.M. (1986). Television and sex-role attitudes. In T. Williams (Ed.), *The impact of television: A natural experiment in three communities: A developmental model of borderline personality disorder: Understanding variations in course and outcome* (pp. 265–301). Orlando, FL: Academic Press.

Kindermann, T.A. (1993). Natural peer groups as contexts for individual development: The case of children's motivation in school. *Developmental Psychology, 29(6)*, 970–977.

King, F.T. (1932). *Feeding and care of baby*. London: Macmillan.

Kirsch, P., Esslinger, C., Chen, Q., Mier, D., Lis, S., Siddhanti, S., Gruppe, H., Mattay, V.S., Gallhofer, B., & Meyer-Lindenberg, A. (2005). Oxytocin modulates neural circuitry for social cognition and fear in humans. *Journal of Neuroscience, 25(49)*, 11489–11493.

Kisilevsky, B., Hains, S.M., Brown, C.A., Lee, C.T., Cowperthwaite, B., Stutzman, S.S., Swansburg, M.L., Lee, K., Xie, X., Huang, H., Ye, H.H., Zhang, K., & Wang, Z. (2009). Fetal sensitivity to properties of maternal speech and language. *Infant Behavior and Development, 32(1)*, 59–71.

Kitayama, S., Markus, H.R., Matsumoto, H., & Norasakkunkit, V. (1997). Individual and collective processes in the construction of the self: Self-enhancement in the United States and self-criticism in Japan. *Journal of Personality and Social Psychology, 72(6)*, 1245–1267.

Klaus, M. (1998). Mother and infant: early emotional ties. *Pediatrics, 102 (Suppl 5)*, 1244–1246.

Klaus, M.H., Kennell, J.H., & Klaus, P.H. (1993). *Mothering the mother: How a doula can help you have a shorter, easier, and healthier birth*. Reading, MA: Perseus.

Klein, M. (1975). *The psycho-analysis of children*. New York: Delacorte Press.

Knickmeyer, R., Baron-Cohen, S., Raggatt, P., & Taylor, K. (2005). Foetal testosterone, social relationships, and restricted interests in children. *Journal of Child Psychology and Psychiatry, 46(2)*, 198–210.

Kosfeld, M., Heinrichs, M., Zak, P.J., Fischbacher, U., & Fehr, E. (2005). Oxytocin increases trust in humans. *Nature, 435*, 673–676.

Kosko, B. (1993). *Fuzzy thinking*. New York: Hyperion.

Kraemer, S. (2000). The fragile male. *British Medical Journal, 321*, 1609–1612.

Kramer, L., & Radey, C. (1997). Improving sibling relationships among young children: A social skills training model. *Family Relations, 46(3)*, 237–246.

Kramer, T.H., Buckhout, R., & Eugenio, P. (1990). Weapon focus, arousal, and eyewitness memory. *Law and Human Behavior, 14(2)*, 167–184.

Kratz, C.A. (1990). Sexual solidarity and the secrets of sight and sound: Shifting gender relations and their ceremonial constitution. *American Ethnologist, 17(3)*, 449–469.

Kugiumutzakis, G., Kokkinaki, T., Makrodimitraki, M., & Vitalaki, E. (2004). Emotions in early mimesis. In J. Nadel & D. Muir (Eds.), *Emotional development: Recent research advances* (pp. 161–182). New York: Oxford University Press.

Kuhl, P.K., Stevens, E., Hayashi, A., Deguchi, T., Kiritani, S., & Iverson, P. (2006). Infants show a facilitation effect for native language phonetic perception between 6 and 12 months. *Developmental Science, 9(2)*, 13–21.

Kuhn, C.M., & Schanberg, S.M. (1998). Responses to maternal separation: Mechanisms and mediators. *International Journal of Developmental Neuroscience, 16(3–4)*, 261–270.

Kuhn, T.S. (1970). *The structure of scientific revolutions*. Chicago: University of Chicago Press.

Kujawski, J.H., & Bower, T.G.R. (1993). Same-sex preferential looking during infancy as a function of abstract representation. *British Journal of Developmental Psychology, 11*, 201–209.
Ladd, C.O., Huot, R.L., Thrivikraman, K.V., Nemeroff, C.B., Meaney, M.J., & Plotsky, P.M. (2000). Long-term behavioral and neuroendocrine adaptations to adverse early experience. *Progress in Brain Research, 122*, 81–103.
Ladd, G.W. (2005). *Children's peer relations and social competence: A century of progress.* New Haven: Yale University Press.
LaFrance, M. (1979). Nonverbal synchrony and rapport: Analysis by the cross-lag panel technique. *Social Psychology Quarterly, 42*, 66–70.
Lakatos, K., Nemoda, Z., Toth, I., Ronai, Z., Ney, K., Sasvari-Szekely, M., & Gervai, J. (2002). Further evidence for the role of the dopamine D4 receptor (DRD4) gene in attachment disorganization: Interaction of the exon III 48-bp repeat and the-521 C/T promoter polymorphisms. *Molecular Psychiatry, 7(1)*, 27–31.
Lamb, M.E. (1996). Effects of nonparental child care on child development: An update. *Canadian Journal of Psychiatry, 41(6)*, 330–342.
Lamb, M.E. (2004). *The role of the father in child development.* New York: Wiley.
Lambert, L., & Hart, S. (1976). Who needs a father. *New Society, 37(718)*, 80–80.
Lambert, M.J. (2005). Early response in psychotherapy: Further evidence for the importance of common factors rather than placebo effects. *Journal of Clinical Psychology, 61(7)*, 855–869.
Laursen, B., & Collins, W.A. (2004). Parent–child communication during adolescence. In A. Vangelisti (Ed.). *Handbook of family communication* (pp. 333–348). Hillsdale, NJ: Lawrence Erlbaum Associates, Inc.
LaVelle, M. (1995). Natural selection and developmental sexual variation in the human pelvis. *American Journal of Physical Anthropology, 98(1)*, 59–72.
Lazar, S.W., Kerr, C.E., Wasserman, R.H., Gray, J.R., Greve, D.N., Treadway, M.T., McGarvey, M., Quinn, B.T., Dusek, J.A., Benson, H., Rauch, S.L., Moore, C.I., & Fischl, B. (2005). Meditation experience is associated with increased cortical thickness. *Neuroreport, 16(17)*, 1893–1897.
Leach, P. (2009). *Child care today.* Cambridge: Polity Press.
Leach, P., Barnes, J., Malmberg, L-E., Sylva, K., & Stein, A. (2008). The quality of different types of child care at 10 and 18 months: A comparison between types and factors related to quality. *Early Child Development and Care, 178(2)*, 33.
Leach, P., Barnes, J., Nichols, M., Goldin, J., Stein, A., Sylva, K., Malmberg, L-E., & the FCCC team (2006). Child care before 6 months of age: A qualitative study of mothers' decisions and feelings about employment and non-maternal care. *Infant and Child Development, 15*, 471–502.
Leckman, J.F., Goodman, W.K., North, W.G., Chappell, P.B., Price, L.H., Pauls, D.L., Anderson, G.M., Riddle, M.A., McDougle, C.J., Barr, L.C., et al. (1994). The role of central oxytocin in obsessive compulsive disorder and related normal behavior. *Psychoneuroendocrinology, 19(8)*, 723–749.
LeDoux, J. (1998). *The emotional brain.* New York: Simon & Schuster.
Lee, K. (2000). Crying patterns of Korean infants in institutions. *Child: Care, Health & Development, 26(3)*, 217–228.
Leichty, M.M. (1978). The effect of father-absence during early childhood upon the Oedipal situation as reflected in young adults. In S. Fisher & R. Greenberg (Eds.), *The scientific evaluation of Freud's theories and therapy: A book of readings* (p. 196). New York: Basic Books.
Leng, G., Meddle, S.L., & Douglas, A.J. (2008). Oxytocin and the maternal brain. *Current Opinion in Pharmacology, 8(6)*, 731–734.

Lengua, L.J., & Kovacs, E.A. (2005). Bidirectional associations between temperament and parenting and the prediction of adjustment problems in middle childhood. *Journal of Applied Developmental Psychology, 26(1)*, 21–38.

Lepper, M.R., Greene, D., & Nisbett, R.E. (1973). Undermining children's intrinsic interest with extrinsic rewards: A test of the overjustification hypothesis. *Journal of Personality and Social Psychology, 28(1)*, 129–137.

Leung, R. (2005, August 21). Sea gypsies see signs in the waves. CBN news.com. Retrieved April 3, 2010, from http://www.cbsnews.com/stories/2005/08/17/60minutes/main782658_page2.shtml

LeVine, R.A. (1994). *Child care and culture: Lessons from Africa.* Cambridge: Cambridge University Press.

Levy, K.N., Meehan, K.B, Weber, M., Reynoso, R., & Clarkin, J.F. (2005). Attachment and borderline personality disorder: Implications for psychotherapy. *Psychopathology, 38(2)*, 64–74.

Libet, B. (1985). Unconscious cerebral initiative and the role of conscious will in voluntary action. *Behavioral and Brain Sciences, 8(4)*, 529–566.

Lieberman, A.F., Padron, E., van Horn, P., & Harris, W.W. (2005). Angels in the nursery: The intergenerational transmission of benevolent parental influences. *Infant Mental Health Journal, 26(6)*, 504–520.

Lieberman, M., Doyle, A.B., & Markiewicz, D. (1999). Developmental patterns in security of attachment to mother and father in late childhood and early adolescence: Associations with peer relations. *Child Development, 70(1)*, 202–213.

Lilienfeld, S. (2007). Psychological treatments that cause harm. *Perspectives on Psychological Science, 2(1)*, 53–70.

Lilienfeld, S.O., & Arkowitz, H. (2009). Foreign afflictions. *Scientific American Mind, 20(6)*, 68–69.

Linn, M.C., & Petersen, A.C. (1986). A meta-analysis of gender differences in spatial ability: Implications for mathematics and science achievement. In J. S. Hyde & M. Linn (Eds.), *The psychology of gender: Advances through meta-analysis* (pp. 67–101). Baltimore: Johns Hopkins University Press.

Lipka, J. (1994). Schools failing minority teachers: Problems and suggestions. *Educational Foundations, 8(2)*, 57–80.

Lippa, R.A. (2005). *Gender, nature, and nurture.* Hillsdale, NJ: Lawrence Erlbaum Associates, Inc.

Lockhart, K.L., Chang, B., & Story, T. (2002). Young children's beliefs about the stability of traits: Protective optimism? *Child Development, 75(5)*, 1408–1430.

Loftus, E.F. (1997). Repressed memory accusations: Devastated families and devastated patients. *Applied Cognitive Psychology, 11(1)*, 25–30.

Loftus, E.F., & Burns, T.E. (1982). Mental shock can produce retrograde amnesia. *Memory & Cognition, 10(4)*, 318–323.

Loftus, E.F., & Palmer, J.C. (1974). Reconstruction of automobile destruction: An example of the interaction between language and memory. *Journal of Verbal Learning and Verbal Behavior, 13(5)*, 585–589.

Loney, B.R., Frick, P.J., Ellis, M., & McCoy, M.G. (1997). *Intelligence, psychopathy, and antisocial behavior.* Alabama: University of Alabama.

Lovejoy, M.C., Graczyk, P.A., O'Hare, E., & Neuman, G. (2000). Maternal depression and parenting behavior: A meta-analytic review. *Clinical Psychology Review, 20(5)*, 561–592.

Lumey, L.H., Stein, A.D., Kahn, H.S., van der Pal-de Bruin, K.M., Blauw, G.J., Zybert, P.A., & Susser, E.S. (2007). Cohort profile: The Dutch hunger winter families study. *International Journal of Epidemiology, 36(6)*, 1196–1204.

Luthar, S.S., D'Avanzo, K., & Hites, S. (2003). Parental substance abuse: Risks and resilience. In S. Luthar (Ed.), *Resilience and vulnerability. Adaptation in the context of childhood adversities* (pp. 104–129). New York: Cambridge University Press.

Lutz, A., Dunne, J.D., & Davidson, R.J. (2007). Meditation and the neuroscience of consciousness. In P.D. Zelazo, M. Moscovitch, & E. Thompson (Eds.), *Cambridge handbook of consciousness* (pp. 499–551). Cambridge, MA: Cambridge University Press.
Lyons, D.M., Parker, K.J., Katz, M., & Schatzberg, A.F. (2009). Developmental cascades linking stress inoculation, arousal regulation, and resilience. *Frontiers in Behavavioural Neuroscience, 32(3)*, 32.
Lyons-Ruth, K., Connell, D.B., Grunebaum, H.U., & Botein, S. (1990). Infants at social risk: Maternal depression and family support services as mediators of infant development and security of attachment. *Child Development, 61(1)*, 85–98.
Lyons-Ruth, K., Yellin, C., Melnick, S., & Atwood, G. (2003). Childhood experiences of trauma and loss have different relations to maternal unresolved and Hostile-Helpless states of mind on the AAI. *Attachment & Human Development, 5(4)*, 330–352.
McAlister, A., & Peterson, C.C. (2006). Mental playmates: Siblings, executive functioning and theory of mind. *British Journal of Developmental Psychology, 24(4)*, 733–751.
McAlister, A., & Peterson, C. (2007). A longitudinal study of child siblings and theory of mind development. *Cognitive Development, 22(2)*, 258–270.
Mc Auley, M.M.T., Kenny, R.A., Kirkwood, T.B., Wilkinson, D.J., Jones, J.J., & Miller, V.M. (2009). A Mathematical Model of aging-related and cortisol induced hippocampal dysfunction. *BMC Neuroscience, 10(1)*, 10–26.
Macfarlane, A. (1975). Olfaction in the development of social preferences in the human neonate. *Ciba Foundation Symposium, 33*, 103–117.
McHale, J.P., & Fivaz-Depeursinge, E. (1999). Understanding triadic and family group interactions during infancy and toddlerhood. *Clinical Child and Family Psychology Review, 2(2)*, 107–127.
Mackay, J. (2000). *The Penguin atlas of human sexual behavior*. London: Penguin.
McLaughlin, D.K., Gardner, E.L., & Lichter, D.T. (1999). Economic Restructuring and Changing Prevalence of Female-Headed Families in America. *Rural Sociology, 64(3)*, 394–416.
MacLean, K. (2003). The impact of institutionalization on child development. *Development and Psychopathology, 15(04)*, 853–884.
MacLean, P.D. (1990). *The triune brain in evolution: Role in paleocerebral functions*. Norwell, MA: Kluwer Academic Publishers.
McNally, R.J. (2003). *Remembering trauma*. Cambridge, MA: Belknap Press.
McNally, R., Brett, J., Litz, T., Prassas, A., Shin, L.M., & Weathers, F.W. (1994). Emotional priming of autobiographical memory in post-traumatic stress disorder. *Cognition and Emotion, 8(4)*, 351–367.
Maddi, S.R. (2005). On hardiness and other pathways to resilience. *American Psychology, 60(3)*, 261–262.
Madsen, S.A., & Juhl, T. (2007). Paternal depression in the postnatal period assessed with traditional and male depression scales. *Journal of Men's Health & Gender, 4(1)*, 26–31.
Maestripieri, D., Roney, J.R., Debias, N., Durante, K.M., & Spaepen, G.M. (2004). Father absence, menarche and interest in infants among adolescent girls. *Developmental Science, 7(5)*, 560–566.
Maguire, E.A., Gadian, D.G., Johnsrude, I.S., Good, C.D., Ashburner, J., Frackowiak, R.S., & Frith, C.D. (2000). Navigation-related structural change in the hippocampi of taxi drivers. *Proceedings of the National Academy of Sciences of the United States of America, 97(8)*, 4398–4403.
Magurran, A.E., & Garcia, C.M. (2000). Sex differences in behaviour as an indirect consequence of mating system. *Journal of Fish Biology, 57(4)*, 839–857.
Main, M., & George, C. (1985). Responses of abused and disadvantaged toddlers to distress in agemates: A study in the day care setting. *Developmental Psychology, 21(3)*, 407–412.

Main, M., Kaplan, N., & Cassidy, J. (1985). *Security in infancy, childhood, and adulthood: A move to the level of representation. Monographs of the society for research in child development*, (Vol. 50, pp. 66–104). Ann Abor, MI: SRCD.
Main, M., & Solomon, J. (1986). Discovery of an insecure-disorganized/disoriented attachment pattern: Procedures, findings and implications for the classification of behavior. In T. B. Brazelton & M. Yogman (Eds.), *Affective development in infancy* (pp. 95–124). Norwood, NJ: Ablex.
Mampe, B., Friederici, A.D., Christophe, A., & Wermke, K. (2009). Newborns' cry melody is shaped by their native language. *Current Biology, 19*, 1994–1997.
Marazziti, D., Akiskal, H.S., Rossi, A., & Cassano, G.B. (1999). Alteration of the platelet serotonin transporter in romantic love. *Psychological Medicine, 29(03)*, 741–745.
Markus, H.R., & Kitayama, S. (1991). Culture and the self: Implications for cognition, emotion, and motivation. *Psychological Review, 98(2)*, 224–253.
Marmot, M. (2005). *Status syndrome: How your social standing directly affects your health*. London: Bloomsbury.
Marshall, T. (1982). Infant care: A day nursery under the microscope. *Social Work Service, 32*, 15–32.
Martini, M. (1994). Peer interactions in Polynesia: A view from the Marquesas. In J. Roopnarine (Ed.), *Children's play in diverse cultures* (pp. 73–103). Ithaca, NY: State University of New York Press.
Martins, C., & Gaffan, E.A. (2000). Effects of early maternal depression on patterns of infant–mother attachment: A meta-analytic investigation. *Journal of Child Psychology and Psychiatry and Allied Disciplines, 41(6)*, 737–746.
Marvin, R.S., VanDevender, T.L., Iwanaga, M.I., LeVine, S., & LeVine, R.A. (1977). Infant-caregiver attachment among the Hausa of Nigeria. In H. McGurk (Ed.), *Ecological factors in human development* (pp. 73–103). Amsterdam, Elsevier.
Masten, A.S. (2006). Developmental psychopathology: Pathways to the future. *International Journal of Behavioral Development, 30(1)*, 47–54.
Masten, A.S., & Powell, J.L. (2003). A resilience framework for research, policy, and practice. In S. Luthar (Ed.), *Resilience and vulnerability: Adaptation in the context of childhood adversities* (pp. 1–25). New York: Cambridge University Press.
Masten, A.S., Roisman, G.I., Long, J.D., Burt, K.B., Obradovic, J., Riley, J.R., Boelcke-Stennes, K., & Tellegen, A. (2005). Developmental cascades: Linking academic achievement and externalizing and internalizing symptoms over 20 years. *Developmental Psychology, 41(5)*, 733–746.
Masuda, T., & Nisbett, R.E. (2001). Attending holistically versus analytically: Comparing the context sensitivity of Japanese and Americans. *Journal of Personality and Social Psychology, 81(5)*, 922–934.
Matsumoto, D. (2002). American-Japanese cultural differences in judgements of emotional expressions of different intensities. *Cognition & Emotion, 16(6)*, 721–747.
Matsumoto, D., & Willingham, B. (2009). Spontaneous facial expressions of emotion of congenitally and noncongenitally blind individuals. *Journal of Personality and Social Psychology, 96(1)*, 1–10.
Mayer, J.D., DiPaolo, M., & Salovey, P. (1990). Perceiving affective content in ambiguous visual stimuli: A component of emotional intelligence. *Journal of Personality Assessment, 54(3–4)*, 772–781.
Mayseless, O., & Scharf, M. (2007). Adolescents' attachment representations and their capacity for intimacy in close relationships. *Journal of Research on Adolescence, 17(1)*, 23–50.
Mead, M. (1943). *Coming of age in Samoa*. London: Penguin Books.
Medina, K.L., Schweinsburg, A.D., Cohen-Zion, M., Nagel, B.J., & Tapert, S.F. (2007). Effects of alcohol and combined marijuana and alcohol use during adolescence on hippocampal

volume and asymmetry. *Neurotoxicology and Teratology, 29(1)*, 141–152.
Meeus, W., Oosterwegel, A., & Vollerbergh, W. (2002). Parental and peer attachment and identity development in adolescence. *Journal of Adolescence, 25(1)*, 93–106.
Meins, E., Fernyhough, C., Fradley, E., & Tuckey, M. (2001). Rethinking maternal sensitivity: Mothers' comments on infants' mental processes predict security of attachment at 12 months. *Journal of Child Psychology and Psychiatry and Allied Disciplines, 42(5)*, 637–648.
Meins, E., Fernyhough, C., Wainwright, R., Clark-Carter, D., Das Gupta, M., Fradley, E., & Tuckey, M. (2003). Pathways to understanding mind: Construct validity and predictive validity of maternal mind-mindedness. *Child Development, 74(4)*, 1194–1211.
Meins, E., Fernyhough, C., Wainwright, R., Das Gupta, M., Fradley, E., & Tuckey, M. (2002). Maternal mind-mindedness and attachment security as predictors of theory of mind understanding. *Child Development, 73(6)*, 1715–1726.
Meltzoff, A.N. (1988). Infant imitation and memory: Nine-month-olds in immediate and deferred tests. *Child Development, 59(1)*, 217–225.
Meltzoff, A.N. (2007). 'Like me': A foundation for social cognition. *Developmental Science, 10(1)*, 126–134.
Meltzoff, A.N., & Borton, R.W. (1979). Intermodal matching by human neonates. *Nature, 282(5737)*, 403–404.
Meltzoff, A.N., Tager-Flusberg, H., & Cohen, D.J. (Eds.) (1993). *Understanding other minds: Perspectives from autism*. New York: Oxford University Press.
Mennella, J.A., Jagnow, C.P., & Beauchamp, G.K. (2001). Prenatal and postnatal flavor learning by human infants. *Pediatrics, 107(6)*, e88.
Messer, S.B., & Wampold, B.E. (2002). Let's face facts: Common factors are more potent than specific therapy ingredients. *Clinical Psychology: Science and Practice, 9(1)*, 21–25.
Milgram, S. (1974). *Obedience to authority: An experimental view*. London: Tavistock.
Miller, G., & Chen, E. (2006). Life stress and diminished expression of genes encoding glucocorticoid receptor and β2-adrenergic receptor in children with asthma. *Proceedings of the National Academy of Sciences of the United States of America, 103(14)*, 5496–5501.
Miller, G., Tybur, J.M., & Jordan, B.D. (2007). Ovulatory cycle effects on tip earnings by lap dancers: Economic evidence for human estrus? *Evolution and Human Behavior, 28(6)*, 375–381.
Mills, C.M., & Keil, F.C. (2005). The development of cynicism. *Psychological Science, 16(5)*, 385–390.
Minde, K. (2000). Prematurity and serious medical conditions in infancy: Implications for development, behavior, and intervention. In C. Zeanah (Ed.), *Handbook of infant mental health* (pp. 176–195). New York: Guilford Press.
Minoura, Y. (1992). A sensitive period for the incorporation of a cultural meaning system: A study of Japanese children growing up in the United States. *Ethos, 20(3)*, 304–339.
Minzenberg, M.J., Poole, J.H., & Vinogradov, S. (2006). Adult social attachment disturbance is related to childhood maltreatment and current symptoms in borderline personality disorder. *Journal of Nervous and Mental Disease, 194(5)*, 341–348.
Mitchell, R.W. (2001). Imaginative animals, pretending children. In R. Mitchell (Ed.), *Pretending and imagination in animals and children* (pp. 3–22). Cambridge, MA: Cambridge University Press.
Mithen, S.J. (2006). *The singing Neanderthals: The origins of music, language, mind, and body*. Cambridge, MA: Harvard University Press.
Moir, A., & Jessel, D. (1992). *Brain sex: The real difference between men and women*. New York: Dell.
Monk, C., Fifer, W.P., Myers, M.M., Sloan, R.P., Trien, L., & Hurtado A. (2000). Maternal stress

responses and anxiety during pregnancy: Effects on fetal heart rate. *Developmental Psychobiology, 36(1)*, 67–77.

Monk, C.S., Nelson, E.E., McClure, E.B., Mogg, K., Bradley, B.P., Leibenluft, E., Blair, R.J., Chen, G., Charney, D.S., Ernst, M., & Pine, D.S. (2006). Ventrolateral prefrontal cortex activation and attentional bias in response to angry faces in adolescents with generalized anxiety disorder. *American Journal of Psychiatry, 163(6)*, 1091–1097.

Moon, C., Cooper, R.P., & Fifer, W.P. (1993). Two-day-olds prefer their native language. *Infant Behavior & Development, 16(4)*, 495–500.

Moore, T.H.M., Zammit, S., Lingford-Hughes, A., Barnes, T.R., Jones, P.B., Burke, M., & Lewis, G. (2007). Cannabis use and risk of psychotic or affective mental health outcomes: A systematic review. *The Lancet, 370(9584)*, 319–328.

Morelli, G.A., Rogoff, B., Oppenheim, D., & Goldsmith, D. (1992). Cultural variation in infants' sleeping arrangements: Questions of independence. *Development, 2(4)*, 604–613.

Mosier, C.E., & Rogoff, B. (2003). Privileged treatment of toddlers: Cultural aspects of individual choice and responsibility. *Developmental Psychology, 39(6)*, 1047–1059.

Mundy, P., & Burnette, C. (2005). Joint attention and neurodevelopmental models of autism. In F. Volkmar & J.D. Cohen (Eds.), *Handbook of autism and pervasive developmental disorders* (pp. 650–681). New York: Wiley.

Murray, L. (1998). Contributions of experimental and clinical perturbations of mother–infant communication to the understanding of infant intersubjectivity. In S. Braten (Ed.), *Intersubjective communication and emotion in early ontogeny* (pp. 127–143). New York: Cambridge University Press.

Murray, L., & Cooper, P. (1999). *Postpartum depression and child development*. New York: Guilford Press.

Murray, L., Cooper, P., Creswell, C., Schofield, E., & Sack, C. (2007). The effects of maternal social phobia on mother–infant interactions and infant social responsiveness. *Journal of Child Psychology and Psychiatry and Allied Disciplines, 48(1)*, 45–52.

Murray, L., Halligan, S.L., Adams, G., Patterson, P., & Goodyer, I.M. (2006). Socioemotional development in adolescents at risk for depression: The role of maternal depression and attachment style. *Development and Psychopathology, 18(02)*, 489–516.

Murray, L., Kempton, C., Woolgar, M., & Hooper, R. (1993). Depressed mothers' speech to their infants and its relation to infant gender and cognitive development. *Journal of Child Psychology and Psychiatry, 34(7)*, 1083–1101.

Murray, L., Stanley, C., Hooper, R., King, F., & Fiori-Cowley, A. (1996). The role of infant factors in postnatal depression and mother–infant interactions. *Developmental Medicine & Child Neurology, 38(2)*, 109–119.

Music, G. (2001). *Affect and emotion*. Cambridge: Icon.

Music, G. (2004). The old one-two. *Journal of Child Psychotherapy, 30(1)*, 21–37.

Music, G. (2005). Surfacing the depths: Thoughts on imitation, resonance and growth. *Journal of Child Psychotherapy, 31(1)*, 72–90.

Music, G. (2009a). Neglecting neglect: Some thoughts about children who have lacked good input, and are 'undrawn' and 'unenjoyed'. *Journal of Child Psychotherapy, 35(2)*, 142–156.

Music, G. (2009b). Neuroscience and child psychotherapy. In M. Lanyado & A. Horne (Eds.), *The handbook of child and adolescent psychotherapy*. London: Routledge.

Nachmias, M., Gunnar, M., Mangelsdorf, S., Parritz, R.H., & Buss, K. (1996). Behavioral inhibition and stress reactivity: The moderating role of attachment security. *Child Development, 67(2)*, 508–522.

Nadel, J., & Muir, D. (2005). *Emotional development: Recent research advances*. Oxford: Oxford University Press.

Nash, A. (1995). Beyond attachments: Towards a general theory of the development of

relationships in infancy. In K. Hood, G. Greenberg, & E. Tobach (Eds.), *Behavioral development: Concepts of approach/withdrawal and integrative levels* (pp. 287–326). London: Routledge.
National Institute of Child Health and Human Development (NICDH) (2004). Type of child care and children's development at 54 months. *Early Childhood Research Quarterly, 19(2),* 203–230.
Neave, N., & Wolfson, S. (2003). Testosterone, territoriality, and the 'home advantage'. *Physiology and Behavior, 78(2),* 269–276.
Neiderhiser, J.M., & Lichtenstein, P. (2008). The twin and offspring study in Sweden: Advancing our understanding of genotype-environment interplay by studying twins and their families. *Acta Psychologica Sinica, 40(10),* 1116–1123.
Ness, C.D. (2004). Why girls fight: Female youth violence in the inner city. *Annals of the American Academy of Political and Social Science, 595(1),* 32–48.
Newton, M. (2002). *Savage girls and wild boys: A history of feral children.* London: Faber.
Nicolopoulou, A. (1997). Children and narratives: Toward an interpretive and sociocultural approach. In M. Bamberg (Ed.), *Narrative development: Six approaches* (pp. 179–215). Hillsdale, NJ: Lawrence Erlbaum Associates, Inc.
Niedenthal, P.M., & Showers, C. (1991). The perception and processing of affective information and its influences on social judgment. In J. Forgas (Ed.), *Affect and social judgment* (pp. 125–143). Oxford: Pergamon.
Nisbett, R.E., & Cohen, D. (1996). *Culture of honor: The psychology of violence in the South.* Boulder, CO: Westview Press.
Obel, C., Hedegaard, M., Henriksen, T.B., Secher, N.J., & Olsen, J. (2003). Stressful life events in pregnancy and head circumference at birth. *Developmental Medicine and Child Neurology, 45(12),* 802–806.
Oberman, L.M., Hubbard, E.M., McCleery, J.P., Altschuler, E.L., Ramachandran, V.S., & Pineda, J.A. (2005). EEG evidence for mirror neuron dysfunction in autism spectrum disorders. *Cognitive Brain Research, 24(2),* 190–198.
O'Brien, M., Commission, E.O., & Britain, G. (2005). *Shared caring bringing fathers into the frame.* London: Equal Opportunities Commission.
Ochs, E., & Schieffelin, B.B. (2009). *Language socialization across cultures.* Cambridge, MA: Cambridge University Press.
O'Connor, S., Vietze, P.M., Sherrod, K.B., Sandler, H.M., & Altemeier, W.A. 3rd. (1980). Reduced incidence of parenting inadequacy following rooming-in. *Pediatrics, 66(2),* 176–182.
O'Connor, T.G., Bredenkamp, D., & Rutter, M. (1999). Attachment disturbances and disorders in children exposed to early severe deprivation. *Infant Mental Health Journal, 20(1),* 10–29.
O'Connor, T.G., Deater-Deckard, K., Fulker, D., Rutter, M., & Plomin, R. (1998). Genotype-environment correlations in late childhood and early adolescence: Antisocial behavioral problems and coercive parenting. *Developmental Psychology, 34(5),* 970–981.
O'Driscoll, K., Foley, M., & MacDonald, D. (1984). Active management of labor as an alternative to cesarean section for dystocia. *Obstetrics and Gynecology, 63(4),* 485–490.
Offer, D., Kaiz, M., Howard, K.I., & Bennett, E.S. (2000). The altering of reported experiences. *Journal of the American Academy of Child & Adolescent Psychiatry, 39(6),* 735–742.
Olde, E., van der Hart, O., Kleber, R., & van Son, M. (2006). Posttraumatic stress following childbirth: A review. *Clinical Psychology Review, 26(1),* 1–16.
Osofsky, J.D. (1999). The impact of violence on children. *The Future of Children, 9(3),* 33–49.
Osofsky, J.D. (2007). *Young children and trauma: Intervention and treatment.* New York: Guilford Press.
Ostrov, J.M., & Keating, C.F. (2004). Gender differences in preschool aggression during free play and structured interactions: An observational study. *Social Development, 13(2),* 255–

277.
Owens, E.B., & Shaw, D.S. (2003). Poverty and early childhood adjustment. In S. Luthar (Ed.), *Resilience and vulnerability: Adaptation in the context of childhood adversities* (pp. 267–292). New York: Cambridge University Press.

Panksepp, J. (2007). Can play diminish ADHD and facilitate the construction of the social brain? *Journal of the Canadian Academy of Child and Adolescent Psychiatry, 16(2),* 57–66.

Panksepp, J., Burgdorf, J., Turner, C., & Gordon, N. (2003). Modeling ADHD-type arousal with unilateral frontal cortex damage in rats and beneficial effects of play therapy. *Brain and Cognition, 52(1),* 97–105.

Parke, R.D., McDowell, D.J., Kim, M., Killian, C., Dennis, J., Flyr, M.L., & Wild, M.N. (2002). Fathers' contributions to children's peer relationships. In C. Tamis-LeMonda & N. Cabrera (Eds.), *Handbook of father involvement: Multidisciplinary perspectives* (pp. 141–167). Hillsdale, NJ: Lawrence Erlbaum Associates, Inc.

Parker, K.J., Rainwater, K.L., Buckmaster, C.L., Schatzberg, A.F., Lindley, S.E., & Lyons, D.M. (2007). Early life stress and novelty seeking behavior in adolescent monkeys. *Psychoneuroendocrinology, 32(7),* 785–792.

Parks, C.L., Robinson, P.S., Sibille, E., Shenk, T., & Toth, M. (1998). Increased anxiety of mice lacking the serotonin1A receptor. *Proceedings of the National Academy of Sciences of the United States of America, 95(18),* 10734–10739.

Patterson, C.J., & Wainright, J.L. (2007). Adolescents with same-sex parents: Findings from the national longitudinal study of adolescent health. In D. Brodzinsky, A. Pertman, & D. Kunz (Eds.), *Lesbian and gay adoption: A new American reality.* New York: Oxford University Press.

Patterson, T.L., Smith, L.W., Smith, T.L., Yager, J., & Grant, I. (1992). Symptoms of illness in late adulthood are related to childhood social deprivation and misfortune in men but not in women. *Journal of Behavioral Medicine, 15(2),* 113–125.

Pellegrini, A.D. (2007). The development and function of rough-and-tumble play in childhood and adolescence: A sexual selection theory perspective. In A. Goncu & S. Gaskins (Eds.), *Play and development: Evolutionary, sociocultural, and functional perspectives* (pp. 77–98). New York: Psychology Press.

Perani, D., Paulesu, E., Galles, N.S., Dupoux, E., Dehaene, S., Bettinardi, V., Cappa, S.F., Fazio, F., & Mehler, J. (1998). The bilingual brain. Proficiency and age of acquisition of the second language. *Brain, 121(10),* 1841–1852.

Perry, B.D. (2002). Childhood experience and the expression of genetic potential: What childhood neglect tells us about nature and nurture. *Brain and Mind, 3(1),* 79–100.

Perry, B.D., Pollard, R.A., Blakley, T.L., Baker, W.L, & Vigilante, D. (1995). Childhood trauma, the neurobiology of adaptation, and "Use-dependent" development of the brain: How "states" become "traits". *Infant Mental Health Journal, 16(4),* 271–291.

Peters, W. (1987). *A class divided: Then and now.* New Haven, CT: Yale University Press.

Peterson, C., Maier, S.F., & Seligman, M.E.P. (1993). *Learned helplessness: A theory for the age of personal control.* New York: Oxford University Press.

Phillips, A., Wellman, H.M., & Spelke, E.S. (2002). Infants' ability to connect gaze and emotional expression to intentional action. *Cognition, 85(1),* 53–78.

Phillips, D.I.W. (2007). Programming of the stress response: A fundamental mechanism underlying the long-term effects of the fetal environment? *Journal of Internal Medicine, 261(5),* 453.

Piaget, J. (1976). *The grasp of consciousness: Action and concept in the young child.* Cambridge, MA: Harvard University Press.

Pilowsky, D.J., Wickramaratne, P., Talati, A., Tang, M., Hughes, C.W., Garber, J., Malloy, E., King, C., Cerda, G., Sood, A.B., Alpert, J.E., Trivedi, M.H., Fava, M., Rush, A.J., Wisniewski, S., & Weissman, M.M. (2008). Children of depressed mothers 1 year after the initiation of maternal treatment: Findings from the STAR* D-Child Study. *American Journal of Psychiatry, 165(9)*, 1136–1147.

Pine, D.S., Mogg, K., Bradley, B.P., Montgomery, L., Monk, C.S., McClure, E., Guyer, A.E., Ernst, M., Charney, D.S., & Kaufman, J. (2005). Attention bias to threat in maltreated children: Implications for vulnerability to stress-related psychopathology. *American Journal of Psychiatry, 162(2)*, 291–296.

Pinker, S. (2002). *The blank slate.* London: Penguin Books.

Piontelli, A. (1992). *From fetus to child: An observational and psychoanalytic study.* London: Tavistock Publications.

Pope, A. (1867). *The Odyssey of Homer.* G. Bell & sons.

Popper, K.R. (2002). *Conjectures and refutations: The growth of scientific knowledge.* London: Routledge.

Posada, G., & Jacobs, A. (2001). Child–mother attachment relationships and culture. *American Psychologist, 56(10)*, 821–822.

Povinelli, D.J., Landau, K.R., & Perilloux, H.K. (1996). Self-recognition in young children using delayed versus live feedback: Evidence of a developmental asynchrony. *Child Development, 67(4)*, 1540–1554.

Prinz, R.J., Sanders, M.R., Shapiro, C.J., Whitaker, D.J., & Lutzker, J.R. (2009). Population-based prevention of child maltreatment: The US Triple P system population trial. *Prevention Science, 10(1)*, 1–12.

Prior, V., & Glaser, D. (2006). *Understanding attachment and attachment disorders: Theory, evidence and practice.* London: Jessica Kingsley.

Pruett, K.D. (2000). *Fatherneed: Why father care is as essential as mother care for your child.* New York: Free Press.

Pryor, J., & Rodgers, B. (2001). *Children in changing families: Life after parental separation.* Oxford: Blackwell Publishers.

Putallaz, M., & Sheppard, B.H. (1992). Conflict management and social competence. In C. Shantz & W. Hartup (Eds.), *Conflict in child and adolescent development* (pp. 330–355). Cambridge, MA: Cambridge University Press.

Putnam, R.D. (2000). *Bowling alone: The collapse and revival of American community.* New York: Simon & Schuster.

Pyers, J.E., & Senghas, A. (2009). Language promotes false-belief understanding: Evidence from learners of a new sign language. *Psychological Science, 20(7)*, 805–812.

Quattrone, G.A., & Tversky, A. (1984). Causal versus diagnostic contingencies: On self-deception and on the voter's illusion. *Journal of Personality and Social Psychology, 46(2)*, 237–248.

Radke-Yarrow, M., & Zahn-Waxler, C. (1984). Roots, motives, and patterns in children's prosocial behavior. In E. Staub (Ed.), *The development and maintenance of prosocial behavior: International perspectives on positive morality* (pp. 81–99). New York: Plenum.

Rakel, D.P., Hoeft, T.J., Barrett, B.P., Chewning, B.A., Craig, B.M., & Niu, M. (2009). Practitioner empathy and the duration of the common cold. *Family Medicine, 41(7)*, 494.

Rakoczy, H., Tomasello, M., & Striano, T. (2004). Young children know that trying is not pretending: A test of the 'Behaving-As-If' construal of children's early concept of pretense. *Developmental Psychology, 40(3)*, 388–399.

Raleigh, M.J., McGuire, M.T., Brammer, G.L., Pollack, D.B., & Yuwiler, A. (1991). Serotonergic mechanisms promote dominance acquisition in adult male vervet monkeys. *Brain Research, 559(2)*, 181–190.

Ramachandran, V.S. (2000). Mirror neurons and imitation learning as the driving force behind the great leap forward'in human evolution. *Edge.* Retrieved April 2, 2010, from http://www.edge.org/3rd_culture/ramachandran/ramachandran_p1.html

Ramchandani, P., Stein, A., Evans, J., O'Connor, T.G. & ALSPAC Study Team (2005). Paternal depression in the postnatal period and child development: A prospective population study.

The Lancet, 365(9478), 2201–2205.
Ramey, C.T., Campbell, F.A., Burchinal, M., Skinner, M.L., Gardner, D.M., & Ramey, S.L. (2000). Persistent effects of early childhood education on high-risk children and their mothers. *Applied Developmental Science, 4(1),* 2–14.
Ramey, C.T., & Watson, J.S. (1972). Nonsocial reinforcement of infants. *Developmental Psychology, 6(3),* 538.
Rauch, S.L., van der Kolk, B.A., Fisler, R.E., Alpert, N.M., Orr, S.P., Savage, C.R., Fischman, A.J., Jenike, M.A., & Pitman, R.K. (1996). A symptom provocation study of posttraumatic stress disorder using positron emission tomography and script-driven imagery. *Archives of General Psychiatry, 53(5),* 380–387.
Rebec, G.V., Christensen, J.R., Guerra, C., & Bardo, M.T. (1997). Regional and temporal differences in real-time dopamine efflux in the nucleus accumbens during free-choice novelty. *Brain research, 776(1–2),* 61–67.
Reddy, V. (1991). Playing with others' expectations: Teasing and mucking about in the first year. In A. Whiten (Ed.), *Natural theories of mind* (pp. 143–158). Oxford: Blackwell.
Reddy, V. (2008). *How infants know minds* (1st ed.). Cambridge, MA: Harvard University Press.
Redelmeier, D.A., & Baxter, S.D. (2009). Holiday review. Rainy weather and medical school admission interviews. *CMAJ: Canadian Medical Association journal, 181(12),* 933.
Reichman, N.E., Corman, H., & Noonan, K. (2008). Impact of child disability on the family. *Maternal and Child Health Journal, 12(6),* 679–683.
Reiner, W.G., & Gearhart, J.P. (2004). Discordant sexual identity in some genetic males with cloacal exstrophy assigned to female sex at birth. *New England Journal of Medicine, 350(4),* 333–341.
Reiss, D., Hetherington, E.M., Plomin, R., Howe, G.W., Simmens, S.J., Henderson, S.H., O'Connor, T.J., Bussell, D.A., Anderson, E.R., & Law, T. (1996). Genetic questions for environmental studies: Differential parenting and psychopathology in adolescence. *Archives of General Psychiatry, 52(11),* 925–936.
Reiss, D., Neiderhiser, J., Hetherington, E.M., & Plomin, R. (2000). *The relationship code: Deciphering genetic and social influences on adolescent development.* Cambridge, MA: Harvard University Press.
Repacholi, B.M., & Gopnik, A. (1997). Early reasoning about desires: Evidence from 14-and 18-month-olds. *Developmental Psychology, 33(1),* 12–21.
Ressler, K.J., & Mayberg, H.S. (2007). Targeting abnormal neural circuits in mood and anxiety disorders: From the laboratory to the clinic. *Nature Neuroscience, 10(9),* 1116–1124.
Rice, F., Harold, G.T., Boivin, J., van den Bree, M., Hay, D.F., & Thapar, A. (2010). The links between prenatal stress and offspring development and psychopathology: Disentangling environmental and inherited influences. *Psychological Medicine, 40,* 335–345.
Richardson, J., & Lelliott, P. (2003). Mental health of looked after children. *Advances in Psychiatric Treatment, 9(4),* 249–256.
Riggins-Caspers, K.M., Cadoret, R.J., Knutson, J.F., & Langbehn, D. (2003). Biology-environment interaction and evocative biology-environment correlation: Contributions of harsh discipline and parental psychopathology to problem adolescent behaviors. *Behavior Genetics, 33(3),* 205–220.
Rizzolatti, G. (2005). The mirror neuron system and its function in humans. *Anatomy and Embryology, 210(5),* 419–421.
Robertson, J. (1971). Young children in brief separation – A fresh look. *Psychoanalytic Study of the Child, 26,* 264–315.
Rochat, P. (2009). *Others in Mind: Social origins of self-consciousness.* Cambridge: Cambridge University Press.
Rogoff, B. (2003). *The cultural nature of human development.* New York: Oxford University

Press.
Roisman, G.I., Padrón, E., Sroufe, L.A., & Egeland, B. (2002). Earned-secure attachment status in retrospect and prospect. *Child Development, 73(4),* 1204–1219.
Romeo, R., Knapp, M., & Scott, S. (2006). Economic cost of severe antisocial behaviour in children – and who pays it. *British Journal of Psychiatry, 188(6),* 547–553.
Rose, R.J., & Kaprio, J. (2008). Genes, environments, and adolescent substance use: Retrospect and prospect from the finntwin studies. *Acta Psychologica Sinica, 40(10),* 1062–1072.
Rosenthal, R., & Fode, K.L. (1963). The effect of experimenter bias on the performance of the albino rat. *Behavioral Science, 8(3),* 183–189.
Rosenthal, R., & Jacobson, L. (1968). Pygmalion in the classroom. *Urban Review, 3(1),* 16–20.
Rosenthal, S.L., Von Ranson, K.M., Cotton, S., Biro, F.M., Mills, L., & Succop, P.A. (2001). Sexual initiation: Predictors and developmental trends. *Sexually Transmitted Diseases, 28(9),* 527–532.
Roth, A., & Fonagy, P. (2005). *What works for whom?: A critical review of treatments for children and adolescents* (2nd ed.). New York: Guilford Press.
Rothbaum, F., & Morelli, G.F. (2005). Attachment and culture: Bridging relativism and universalism. In G. Friedlmeier, P. Chakkarath, & B. Schwarz (Eds.), *Culture and human development: The importance of cross-cultural research for the social sciences* (pp. 99–124). London: Routledge.
Rousseau, J.J. (1985). *Discourse on the origin and foundations of inequality among men.* London: Penguin.
Rubin, K.H., Burgess, K.B., Dwyer, K.M., & Hastings, P.D. (2003). Predicting preschoolers' externalizing behaviors from toddler temperament, conflict, and maternal negativity. *Developmental Psychology, 39(1),* 164–176.
Russek, L.G., & Schwartz, G.E. (1997). Feeling of parental caring predict health status in midlife: A 35-year follow-up of the harvard mastery of stress study. *Journal of Behavioral Medicine, 20(1),* 1–13.
Russell, A., Hart, C.H., Robinson, C.R., & Folsen, S.F. (2003). Children's sociable and aggressive behaviour with peers: A comparison of the US and Australia, and contributions of temperament and parenting styles. *International Journal of Behavioral Development, 27(1),* 74–86.
Rust, J., Golombok, S., Hines, M., Johnston, K., Golding, J., & ALSPAC Study Team (2000). The role of brothers and sisters in the gender development of preschool children. *Journal of Experimental Child Psychology, 77(4),* 292–303.
Rutter, M. (1998). Developmental catch-up, and deficit, following adoption after severe global early privation. *Journal of Child Psychology and Psychiatry and Allied Disciplines, 39(04),* 465–476.
Rutter, M. (2000). Resilience reconsidered: Conceptual considerations, empirical findings, and policy implications. In J. P. Shonkoff & S. J. Meisels (Eds.), *Handbook of early childhood intervention* (pp. 651–682). Cambridge, MA: Cambridge University Press.
Rutter, M. (2005). How the environment affects mental health. *British Journal of Psychiatry, 186,* 4–6.
Rutter, M., Andersen-Wood, L., Beckett, C., Bredenkamp, D., Castle, J., Groothues, C., Kreppner, J., Keaveney, L., Lord, C., & O'Connor, T.G. (1999). Quasi-autistic patterns following severe early global privation. *Journal of Child Psychology and Psychiatry and Allied Disciplines, 40(4),* 537–549.
Rutter, M., Beckett, C., Castle, J., Colvert, E., Kreppner, J., Mehta, M., Stevens, S., & Sonuga-Barke, E. (2007). Effects of profound early institutional deprivation: An overview of findings from a UK longitudinal study of Romanian adoptees. *European Journal of Developmental Psychology, 4(3),* 332–350.

Rutter, M., & O'Connor, T.G. (1999). Implications of attachment theory for child care policies. In J. Cassidy & P.R. Shaver (Eds.), *Handbook of attachment: Theory, research, and clinical applications* (pp. 823–844). New York: Guilford Press.

Sabbagh, M.A., Xu, F., Carlson, S.M., Moses, L.J., & Lee, K. (2006). The development of executive functioning and theory of mind: A comparison of Chinese and US preschoolers. *Psychological Science, 17(1)*, 74.

Saffran, J.R., & Thiessen, E.D. (2003). Pattern induction by infant language learners. *Developmental Psychology, 39(3)*, 484–494.

Sagi, A., van Ijzendoora, M.H., Aviezer, O., Donnell, F., Koren-Karie, N., Joels, T., & Harel, Y. (1995). *Attachments in a multiple-caregiver and multiple-infant environment: The case of the Israeli kibbutzim. Monographs of the society for research in child development* (Vol. 60, pp. 71–91). Ann Abor, MI: SRCD.

Sahar, T., Shalev, A.Y., & Porges, S.W. (2001). Vagal modulation of responses to mental challenge in posttraumatic stress disorder. *Biological Psychiatry, 49(7)*, 637–643.

Sallenbach, W.B. (1993). The intelligent prenate: Paradigms in prenatal learning and bonding. In T. Blum (Ed.), *Prenatal perception, learning, and bonding: Learning and bonding* (p. 61). Hong Kong: Leonardo.

Salomone, R.C. (2003). *Same, different, equal: Rethinking single-sex schooling.* New Haven: Yale University Press.

Salovey, P., & Grewal, D. (2005). The science of emotional intelligence. *Current Directions in Psychological Science, 14(6)*, 281.

Sameroff, A. (1998). Environmental risk factors in infancy. *Pediatrics, 102(5)*, 1287–1292.

Sameroff, A., Gutman, L.M., & Peck, S.C. (2003). Adaptation among youth facing multiple risks: Prospective research findings. In S. Luthar (Ed.), *Resilience and vulnerability: Adaptation in the context of childhood adversities* (pp. 364–391). New York: Cambridge University Press.

Sander, L. (2007). *Living systems, evolving consciousness, and the emerging person: A selection of papers from the life work of Louis Sander.* London: Routledge.

Sandler, I., Wolchik, S., Davis, C., Haine, R., & Ayers, T. (2003). Correlational and experimental study of resilience for children of divorce and parentally-bereaved children. In S. Luthar (Ed.), *Resilience and vulnerability: Adaptation in the context of childhood adversities* (pp. 213–243). New York: Cambridge University Press.

Sapolsky, R.M. (1998). *Why zebras don't get ulcers: An updated guide to stress, stress-related diseases, and coping.* New York: WH Freeman.

Savage-Rumbaugh, E.S., & Lewin, R. (1994). *Kanzi: The ape at the brink of the human mind.* New York: Wiley.

Savin-Williams, R.C., & Ream, G.L. (2006). Pubertal onset and sexual orientation in an adolescent national probability sample. *Archives of Sexual Behavior, 35(3)*, 279–286.

Scarr, S. (1999). American child care today. In A. Slater & D. Muir (Eds.), *The Blackwell Reader in Developmental Psychology* (p. 375). Oxford: Blackwell.

Scheper-Hughes, N. (1992). *Death without weeping: The violence of everyday life in Brazil.* California: University of California Press.

Schieffelin, B.B., & Ochs, E. (1986). Language socialization. *Annual Review of Anthropology, 15(1)*, 163–191.

Schlegel, A., & Barry, H. (1991). *Adolescence: An anthropological inquiry.* New York: Free Press.

Schoppe-Sullivan, S.J., Brown, G.L., Cannon, E.A., Mangelsdorf, S.C., & Sokolowski, M.S. (2008). Maternal gatekeeping, coparenting quality, and fathering behavior in families with infants. *Journal of Family Psychology, 22(3)*, 389–398.

Schore, A.N. (1994). *Affect regulation and the origin of the self: The neurobiology of emotional development.* Hillsdale, NJ: Lawrence Erlbaum Associates, Inc.

Schore, A.N. (2005). Back to basics attachment, affect regulation, and the developing right

brain: Linking developmental neuroscience to pediatrics. *Pediatrics in Review 2005, 26*, 204–217.
Schultz, R.T. (2005). Developmental deficits in social perception in autism: The role of the amygdala and fusiform face area. *International Journal of Developmental Neuroscience, 23(2–3)*, 125–141.
Schwartz, D., Dodge, K.A., Pettit, G.S., & Bates, J.E. (1997). The early socialization of aggressive victims of bullying. *Child Development, 68(4)*, 665–675.
Schwartz, J., & Begley, S. (2002). *The mind and the brain: Neuroplasticity and the power of mental force*. New York: Harper.
Schwarz, B., & Trommsdorff, G. (2005). The relationship between value orientation, child-rearing goals, and parenting: A comparison of South Korean and German mothers. In W. Friedlmeier, P. Chakkarath, & B. Schwarz (Eds.), *Culture and human development*. Hove: Psychology Press.
Schwarz, N., & Clore, G.L. (1983). Mood, misattribution, and judgments of well-being: Informative and directive functions of affective states. *Journal of Personality, 45(3)*, 513–523.
Scott, S. (2008). Parenting programmes for attachment and conduct problems. *Psychiatry, 7(9)*, 367–370.
Sear, R., & Mace, R. (2007). Who keeps children alive? A review of the effects of kin on child survival. *Evolution and human behavior, 29(1)*, 1–18.
Selby, J.M., & Bradley, B.S. (2003). Infants in groups: A paradigm for the study of early social experience. *Human Development, 46(4)*, 197–221.
Seligman, M.E.P. (2002). *Authentic happiness: Using the new positive psychology to realize your potential for lasting fulfillment*. New York: Free Press.
Seligman, M.E.P., & Nathan, E. (1998). *Learned optimism*. New York: Pocket Books.
Sexton, T.L., Ridley, C.R., & Kleiner, A.J. (2004). Beyond common factors: Multilevel-process models of therapeutic change in marriage and family therapy. *Journal of Marital and Family Therapy, 30(2)*, 131–149.
Shamir, A., & Sakowski, S. (n.d.) WikiGenes – TPH2 – tryptophan hydroxylase 2. Retrieved December 26, 2009, from http://www.wikigenes.org/e/gene/e/121278.html
Shea, M.T., Stout, R.L., Yen, S., Pagano, M.E., Skodol, A.E., Morey, L.C., Gunderson, J.G., McGlashan, T.H., Grilo, C.M., Sanislow, C.A., Bender, D.S., & Zanarini, M.C. (2004). Associations in the course of personality disorders and Axis I disorders over time. *Journal of Abnormal Psychology, 113(4)*, 499–508.
Sherif, M., Harvey, O.J., White, B.J., Hood, W.R., & Sherif, C.W. (1961). *Intergroup conflict and cooperation: The Robbers Cave experiment*. Norman. OK: University Book Exchange.
Siegel, D.J. (1999). *The developing mind: Toward a neurobiology of interpersonal experience*. New York: Guilford Press.
Siegel, D.J. (2007). *The mindful brain: Reflection and attunement in the cultivation of well-being*. New York: Norton.
Siegman, A.W., & Feldstein, S. (1987). *Nonverbal behavior and communication*, Hillsdale, NJ: Lawrence Erlbaum Associates, Inc.
Sierra, M., Senior, C., Phillips, M.L., & David, A.S. (2006). Autonomic response in the perception of disgust and happiness in depersonalization disorder. *Psychiatry Research, 145(2–3)*, 225–231.
Silvén, M. (2001). Attention in very young infants predicts learning of first words. *Infant Behavior & Development, 24(2)*, 229–237.
Simmonds, J. (2007). Holding children in mind or holding therapy: Developing an ethical position. *Clinical Child Psychology and Psychiatry, 12(2)*, 243–251.
Simons, L., & Conger, R. (2007). Linking mother-father differences in parenting to a typology of family parenting styles and adolescent outcomes. *Journal of Family Issues, 28(2)*,

212–241.
Singh, L., Morgan, J.L., & Best, C.T. (2002). Infants' listening preferences: Baby talk or happy talk? *Infancy, 3(3)*, 365–394.
Sisk, C.L., & Zehr, J.L. (2005). Pubertal hormones organize the adolescent brain and behavior. *Frontiers in Neuroendocrinology, 26(3–4)*, 163–174.
Slade, A. (2006). Parental reflective functioning. *Psychoanalytic Inquiry, 26*, 640–657.
Slater, A., Quinn, P.C., Hayes, R., & Brown, E. (2000). The role of facial orientation in newborn infants preference for attractive faces. *Developmental Science, 3(2)*, 181–185.
Smith, A.J., & Williams, D.R. (2007). Father-friendly legislation and paternal time across Western Europe. *Journal of Comparative Policy Analysis: Research and Practice, 9(2)*, 175–192.
Smith, P. (2004). Play: Types and functions in human development. In D. Bjorklund & A. Pellegrini (Eds.), *Origins of the social mind: Evolutionary psychology and child development* (pp. 271–291). New York: Guilford Press.
Smyke, A.T., Dumitrescu, A., & Zeanah, C. (2002). Attachment disturbances in young children. I: The continuum of caretaking casualty. *Journal of the American Academy of Child & Adolescent Psychiatry, 41(8)*, 972–982.
Solms, M., & Kaplan-Solms, K. (2001). *Clinical studies in neuro-psychoanalysis: Introduction to a depth neuropsychology.* New York: Other Press.
Solomon, J., George, C., & De Jong, A. (1995). Children classified as controlling at age six: Evidence of disorganized representational strategies and aggression at home and at school. *Development and Psychopathology, 7*, 447–463.
Soon, C.S., Brass, M., Heinze, H.J., & Haynes, J.D. (2008). Unconscious determinants of free decisions in the human brain. *Nature Neuroscience, 11(5)*, 543–545.
Sorce, J.F., Emde, R.N., Campos, J.J., & Klinnert, M.D. (1985). Maternal emotional signaling: Its effect on the visual cliff behavior of 1-year-olds. *Developmental Psychology, 21(1)*, 195–200.
Sorenson, E.R. (1979). Early tactile communication and the patterning of human organization: A New Guinea case study. In M. Bullowa (Ed.), *Before speech: The beginning of interpersonal communication* (pp. 289–330). Cambridge: Cambridge University Press.
Sowell, E.R., Trauner, D.A., Gamst, A., & Jernigan, T.L. (2002). Development of cortical and subcortical brain structures in childhood and adolescence: A structural MRI study. *Developmental Medicine and Child Neurology, 44(01)*, 4–16.
Spencer, N. (2005). Does material disadvantage explain the increased risk of adverse health, educational, and behavioural outcomes among children in lone parent households in Britain? *Journal of Epidemiology and Community Health, 59(2)*, 152–157.
Sperry, R.W. (2001). Hemisphere deconnection and unity in conscious awareness. In B. Baars (Ed.), *Essential sources in the scientific study of consciousness.* Cambridge, MA: MIT Press.
Spinka, M., Newberry, R.C., & Bekoff, M. (2001). Mammalian play: Training for the unexpected. *Quarterly Review of Biology, 76(2)*, 141–168.
Spitz, R.A. (1945). Hospitalism – An inquiry into the genesis of psychiatric conditions in early childhood. *Psychoanalytic Study of the Child, 1*, 53–74.
Spotts, E.L., Neiderhiser, J.M., Towers, H., Hansson, K., Lichtenstein, P., Cederblad, M., Pederson, N.L., & Reiss, D. (2004). Genetic and environmental influences on marital relationships. *Journal of Family Psychology, 18(1)*, 107–119.
Sroufe, L.A. (2005). *The development of the person: The Minnesota study of risk and adaptation from birth to adulthood.* New York: Guilford Press.
Sroufe, L.A., & Waters, E. (1977). Attachment as an organizational construct. *Child Development, 48*, 1184–1199.
Stallings, J., Fleming, A.S., Corter, C., Worthman, C., & Steiner, M. (2001). The effects of infant cries and odors on sympathy, cortisol, and autonomic responses in new mothers and nonpostpartum women. *Parenting, 1(1&2)*, 71–100.
Standley, J.M. (2003). The effect of music-reinforced nonnutritive sucking on feeding rate of

premature infants. *Journal of Pediatric Nursing, 18(3)*, 169–173.
Stanton, S., Beehner, J.C., Saini, E.K., Kuhn, C.M., & LaBar, K.S. (2009). Dominance, politics, and physiology: Voters' testosterone changes on the night of the 2008 United States presidential election. *Plos One, 4(10)*, e7543.
Steele, C.M. (1997). A threat in the air: How stereotypes shape intellectual identity and performance. *American Psychologist, 52(6)*, 613–629.
Steele, H., & Steele, M. (2005). Understanding and resolving emotional conflict. In K. Grossman, K. Grossmann, & E. Waters (Eds.), *Attachment from infancy to adulthood: The major longitudinal studies* (pp. 137–164). New York: Guilford.
Steele, H., Steele, M., & Fonagy, P. (1996). Associations among attachment classifications of mothers, fathers, and their infants. *Child Development, 67(2)*, 541–555.
Stein, A., Gath, D.H., Bucher, J., Bond, A., Day, A., & Cooper, P.J. (1991). The relationship between post-natal depression and mother-child interaction. *British Journal of Psychiatry, 158(1)*, 46–52.
Stein, A., Woolley, H., Senior, R., Hertzmann, L., Lovel, M., Lee, J., Cooper, S., Wheatcroft, R., Challacombe, F., Patel, P., Nicol-Harper, R., Menzes, P., Schmidt, A., Juszczak, E., & Fairburn, C.G. (2006). Treating disturbances in the relationship between mothers with bulimic eating disorders and their infants: A randomized, controlled trial of video feedback. *American Journal of Psychiatry, 163(5)*, 899.
Steinberg, L. (2007). Risk taking in adolescence: New perspectives from brain and behavioral science. *Current Directions in Psychological Science, 16(2)*, 55–59.
Stern, D.N. (1977). *The first relationship*. Cambridge, MA: Harvard University Press.
Stern, D.N. (2000). *The interpersonal world of the infant*. New York: Basic Books.
Stern, D.N. (2001). Face-to-face play. In Jaffe, J., Beebe, B., Feldstein, S., Crown, C. & Jasnow, M.D. (Eds.), *Rhythms of dialogue in infancy: Coordinated timing in development. Monographs of the society for research in child development* (Vol. 66). Ann Abor, MI: SRCD.
Stern, D.N. (2004). *The present moment in psychotherapy and everyday life*. New York: Norton.
Stern, K., & McClintock, M.K. (1998). Regulation of ovulation by human pheromones. *Nature, 392(6672)*, 177–179.
Stern, M., & Karraker, K.H. (1989). Sex stereotyping of infants: A review of gender labeling studies. *Sex Roles, 20(9)*, 501–522.
Sternberg, K.J. (1997). Fathers, the missing parents in research on family violence. In M. E. Lamb (Ed.). *The role of the father in child development* (pp. 284–308). New York: Wiley.
Stevenson, B., & Wolfers, J. (2007). Marriage and divorce: Changes and their driving forces. working paper series. San Francisco: Fedral Reserve Bank of San Francisco. Retrieved April 3, 2010, from http://www.frbsf.org/publications/economics/papers/2007/wp07-03bk.pdf
Stipek, D., & Gralinski, J.H. (1996). Children's beliefs about intelligence and school performance. *Journal of Educational Psychology, 88(3)*, 397–407.
Stone, N., & Ingham, R. (2002). Factors affecting British teenagers' contraceptive use at first intercourse: The importance of partner communication. *Perspectives on Sexual and Reproductive Health, 34(4)*, 191–197.
Storey, A.E., Walsh, C.J., Quinton, R.L., & Wynne-Edwards, K.E. (2000). Hormonal correlates of paternal responsiveness in new and expectant fathers. *Evolution and Human Behavior, 21(2)*, 79–95.
Suddendorf, T., Simcock, G., & Nielsen, M. (2007). Visual self-recognition in mirrors and live videos: Evidence for a developmental asynchrony. *Cognitive Development, 22(2)*, 185–196.
Suomi, S.J. (1997). Early determinants of behaviour: Evidence from primate studies. *British Medical Bulletin, 53(1)*, 170–184.

Suomi, S.J., Novak, M.A., & Well, A. (1996). Aging in rhesus monkeys: Different windows on behavioral continuity and change. *Developmental Psychology, 32(6)*, 1116–1128.

Sutter-Dallay, A.L., Murray, L., Glatigny-Dallay, E., & Verdoux, H. (2003). Newborn behavior and risk of postnatal depression in the mother. *Infancy, 4(4)*, 589–602.

Sylva, K. (1984). A hard-headed look at the fruits of play. *Early Child Development and Care, 15(2)*, 171–183.

Sylva, K., Stein, A., Leach, P., Barnes, J., & Malmberg, L-E. (2007). Family and child factors related to the use of non-maternal infant care: An English study. *Early Childhood Research Quarterly, 22(1)*, 118–136.

Tajfel, H., & Turner, J.C. (1979). An integrative theory of intergroup conflict. In W. Austin & S. Worschel (Eds.), *The social psychology of intergroup relations*. Monterey, California: Brooks/Cole (pp. 33–47).

Talge, N.M., Neal, C., & Glover, V. (2007). Antenatal maternal stress and long-term effects on child neurodevelopment: How and why? *Journal of Child Psychology and Psychiatry and Allied Disciplines, 48, 3(4)*, 245–261.

Tamir, M. (2005). Don't worry, be happy? Neuroticism, trait-consistent affect regulation, and performance. *Journal of Personality and Social Psychology, 89(3)*, 449.

Tamis-LeMonda, C.S., Bornstein, M.H., & Baumwell, L. (2001). Maternal responsiveness and children's achievement of language milestones. *Child Development, 72(3)*, 748–767.

Tanaka, S. (2005). Parental leave and child health across OECD countries. *Economic Journal, 115(501)*, F7–F28.

Taylor, C. (1989). *Sources of the self.* Cambridge, MA: Harvard University Press.

Taylor, S.E., & Armor, D.A. (1996). Positive illusions and coping with adversity. *Journal of Personality, 64(4)*, 873–898.

Taylor, S.E., Klein, L.C., Lewis, B.P., Gruenewald, T.L., Gurung, R.A., & Updegraff, J.A. (2000). Biobehavioral responses to stress in females: Tend-and-befriend, not fight-or-flight. *Psychological Review, 107(3)*, 411–429.

Therien, J.M., Worwa, C.T., Mattia F.R., & deRegnier, R.A. (2004). Altered pathways for auditory discrimination and recognition memory in preterm infants. *Developmental Medicine and Child Neurology, 46(12)*, 816–824.

Thomas, K.M., Drevets, W.C., Dahl, R.E., Ryan, N.D., Birmaher, B., Eccard, C.H., Axelson, D., Whalen, P.J., & Casey, B.J. (2001). Amygdala response to fearful faces in anxious and depressed children. *Archives of General Psychiatry, 58(11)*, 1057–1063.

Tizard, B., & Hodges, J. (1978). The effect of early institutional rearing on the development of eight year old children. *Journal of Child Psychology and Psychiatry, 19(2)*, 99–118.

Tomasello, M. (2003). *Constructing a language: A usage-based theory of language acquisition.* Cambridge, MA: Harvard University Press.

Tomasello, M. (2009). *Why we cooperate.* Cambridge, MA: MIT Press.

Trainor, L.J., & Desjardins, R.N. (2002). Pitch characteristics of infant-directed speech affect infants' ability to discriminate vowels. *Psychonomic Bulletin & Review, 9(2)*, 335–340.

Travis, J. (2003). Gypsy secret: Children of sea see clearly underwater. *Science news (Washington), 163(20)*, 308–309.

Trehub, S.E., Unyk, A.M., & Trainor, L.J. (1993). Maternal singing in cross-cultural perspective. *Infant Behavior & Development, 16(3)*, 285–295.

Trevarthen, C., & Aitken, K.J. (2001). Infant intersubjectivity: Research, theory, and clinical applications. *Journal of Child Psychology and Psychiatry and Allied Disciplines, 42(1)*, 3–48.

Trevarthen, C., Kokkinaki, T., & Fiamenghi Jr, G.A. (1999). What infants' imitations communicate: With mothers, with fathers and with peers. In J. Nadel (Ed.), *Imitation in infancy* (pp. 127–185). New York: Cambridge University Press.

Trivers, R. (2002). *Natural selection and social theory: Selected papers of Robert L. Trivers.* Oxford: Oxford University Press.

Tronick, E. (2007). *The neurobehavioral and social emotional development of infants and children*. New York: Norton.
Tronick, E.Z., & Brazelton, T.B. (1980). Preverbal communication between mothers and infants. In D.R. Olson (Ed.), *The social foundations of language and thought*. New York: Norton.
Tronick, E.Z., Morelli, G.A., & Ivey, P.K. (1992). The forager infant and toddler's pattern of social relationships: Multiple and simultaneous. *Developmental Psychology, 28(4)*, 568–577.
Tronick, E.Z., Morelli, G.A., & Winn, S. (1987). Multiple caretaking of Efe (Pygmy) infants. *American Anthropologist, 91(1)*, 96–106.
Trowell, J., Joffe, I., Campbell, J., Clemente, C., Almqvist, F., Soininen, M., Koskenranta-Aalto, U., Weintraub, S., Kolaitis, G., Tomaras, V., Anastasopoulos, D., Grayson, K., Barnes, J., & Tsiantis, J. (2007). Childhood depression: A place for psychotherapy. *European Child & Adolescent Psychiatry, 16(3)*, 157–167.
True, M.M.M., Pisani, L., & Oumar, F. (2001). Infant-mother attachment among the Dogon of Mali. *Child Development, 72(5)*, 1451–1466.
Tully, E.C., Iacono, W.G., & McGue, M. (2008). An adoption study of parental depression as an environmental liability for adolescent depression and childhood disruptive disorders. *American Journal of Psychiatry, 165(9)*, 1148–1154.
Twain, M. (1986). *The adventures of Tom Sawyer and the adventures of Huckleberry Finn*. London: Penguin.
Uddin, M.S. (2006). Arranged marriage: A dilemma for young British Asians. *Diversity in Health and Social Care, 3(3)*, 211–219.
Udry, J.R. (2000). Biological limits of gender construction. *American Sociological Review, 65(33)*, 443–457.
Urwin, C. (2001). Getting to know the self and others: Babies' interactions with other babies. *Infant Observation, 4(3)*, 13–28.
Uslaner, E.M. (2008). Trust as a moral value. In D. Castiglione, V. Deth, & G. Wolleb (Eds.), *The handbook of social capital* (pp. 101–121). New York: Oxford University Press.
Utami, S.S., Goossens, B., Bruford, M.W., de Ruiter, R., & van Hooff, J. (2002). Male bimaturism and reproductive success in Sumatran orang-utans. *Behavioural Ecology, 13(5)*, 643–652.
Vaillant, G.E. (2002). *Aging well*. Boston: Little, Brown.
Valdimarsdottir, H.B., & Bovbjerg, D.H. (1997). Positive and negative mood: Association with natural killer cell activity. *Psychology & Health, 12(3)*, 319–327.
van den Bergh, B.R.H., Van Calster, B., Smits, T., Van Huffel, S., & Lagae, L. (2007). Antenatal maternal anxiety is related to HPA-axis dysregulation and self-reported depressive symptoms in adolescence: A prospective study on the fetal origins of depressed mood. *Neuropsychopharmacology, 33(3)*, 536–545.
van der Kolk, B.A. (1989). The compulsion to repeat the trauma. *Psychiatric Clinics of North America, 12(2)*, 384–411.
van Heteren, C.F., Boekkooi, P.F., Schiphorst, R.H., Jongsma, H.W., & Nijhuis, J.G. (2001). Fetal habituation to vibroacoustic stimulation in relation to fetal states and fetal heart rate parameters. *Early Human Development, 61(2)*, 135–145.
van IJzendoorn, M.H., Moran, G., Belsky, J., Pederson, D., Bakermans-Kranenburg, M.J., & Kneppers, K. (2000). The similarity of siblings' attachments to their mother. *Child Development, 71(4)*, 1086–1098.
van Zeijl, J., Van Mesman, J., Van IJzendoorn, M.H., Bakermans-Kranenburg, M.J., Juffer, F., Stolk, M.N., Koot, H.M., & Alink, L.R.A. (2006). Attachment-based intervention for enhancing sensitive discipline in mothers of 1- to 3-year-old children at risk for externalizing behavior problems: A randomized controlled trial. *Journal of Consulting and Clinical Psychology, 74(6)*, 994–1005.

Viner, R. (2002). Splitting hairs. *Archives of Disease in Childhood, 86(1)*, 8–10.
Volkow, N.D., & Li, T.K. (2004). Drug addiction: The neurobiology of behaviour gone awry. *Nature Reviews Neuroscience, 5(12)*, 963–970.
von Baeyer, C.L., Marche, T.A., Rocha, E.M., & Salmon, K. (2004). Children's memory for pain: Overview and implications for practice. *Journal of Pain, 5(5)*, 241–249.
Votruba-Drzal, E., Coley, R.L., & Chase-Lansdale, P.L. (2004). Child care and low-income children's development: Direct and moderated effects. *Child Development, 75(1)*, 296–312.
Vygotsky, L.S. (1962). *Thought and language* (E. Hanfmann & G. Vakar, Trans.). Cambridge, MA: MIT Press.
Wadhwa, P.D. (2005). Psychoneuroendocrine processes in human pregnancy influence fetal development and health. *Psychoneuroendocrinology, 30(8)*, 724–743.
Wagner, G., Koschke, M., Leuf, T., Schlösser, R., & Bär, K-J. (2009). Reduced heat pain thresholds after sad-mood induction are associated with changes in thalamic activity. *Neuropsychologia, 47(4)*, 980–987.
Wager, T.D., Rilling, J.K., Smith, E.E., Sokolik, A., Casey, K.L., Davidson, R.J., Kosslyn, S.M., Rose, R.M., & Cohen, J.D. (2004). Placebo-induced changes in FMRI in the anticipation and experience of pain. *Science, 303(5661)*, 1162–1167.
Walker, S., Berthelsen, D.C., & Irving, K.A. (2001). Temperament and peer acceptance in early childhood: Sex and social status differences. *Child Study Journal, 31(3)*, 177–192.
Waller, M.R., & Swisher, R. (2006). Fathers' risk factors in fragile families: Implications for 'healthy' relationships and father involvement. *Social Problems, 53(3)*, 392–420.
Wallerstein, J.S., Lewis, J.M., & Blakeslee, S. (2000). *The unexpected legacy of divorce: A twenty-five-year landmark study*. New York: Hyperion.
Walton, G.E., & Bower, T.G.R. (1993). Newborns form 'prototypes' in less than 1 minute. *Psychological Science, 4(3)*, 203–205.
Walum, H., Westberg, L., Henningsson, S., Neiderhiser, J.M., Reiss, D., Igl, W., Ganiban, J.M., Spotts, E.L., Pedersen, N.L., Eriksson, E., & Lichtenstein, P. (2008). Genetic variation in the vasopressin receptor 1a gene (AVPR1A) associates with pair-bonding behavior in humans. *Proceedings of the National Academy of Sciences, 105(37)*, 14153–14156.
Ward, J. (1998). Sir Cyril Burt: The continuing saga. *Educational Psychology, 18(2)*, 235–241.
Webster-Stratton, C., Reid, M.J., & Hammond, M. (2004). Treating children with early-onset conduct problems: Intervention outcomes for parent, child, and teacher training. *Journal of Clinical Child and Adolescent Psychology, 33(1)*, 105–124.
Weinstein, S.M., Mermelstein, R.J., Hankin, B.L., Hedeker, D., & Flay, B.R. (2007). Longitudinal patterns of daily affect and global mood during adolescence. *Journal of research on adolescence: the official journal of the Society for Research on Adolescence, 17(3)*, 587–600.
Weisfeld, C.C., Weisfeld, G.E., & Callaghan, J.W. (1982). Female inhibition in mixed-sex competition among young adolescents. *Ethology and Sociobiology, 3(1)*, 29–42.
Weisfeld, G.E., & Woodward, L. (2004). Current evolutionary perspectives on adolescent romantic relations and sexuality. *Journal of the American Academy of Child & Adolescent Psychiatry, 43(1)*, 11–19.
Welch-Ross, M.K. (1997). Mother–child participation in conversation about the past: Relationships to preschoolers' theory of mind. *Developmental Psychology, 33(4)*, 618–629.
Wermke, K., & Friederici, A.D. (2005). Developmental changes of infant cries – the evolution of complex vocalizations. *Behavioral and Brain Sciences, 27(4)*, 474–475.
Werner, E.E., & Smith, R.S. (1992). *Overcoming the odds: High risk children from birth to adulthood*. New York: Cornell.
White, G.M., & Kirkpatrick, J. (1985). *Person, self, and experience: Exploring Pacific ethnopsychologies*. California: University of California Press.

Whyte, J. (1986). *Girls into science and technology: The story of a project*. London: Routledge, Kegan & Paul.
Widdowson, E.M. (1951). Mental contentment and physical growth. *The Lancet, 1(24)*, 1316–1318.
Widom, S. (2007). A prospective investigation of major depressive disorder and comorbidity in abused and neglected children grown up. *Archives of General Psychiatry, 64(1)*, 49–56.
Widström, A.M., Wahlberg, V., Matthiesen, A.S., Eneroth, P., Uvnäs-Moberg, K., Werner, S., & Winberg, J. (1990). Short-term effects of early suckling and touch of the nipple on maternal behaviour. *Early Human Development, 21(3)*, 153–163.
Wikan, U. (1991). *Behind the veil in Arabia: Women in Oman*. Chicago: University of Chicago Press.
Wikström, P.O. (2000). Do disadvantaged neighborhoods cause well-adjusted children to become adolescent delinquents? A study of male juvenile serious offending, individual risk and protective factors, and neighborhood context. *Criminology, 38(4)*, 1109–1142.
Wilkinson, R.G. (2005). *The impact of inequality: How to make sick societies healthier*. London: Routledge.
Wilkinson, R., & Pickett, K. (2009). *The spirit level: Why more equal societies almost always do better*. London: Allen Lane.
Williams, J., Jackson, S., Maddocks, C., Chueng, W-Y., Love, A., & Hutchings, H. (2001). Case-control study of the health of those looked after by local authorities. *British Medical Journal, 85(4)*, 280–285.
Wilson, M.I., Daly, M., & Weghorst, S.J. (2008). Household composition and the risk of child abuse and neglect. *Journal of Biosocial Science, 12(3)*, 333–340.
Winnicott, D.W. (1958). The capacity to be alone. *International Journal of Psycho-Analysis, 39*, 416–420.
Winnicott, D.W. (1996). *The maturational processes and the facilitating environment: Studies in the theory of emotional development*. London: Karnac.
Winnicott, D.W. (1971). *Playing and reality*. New York: Basic Books.
Winsler, A., Fernyhough, C., & Montero, I. (Eds.) (2009). *Private speech, executive functioning, and the development of verbal self-regulation*. Cambridge, MA: Cambridge University Press.
Wittgenstein, L. (1974). *Philosophical investigations*. London: Blackwell.
Wolman, W.L., Chalmers, B., Hofmeyr, G.J., & Nikodem, V.C. (1993). Postpartum depression and companionship in the clinical birth environment: A randomized, controlled study. *American Journal of Obstetrics and Gynecology, 168*, 1388–1393.
Woolfenden, S.R., Williams, K., & Peat, J. (2001). Family and parenting interventions in children and adolescents with conduct disorder and delinquency aged 10–17. *Cochrane Database of Systematic Reviews* 2001, Issue 2. Art. No: CD003015.
Wynne, L., Tienari, P., Sorri, A., Lahti, I., Moring, J., & Wahlberg, K.E. (2006). Genotype-environment interaction in the schizophrenia spectrum: Genetic liability and global family ratings in the Finnish Adoption Study. *Family process, 45(4)*, 419–434.
Yehuda, R. (2004). Risk and resilience in posttraumatic stress disorder. *Journal of Clinical Psychiatry, Supplement, 65(1)*, 29–36.
Yehuda, R., Engel, S.M., Brand, S.R., Seckl, J., Marcus, S.M., & Berkowitz, G.S. (2005). Transgenerational effects of posttraumatic stress disorder in babies of mothers exposed to the World Trade Center attacks during pregnancy. *Journal of Clinical Endocrinology & Metabolism, 90(7)*, 4115–4118.
Yeung, W.J., Duncan, G.J., & Hill, M.S. (2000). Putting fathers back in the picture: Parental activities and children's adult outcomes. *Marriage and Family Review, 29(2/3)*, 97–114.
Youngblade, L.M., & Curry, L.A. (2006). The people they know: Links between interpersonal contexts and adolescent risky and health-promoting behavior. *Applied Developmental*

Science, 10(2), 96–106.
Yurgelun-Todd, D.A., & Killgore, W.D.S. (2006). Fear-related activity in the prefrontal cortex increases with age during adolescence: A preliminary fMRI study. *Neuroscience Letters, 406(3)*, 194–199.
Yussen, S.R., & Levy Jr, V.M. (1975). Developmental changes in predicting one. *Journal of Experimental Child Psychology, 19(3)*, 502–508.
Zak, P., Matzner, W., & Kurzban, R. (2008). The neurobiology of trust. *Scientific American Magazine, 298(6)*, 88–95.
Zanarini, M.C. (1997). Reported pathological childhood experiences associated with the development of borderline personality disorder. *American Journal of Psychiatry, 154*, 1101–1106.
Zanna, M.P., & Pack, S.J. (1975). On the self-fulfilling nature of apparent sex differences in behavior. *Journal of Experimental Social Psychology, 11(6)*, 583–591.
Zautra, A. (2003). *Emotions, stress, and health*. New York: Oxford University Press.
Zeanah, C.H., & Smyke, A.T. (2005). Building attachment relationships following maltreatment and severe deprivation. In L. Berlin, M. Greenberg, & L. Amaya-Jackson (Eds.), *Enhancing early attachments: Theory, research, intervention, and policy* (pp. 195–216). New York: Guilford.
Ziegler, T.E. (2000). Hormones associated with non-maternal infant care: A review of mammalian and avian studies. *Folia Primatol, 71(1)*, 6–21.
Zimbardo, P.G., Maslach, C., & Haney, C. (2000). Reflections on the Stanford prison experiment: Genesis, transformations, consequences. In T. Blass (Ed.), *Obedience to authority: Current perspectives on the Milgram paradigm* (pp. 193–237). Hillsdale, NJ: Lawrence Erlbaum Associates, Inc.
Zucker, R.A., Wong, M.M., Puttler, L.I., & Fitzgerald, H.E. (2003). Resilience and vulnerability among sons of alcoholics: Relationship to developmental outcomes between early childhood and adolescence. In S. Luthar (Ed.), *Resilience and vulnerability: Adaptation in the context of childhood adversities* (pp. 76–103). New York: Cambridge University Press.
Zweyer, K., Velker, B., & Ruch, W. (2004). Do cheerfulness, exhilaration, and humor production moderate pain tolerance? A FACS study. *Humor-International Journal of Humor Research, 17(1–2)*, 85–119.

監訳者あとがき

　本書の執筆者であるグレイアム・ミュージック先生は，ロンドンに拠点をおく子ども・青年心理療法士であり，成人心理療法士です。先生と筆者は，筆者が2013年度の1年間をタビストック・クリニックで過ごした際に，先生が主催されている Attachment & Neuro-Science のワークショップに毎週参加させていただいたことがご縁でお話をするようになりました。このワークショップは，子どもの心理療法士になるための訓練課程に在籍する訓練生を中心に，児童精神科医やソーシャルワーカー，臨床心理士や教師などの多職種のメンバーで構成されていました。先生は毎週，アタッチメントに関する調査・研究や神経科学など，近年の精神分析がその知見の交流を深めている諸分野について，詳しく紹介，解説されていました。また，このワークショップには，タビストック・クリニックの外からも多くのゲストをお迎えし，毎回，さまざまな観点から新たな調査・研究の知見，および臨床の実際について学ばせていただくとともに，それを子どもの精神分析的心理療法にどのように生かしていけるのかについて，熱く議論されていました。このワークショップは，筆者が訓練を受けていた1997〜2004年当時にはなかったものであり，ここからも10年余の月日を経ての子どもの精神分析的心理療法の領域における変化を感じるとることができるともいえるでしょう。

　本書は，目次からも分かるように，非常に幅広い分野の知見が凝縮されたものになっています。ミュージック先生は精神分析的心理療法士として，「エビデンス」はないけれども「臨床感覚あるいは臨床の実感」からすでに「知っていたこと」について，実は他の領域——アタッチメント研究や発達心理学，そして近年では脳科学や生物学——が「証明し」，それを「エビデンス」として挙げてくれているのだと言います。そして，本書にはそれらのエッセンスが凝縮されています。

　また，原書には日本語版の刊行にあたっては，紙幅の関係で割愛せざるを得なかった興味深い数々の章があります。たとえば，特に文化の大切さにつ

いて検討した章，ジェンダーの問題を扱った章，母親以外の養育者による養育について，また，きょうだい関係や父親について検討した章などです。これらについては，また別の機会に何らかのかたちでご紹介できることを願っています。

ともかく，本書で紹介されている知見の数々は，子どもの心理療法に携わる専門家のみならず，発達心理学やアタッチメントの調査・研究者，あるいは保育士や学校現場で苦闘する教師，またソーシャルワーカー，看護師や保健師など，子どもと家族に関わる専門職の方々にも興味を持ってお読みいただけるのではないかと思っています。

さて，日本語版の出版にあたり，ミュージック先生について日本の読者にご紹介させていただくために，先生のバックグラウンドについていくらか教えていただけないかとお願いしたところ，非常に興味深いご紹介文をお送りいただきました。「あとがき」としては多少長くなってしまうのですが，ここからは先生ご自身についてのみならず，イギリスにおける子どもの精神分析的心理療法士の層の厚さといった土壌，あるいは雰囲気のようなものを感じ取っていただけるのではないかという思いから，全文をご紹介させていただきたいと思います。

＊　＊　＊

　私の心理療法士としての背景は，もしかするとどこか一般的なものではないかもしれません。実際このキャリアは，ユダヤ人の家系であるにもかかわらず養豚農家に生まれ育ったという，私の人生の非常に早い時期からすでに始まっていたといえます。たとえば，寄宿学校に送られることで，子どもにとって必要なものとは何なのかという思考を大いに刺激されました。また，思春期にはフロイト，ユング，そしてA. S. ニールのサマーヒル等における治療教育モデルといったものに魅了されていました。こうした私の興味は，大学で社会科学，文化人類学そして哲学を学ぶことでより深まっていきました。こうして現在の私は，私たちの心的生活について本当に理解しようとするならば，社会的文脈と文化といった要素も含めて考えることの重要性について学ぶに至っているわけです。

大学卒業後，私は遊戯療法，入所施設のワーカー，ホームレスの状態から抜け出した人々に対するサポートワーク，そして幼い被虐待児のためのセンターなど，さまざまな関連領域での仕事に携わり，経験を積みました。そのようななか，アンティークを売買するという仕事に5年ほど寄り道をしたのですが，これは子どもに関する仕事とは直接には関係のないものでした。ただ私としては，これはフロイトの考古学への関心，そしていかに過去が現在の道しるべになっているのかを反映するものなんだと考えたいのですが！

　私の心理療法の最初の訓練は，成人を対象とした，人間性心理学と統合的心理療法を志向するものだったのですが，そこで私はウィニコットと英国独立学派を含めたさまざまな学派について知ることになりました。これは私の思考に最も大きな影響を与えています。以来，この非常に発達的な考え方は，後に私がクライエントについて理解する際に深みを与えてくれています。また，その頃，身体的過程や脳の過程についての理解も学びましたが，以後，こうした調査・研究の領域がいかに急速に発展しているのかといったことに刺激を受け続けています。

　その後，最終的にタビストックの子どもの心理療法の前臨床段階，および臨床段階の訓練（およそ8年間！）に入ったわけです。そこでは，乳幼児観察，発達科学そして精神分析からの学びをうまく重ね合わせていくことの可能性に深く影響を受けました。これらに対する興味は，それ以来私の中で育ち続けています。私は，このように常に変化し続け，新たな学びと可能性に開かれた領域で仕事ができることに喜びを感じています。もう何十年にもわたって，不適切な扱いを受けたりトラウマを負ったりした子どもや若者と関わる仕事をしてきたわけですが，私の仕事はアタッチメント，神経生物学そして発達心理学に基礎をおいた理解の深まりのみならず，やはり精神分析という核がなくてはこれほどまでに効果的なものになりうるとは思っていません。私たちは，刺激的な時代，そして新たなパラダイムの転換を迎える可能性の時を生きています。もし私が何か一つ残念に思うことがあるとすれば，それは自分があと25年若ければよかったということです。そうすれば，こうした転換が根づいていく様子と，そうした変化のある将来を私たちがどのように

考えるのかを，この目で見ることができたでしょうから。

グレイアム・ミュージック

＊　＊　＊

　ミュージック先生は，本書に続いて，私たちが幼少期から「良い体験」，そしてそこから自分自身や他者，そして私たちを取り巻く社会に対して「良い感情」を積み重ねることの重要性に着目した著作を発表されています。そこでは，さらなる最新の調査・研究の知見も紹介されています。今，本書がようやく読者の元に届けられようかという時点ではありますが，ぜひ，先生のこの新刊についても，時間をおかずに日本にご紹介できることを願っています。

　最後になりましたが，この翻訳プロジェクトに積極的に参加してくれた大阪経済大学大学院のOBとOGの皆様，特に何度も原稿全体に目を通し，多くの有益な示唆をくれた山下浩太さんにこの場を借りてお礼を申し上げます。また，誠信書房の中澤美穂さんには，筆者がロンドンから帰国して初めて執筆した著書以来，いつも大変お世話になっております。今回も，本書について一目で気に入っていただきました。私の力不足により，当初の予定よりはすべての作業がかなり遅れてしまいましたが，常に温かいはげましをいただきました。ここに改めて謝意を表します。

2015 年　晩秋

鵜飼 奈津子

人名索引

ア行

アーネット（Arnett, J. J.）　146, 160
アイゼンク（Eysenck, H. J.）　178
ヴァイス（Weisz, J.）　196
ヴィゴツキー（Vygotsky, L. S.）　103, 135
ウィトゲンシュタイン（Wittgenstein, L.）　103
ウィニコット（Winnicott, D. W.）　2, 128, 143, 152
ウィルキンソン（Wilkinson, R. G.）　22, 86
ウェブスター-ストラットン（Webster-Stratton, C.）　198
エイトケン（Aitken, K. J.）　34, 43, 47
エインズワース（Ainsworth, M. D.）　37, 39, 62, 63, 64, 65

カ行

ガエンスバウワー（Gaensbauer, T. J.）　118
カジン（Kazdin, A.）　196
カスピ（Caspi, A.）　181, 184
カプラン-ソルムス（Kaplan-Solms, K.）　106
クール（Kuhl, P. K.）　102
クラーク（Clark, C. D.）　138
クライン（Klein, M.）　136, 138
クラウス（Klaus, M. H.）　25, 28
クリッテンデン（Crittenden, P. M.）　168
グレイサー（Glaser, D.）　76
グロスマン（Grossmann, K. E.）　73, 192
ケネル（Kennell, J. H.）　25
ゴットリーブ（Gottlieb, A.）　25

サ行

ザック（Zak, P.）　85
サフラン（Saffran, J. R.）　99
シーゲル（Siegel, D. J.）　81, 82, 88, 89, 114, 127
シェッパー・ヒューズ（Scheper-Hughes, N.）　38, 40
ジャージリー（Gergely, G.）　36, 43
ジャフェ（Jaffe, J.）　131
シュワルツ（Schwartz, J.）　80, 83
ショアー（Schore, A. N.）　84, 89, 132
シルバ（Sylva, K.）　135
スオミ（Suomi, S. J.）　87, 191
スターン（Stern, D. N.）　97, 116, 117, 131
スタンドレー（Standley, J. M.）　100
スティール, ハワード（Steele, H.）　20, 192
スティール, ミリアム（Steele, M.）　20, 192
スピッツ（Spitz, R. A.）　165
スペリー（Sperry, R. W.）　88
スペンス（Spence, M.）　33
スミス（Smith, P.）　135
スミス（Smith, R. S.）　191, 201
スルーフ（Sroufe, L. A.）　64, 74, 156, 158, 159, 190, 192, 193
ソルムス（Solms, M.）　106
ソロモン（Solomon, J.）　174

タ行

ターゲット（Target, M.）　71, 128
ダマシオ（Damasio, A. R.）　97, 120, 121
ダンバー（Dunbar, R.）　111
デ・キャスパー（De Casper, A.）　33, 101
ティーセン（Thiessen, E. D.）　99
テイラー（Taylor, C.）　112
トゥエイン（Twain, M.）　129
ドジエール（Dozier, M.）　87, 195
トマセロ（Tomasello, M.）　103, 104, 105
トリバース（Trivers, R.）　18
トレバーセン（Trevarthen, C.）　34, 43, 47
トレハブ（Trehub, S. E.）　100
トロニック（Tronick, E. Z.）　32, 74

ナ行

ナーデル（Nadel, J.）　141
ニコロポウロウ（Nicolopoulou, A.）　142

ハ行

バー（Barr, R. G.）　39

ハーディ（Hrdy, S. B.）　　18, 31, 37, 38, 40
ハート（Hart, B.）　　109, 110, 126
バート（Burt, C.）　　178
バードウィステル（Birdwhistell, R. L.）　　101
バーマン（Burman, E.）　　7
ハーロー（Harlow, H. F.）　　60, 129, 166
バウワー（Bauer, P. J.）　　118, 119
バフチン（Bakhtin, M. M.）　　110, 112
ハリス（Harris, J. R.）　　1, 153, 154
バリント（Balint, M.）　　191
パンクセップ（Panksepp, J.）　　129, 131, 132, 136
ピアジェ（Piaget, J.）　　50
ビービー（Beebe, B.）　　35, 65, 66, 104, 131
ビオン（Bion, W. R.）　　36, 44
ピオンテッリ（Piontelli, A.）　　19, 20, 184
ピケット（Pickett, K.）　　86
ビック（Bick, E.）　　19
ピンカー（Pinker, S.）　　1, 81, 97
ヒンデ（Hinde, R. A.）　　61
ファーナルド（Fernald, A.）　　99
フィアロン（Fearon, R. M.）　　72, 190, 191
フィールド（Field, T. M.）　　17, 32, 33, 34, 117
フェリッツィ（Felitti, V. J.）　　173
フォナギー（Fonagy, P.）　　20, 35, 44, 71, 122, 128, 193, 196
プライアー（Prior, V.）　　76
ブラゼルトン（Brazelton, T. B.）　　32
ブルク（Burck, C.）　　107
ブルデュー（Bourdieu, P.）　　9
ブレンナイス（Brenneis, C. B.）　　123
フロイト（Freud, S.）　　78, 124, 136
フロイト，アンナ（Freud, A.）　　136
ヘイグ（Haig, D.）　　18
ベイトソン（Bateson, G.）　　112
ベイトソン（Bateson, M. C.）　　98
ベイトマン（Bateman, A.）　　51, 122, 193
ベグリー（Begley, S.）　　83, 93
ヘッブ（Hebb, D. O.）　　83, 84
ペッレグリーニ（Pellegrini, A. D.）　　133
ペリー（Perry, B. D.）　　91, 92, 166, 172
ベルスキー（Belsky, J.）　　4, 24, 183, 191
ヘンリー（Henry, G.）　　172
ホウ（Howe, D.）　　168

ボウルビィ（Bowlby, J.）　　12, 30, 60, 61, 62, 63, 66, 76
ホール（Hall, G. S.）　　145
ホッジス（Hodges, J.）　　137, 175, 194
ポッパー（Popper, K. R.）　　7
ホブソン（Hobson, P.）　　50, 53
ホフマン（Hoffman, E.）　　97
ホメロス（Homer）　　57

マ 行

マクナリー（McNally, R. J.）　　119, 125, 126
マックレーン（MacLean, P. D.）　　81
マレー（Murray, L.）　　198
ミード（Mead, M.）　　145
ミュアー（Muir, D.）　　141
メイン（Main, M.）　　67, 68, 174
メインズ（Meins, E.）　　43, 51, 70, 108, 191

ラ 行

ライス（Reiss, D.）　　184, 187
ラター（Rutter, M.）　　8, 54, 107, 167, 169, 178, 186, 194, 201
ラマチャンドラン（Ramachandran, V. S.）　　55
ラマルク（Lamarck, J-B.）　　187
リー（Lee, T.）　　53
リズリー（Risley, T. R.）　　109, 110
リベ（Libet, B.）　　78
ル・ドゥー（LeDoux, J.）　　5, 92
レイザー（Lazar, S. W.）　　173
レックマン（Leckman, J. F.）　　31
レディ（Reddy, V.）　　36, 45, 131
ローウェンフェルト（Lowenfeld, M.）　　136
ロシャー（Rochat, P.）　　10
ロス（Roth, A.）　　196
ロスバウム（Rothbaum, F.）　　73
ロバートソン，ジェームス（Robertson, J.）　　61
ロバートソン，ジョイス（Robertson, J.）　　61

ワ 行

ワーナー（Werner, E. E.）　　191, 201
ワトソン（Watson, J. S.）　　36

事項索引

ア 行

アイデンティティ　160, 161
　——の感覚　154
足場　141, 203
遊び　128
　乳児期の——　130
アタッチメント　2, 20, 27, 31, 51, 60, 69, 70, 79, 84, 93, 114, 144, 153, 154, 156, 158, 166, 187, 191, 192
　——研究　39
　——研究者　137, 168
　——障害　75, 203
　——対象　61, 62, 64, 66, 71, 156, 164, 176
　——の型　156, 186, 198
　——の世代間伝達　72
　——理論　4, 30, 60, 62, 63, 66, 67, 71, 77, 142, 190, 198
　安定型——　57, 63, 64, 66, 67, 69, 70, 71, 73, 76, 77, 90, 121, 122, 142, 195
　安定した——　20, 39, 43, 107, 108, 197
　アンビヴァレント型——　63, 64, 66, 68, 69, 70, 73, 77, 192, 203
　回避型——　63, 64, 65, 66, 68, 69, 70, 73, 77, 108, 192, 203
　脱抑制型反応性——障害　169
　反応性——障害　75, 76, 77, 207
　不安定型——　57, 63, 90, 198
　不安定-支配型——　156
　無秩序・無方向型——　11, 65, 69, 72, 73, 74, 75, 76, 173, 174, 175, 176, 182, 208
　抑制型反応性——障害　169
アダルト・アタッチメント・インタビュー（AAI）　20, 67, 71, 75, 107, 126, 156, 175, 192, 195, 203
アルコールの乱用　185
安全基地　62, 64, 152
安定-自律型　67, 70, 108, 126, 192, 195
アンドロゲン　133, 203
アンナ・フロイト・センター　61, 71, 137
遺棄　31, 37, 38, 40
移行空間　143

一貫しない養育　61
遺伝子　16, 22, 178, 180, 188
　——-環境の相互作用　179, 185, 187
　——研究　186
　——対立　181, 183, 206
遺伝的要因　2, 184, 186, 188
ウェルニッケ失語症　106
ウェルニッケ野　106
うつ病　57, 186
　産後——　38, 198
右脳　88, 93
乳母　30, 203
オキシトシン　26, 54, 85, 86, 168, 203

カ 行

外在化　157, 203
外傷後ストレス症状　22, 26
介入　194, 195, 198, 199
　親——　198
　早期——　196
　治療的な——　72
海馬　79, 93, 124, 150
解離　75, 91, 125, 170, 203
獲得した安全感　68
環境　1
　——的ストレッサー　87, 188
　——要因　186
　——予測　8, 9, 203
　子宮内——　19
間主観性　103, 204
間主観的　104, 105, 141
記憶　113
　エピソード——　121, 203
　過誤——　123, 124
　顕在——　84, 113, 120, 124, 127, 204
　自伝的——　49, 113, 120, 121, 122, 126, 127
　情緒的——　92
　前言語的——　119
　宣言的——　106, 113, 206
　潜在——　79, 127
　手続き——　79, 80, 106, 113, 116, 124, 190,

　　　　　206
トラウマ的―― 122, 124, 125, 126, 127
トラウマ的フラッシュバック―― 124
フラッシュバルブ―― 119, 127, 207
絆形成 4, 24, 29, 30, 31, 32, 41
基本的帰属錯誤 114
虐待 29, 57, 68, 75, 91, 115, 118, 164, 170, 176, 193, 194
　――経験 127
　――的背景 75
　――の連鎖 177, 187
　性的―― 124, 170, 173
教育研究者 135
境界性パーソナリティ障害 50, 51, 57, 172, 192, 193, 204
共感 42, 43, 48, 52, 55, 57, 172, 190
共同注意 48, 52, 53, 56, 57, 103, 104, 105, 204
強迫症状 196
クロスモーダルマッチング 34
経験依存 8, 83, 165, 204
原-会話 44, 104, 130, 204
原-叙述の指さし 47, 48, 56, 204
原-宣言的指さし 104
原-命令的指さし 104
原-要求の指さし 47, 204
行為障害 157, 196, 198
行為の主体の感覚 35, 130
交感神経系 91, 171, 204
公的保護 121, 127, 194
行動学 4
こころの知能指数 108, 109
こころの理論 11, 42, 43, 49, 50, 51, 71, 120, 142, 204
こころへの関心 43, 51, 54, 56, 57, 70, 71, 77, 108, 121, 186, 197, 204
孤児 165, 167, 186, 193
　――院 8, 54, 75, 91, 107, 119, 166, 167, 168, 169, 193
　――養育院 38
誤信念課題 50, 52
子どもの心理療法士 136, 137, 172
子どもの精神保健 196
コミュニケーション 34, 40, 46, 96, 97, 104, 105, 110, 112
　――スキル 111, 166

――のスタイル 155
コルチゾール 21, 85, 87, 100, 204
コンテイン 37, 44
コンテインメント 36, 44, 204

サ 行

再処理セラピー 89
里親養育 92
査読論文 6, 204
里子 87, 174, 195
左脳 88, 89, 93
三位一体の脳概念 81
視覚的断崖実験 46, 47
自己中心的 50, 205
思春期 26, 84, 144, 145, 146, 148, 150, 152, 153, 154, 155, 156, 158, 159, 160, 179, 180, 185, 186, 189, 199
　――の脳 147, 149
　――の抑うつ 157, 196
視床下部-下垂体-副腎軸（HPA） 85, 205
システム理論 4
システム論者 2
システムズ・アプローチ 196
施設化 56
施設での生活 165
施設での養育 169
持続的影響 23
実行機能 43, 52, 71, 108, 132, 136, 148, 170, 193, 205
質的調査・研究 5, 205
自伝の感覚 121
自伝的記憶 89
児童発達研究者 191
シナプス 80, 81, 83
自閉症 54, 57, 98, 104, 157, 166, 186
　――スペクトラム 103, 141
　――スペクトラム障害 143, 196
　――の子ども 48, 104, 107
　器質的な―― 54
自閉的 54
　――な大人 52
　――な子ども 52, 53, 54
　――な人たち 56
非―― 54

社会構成主義者の理論　103
社会志向　134, 205
社会資本　157, 205
社会心理学　4
社会的学習　32, 103
社会的慣習　143
社会的絆　62
社会的機能　194
社会的参照　48, 52, 56, 103, 205
社会的相互作用　28, 42, 91, 103, 107, 144
社会的な存在　1, 17, 40
社会的剥奪　168
社会的役割　101
社会的優位システム　81
社会的要因　27, 31, 103, 189
習慣化　21, 205
出生合併症　24, 27
出生前生活　20, 84
条件づけ　116, 205
象徴化　11, 98, 128, 140, 141
情緒障害　157
情緒的絆　62
情動調律　43, 57
小脳　150
　　――扁桃　4, 170, 205
序列　81
進化心理学者　18, 111
進化論　4, 60, 111, 131, 147, 183
　　――者　38
神経科学　78
　　――者　55, 82, 83, 89, 91, 92, 97
神経学的欠損　168
神経可塑性　84
神経経路　92
神経性無食欲症　196
神経伝達物質　85, 205
新生児　28, 29, 32, 33, 37, 41
新成人期　160
心的外傷後ストレス障害（PTSD）　165, 171, 205
新皮質　82
心理・生物学的要因　147
心理学　20
　　――者　118, 123
心理的健康　82

心理的サポート　26, 27, 158
心理的ストレッサー　30
心理的能力　71
心理的問題　200
心理的要因　27, 31, 37
心理的リスク　157
人類学　25
　　――者　4
髄鞘形成　147, 148, 205
スティル・フェイス　117
ストーリー・ステム技法　137, 194, 195, 201
ストレス　4, 11, 17, 21, 24, 25, 39, 85, 86, 87, 90, 91, 119, 127, 145, 158, 161, 164, 177, 190, 193, 195, 206
　　――・サイン　119
　　――状況下　191, 201
　　――水準　170
　　――体験　61
　　――反応　87
　　――ホルモン　2, 22, 23, 27, 171
　　――レベル　27, 147
　　出生前――　23
　　早期の――　172
　　妊娠中の――　23
　　母親の――　22, 23
ストレンジ・シチュエーション法　62, 64, 65, 67, 90, 169, 174, 190, 206
精神・生物学　16
　　――的プロセス　78
精神医学　60
精神科医　60, 91
成人のメンタルヘルス　157
精神病　161
精神分析　60, 66
　　――家　2, 18, 19, 36, 60, 115, 143, 191
　　――的アプローチ　196
　　――理論　4
生存本能　81
生物学　20, 40
　　――的遺伝　4
　　――的変化　151
　　――的要因　27
　　――的領域　39
生物生態学　2
摂食困難　161

摂食障害　157
セラピスト　115, 127, 137, 138, 139, 177, 196
セロトニン　23, 86, 206
　——系　181
　——伝達遺伝子　181
剪定　83, 147, 148
前頭前皮質　148, 168
前頭皮質　88, 150
前頭葉　148
　——優位　88
双極性障害　181
ソーシャルワーカー　164, 165, 168, 196, 197
側頭葉　168
素質　1
　——-環境の相互作用　22
　——-環境の問い　86

動物行動学　60
動物習性学者　29
トゥレット症候群　157
ドーパミン　23, 150, 206
　——・システム　150
　——生産　182
トラウマ　57, 68, 84, 85, 89, 90, 91, 92, 113, 119, 126, 127, 145, 158, 164, 170, 173, 174, 175, 176, 181, 193, 194, 195
　——体験　125, 126
　——的出来事　118, 123
　——の犠牲者　171
　性的——　172
　早期の——　172
　二次的——　125
泥棒洞窟　153

タ 行

大うつ病　172
胎児　2, 16, 17, 19, 21, 22, 23, 27, 32, 33, 188
　——のプログラミング　21
対人関係療法　196
第二次性徴　24, 146, 147, 149, 155, 157
大脳皮質　83, 171
大脳辺縁系システム　82, 84
他者指向　134
脱感作　89
タビストック・クリニック　12, 19, 53, 60
ダブルバインド　112
注意欠如・多動性障害（ADHD）　4, 206
中核自己感　121
治療的作業　93, 109, 124, 126
治療的実践　171
治療的文献　123
治療同盟　197
テストステロン　133, 206
哲学者　103, 112
デュシェンヌ・スマイル　35, 206
伝達の隙間　70, 191
投影　115, 138, 206
凍結　81, 90
闘争　81, 82, 83, 85, 90, 91, 148, 171
逃走　81, 82, 85, 90, 91, 148, 171
動物研究　29

ナ 行

内在化　157, 206
内省　57, 67, 68
　——機能　70, 71, 72, 177
　——的自己機能　68, 108, 142, 195, 206
　——能力　37, 68, 69, 98, 127, 177
内的作業モデル　66, 77, 80, 189, 206
仲間集団　153, 154, 159, 161
無行為抽出法　208
二次的間主観性　47, 207
二重の剥奪　172
乳児　34
　——観察　19
　——研究者　131
　——死亡率　38, 40
　——に向けられる発話（IDS）　99, 207
ニューロン　55, 80, 81, 83, 85, 86, 207
　ミラー——　55, 56, 103, 107, 111
認知科学　4
認知障害　186
認知発達　200
　——の遅れ　166
ネグレクト　9, 29, 37, 49, 56, 57, 61, 75, 85, 86, 90, 91, 92, 119, 143, 157, 164, 165, 166, 168, 169, 170, 173, 176, 181, 193, 194
　情緒的——　54
　早期の——　172

脳幹　　*81, 89, 207*
脳梁　　*88, 207*

ハ　行

パーソナリティ　　*1, 19, 20, 54, 65, 70, 126, 176, 178*
　　——障害　　*172*
剥奪　　*9, 54, 166*
　　——児　　*186*
　　情緒的——　　*56*
　　早期——　　*91*
バソプレシン　　*29, 54, 168, 207*
発達心理学　　*4, 103*
発達の最近接領域　　*135, 207*
パニック障害　　*181*
反社会的行動　　*153, 157, 161, 181, 185*
皮質　　*84, 92*
人見知り　　*63*
不安　　*157*
　　——障害　　*153, 161, 196*
フェロモン　　*155, 207*
副交感神経系　　*91, 171, 207*
不測の事態　　*35, 207*
双子　　*19, 180, 184, 185, 187*
　　——研究　　*72*
不適切な養育　　*170, 173, 176, 177, 190, 193*
プライミング　　*123, 207*
フラッシュバック　　*124, 125, 171*
プレイセラピー　　*136*
ブローカ野　　*103, 106*
プログラミング　　*27*
　　——効果　　*23*
プロラクチン　　*30, 208*
文化　　*3, 4, 39, 40*
　　——の違い　　*143*
文化人類学　　*40*
文化的・社会的存在　　*9*
文化的環境　　*41*
文化的慣習　　*101, 102*
文化的期待　　*40, 107*
文化的相違　　*25, 73*
文化的枠組み　　*72*
ペアレンティーズ　　*98, 99, 100, 101*
扁桃体　　*79, 80, 86, 90, 92, 124, 148, 149, 181*

防衛　　*75, 208*
放棄　　*29*
　　育児——　　*29*
暴力　　*61, 161*
母性　　*30, 61*
　　——的感受性　　*72, 73, 74*
　　——本能　　*37*
母乳　　*30*
ホルモン　　*17, 18, 20, 26, 29, 30, 38, 84, 90, 145, 147, 161, 179*
　　——系　　*92*
　　——作用　　*166*
　　——・システム　　*85, 193*
　　——組織　　*172*
　　——治療　　*151*
　　——の生産　　*168*
　　——の変化　　*144, 151, 160*
　　——レベル　　*54*

マ　行

マーキング　　*36, 208*
マインドアプローチ　　*135*
マインドフルネス　　*171, 208*
マザリーズ　　*98, 208*
未解決型　　*126, 175*
未解決-無秩序型　　*68*
ミラーリング　　*37, 43, 208*
メタ認知能力　　*142*
免疫組織　　*177*
メンタライズ　　*68, 139, 195*
　　——能力　　*71*
メンタライゼーション　　*51, 57, 71, 126, 177, 197, 208*
模倣　　*34, 35, 42, 54, 55, 104, 111, 130, 140, 141*
　　遅滞——　　*118*

ヤ　行

薬物　　*185*
　　——使用　　*153, 157*
　　——乱用　　*173*
　　娯楽用——　　*150*
野生児　　*9*
養子　　*54, 56, 75, 86, 87, 92, 107, 115, 127, 167,*

168, 169, 174, 186, 194, 195
——縁組　　180, 185
幼児期健忘　　117, 118, 119, 208
抑圧　　124
抑うつ　　153, 157, 161, 180, 186, 192
——傾向　　198
——的　　115
——的な母親　　17, 33, 84, 117

ラ 行

量的調査・研究　　5, 208

臨界期　　8, 29
レジリエンス　　158, 160, 170, 201, 208

アルファベット

AAI　　20, 67, 126, 203
ADHD　　4, 23, 75, 157, 181, 182, 183, 196, 206
HPA　　85, 205
——軸　　90
IDS　　99

■訳者紹介（担当章順）

鵜飼奈津子（うかい　なつこ）
担当箇所：日本語版に寄せて，謝辞，第1章，第13章，用語集
〈監訳者紹介参照〉

辻内咲子（つじうち　さきこ）
担当箇所：第2章
2010年　大阪経済大学大学院人間科学研究科修士課程修了
現　在　谷町こどもセンター・関西心理センター，臨床心理士

中澤鮎美（なかざわ　あゆみ）
担当箇所：第3章
2013年　大阪経済大学大学院人間科学研究科修士課程修了
現　在　大阪経済大学心理臨床センター，臨床心理士

山名利枝（やまな　りえ）
担当箇所：第4章，第8章，第12章
2012年　大阪経済大学大学院人間科学研究科修士課程修了
現　在　大阪経済大学人間科学部非常勤講師，滋賀県スクールカウンセラー，臨床心理士

堀内　瞳（ほりうち　ひとみ）
担当箇所：第5章，第11章
2010年　大阪経済大学大学院人間科学研究科修士課程修了
現　在　大阪経済大学人間科学部非常勤講師，同心理臨床センター，臨床心理士

柏谷純子（かしわだに　じゅんこ）
担当箇所：第6章，第9章，第10章
2011年　大阪経済大学大学院人間科学研究科修士課程修了
現　在　関西学院高・中部相談室，臨床心理士

山下浩太（やました　こうた）
担当箇所：第7章
2013年　大阪経済大学大学院人間科学研究科修士課程修了
現　在　明石こどもセンター，臨床心理士

■監訳者紹介

鵜飼奈津子（うかい　なつこ）
2004年　The Tavistock Centre, Child & Adolescent Psychotherapist 取得，University of East London, Master in Psychoanalytic Psychotherapy 取得
現　在　大阪経済大学人間科学部人間科学科教授
著訳書　『子どもの精神分析的心理療法の基本［改訂版］』誠信書房 2017 年，『子どもの精神分析的心理療法の応用』誠信書房 2012 年，『乳児観察と調査・研究』（監訳）創元社 2015 年，『ワークディスカッション』（監訳）岩崎学術出版社 2015 年　ほか

グレイアム・ミュージック
子どものこころの発達を支えるもの
——アタッチメントと神経科学，そして精神分析の出会うところ

2016 年 1 月 25 日　第 1 刷発行
2022 年 9 月 5 日　第 4 刷発行

監 訳 者	鵜　飼　奈津子
発 行 者	柴　田　敏　樹
印 刷 者	田　中　雅　博

発行所　株式会社　誠 信 書 房
〒112-0012　東京都文京区大塚 3-20-6
電話　03（3946）5666
http://www.seishinshobo.co.jp/

印刷／製本　創栄図書印刷㈱
検印省略
©Seishin Shobo, 2016

落丁・乱丁本はお取り替えいたします
無断で本書の一部または全部の複写・複製を禁じます
Printed in Japan
ISBN978-4-414-41462-2 C3011

トラウマを抱える子どものこころを育むもの
アタッチメント・神経科学・マインドフルネスとの出会い

グレイアム・ミュージック 著
鵜飼奈津子・藤森旭人 監訳

苛烈な虐待を受け、関係を築くことが難しい子どもに対し、人として生きる力を呼び戻すセラピー過程を、圧倒的な臨場感をもって描く。

主要目次
第1章　イントロダクション
第2章　片足を溝に入れて
第3章　レジリエンス、不一致、そして修復
第4章　アタッチメント：神経質で不安が高く、疑い深い子ども
第5章　スチュアート：育ちゆく「内的実行性」と考えるこころ
第8章　身体を育むこと：身体的気づきと安楽な自己
第9章　トラウマ：慎重に歩を進めること
第10章　天使と悪魔：子どものサディズムと暴力 /他

A5判並製　定価（本体3200円＋税）

子どもの精神分析的心理療法のアセスメントとコンサルテーション

アン・ホーン / モニカ・ラニヤード 編著
鵜飼奈津子 監訳

英国における子どもの精神分析的心理療法の実践を紹介。日本で本治療を活かしたいと考える臨床家にヒントと希望を与える必携の書。

主要目次
第1章　イントロダクション
　　　　――その場に適切なことを
第Ⅰ部　アセスメント
第2章　まずはアセスメント
　　　　――子どもと思春期の精神保健相談のアセスメントにおける、子どもの心理療法士の役割 /他
第Ⅱ部　重なり合う領域
第6章　乳幼児精神保健
　　　　――ディリス・ドーズとの対話 /他
第Ⅲ部　コンサルテーションとその先
第10章　アンダー・ファイブ・サービスへのコンサルテーション /他

A5判並製　定価（本体3200円＋税）